KB185022

권력과 기록 속의 남이南怡

권력과 기록 속의 남이南怡

이도학 지음

서경문화사

머리말 foreword

1.

논문 집필하는 방식은 연구자마다 다를 것이다. 나의 경우는 영감이 스친다는 거창한 표현은 지나치다고 할 수도 있겠지만 필욕筆欲이 일어날 때 몰입하고는 했다. 작년 2024년에는 불현듯 남이南怡 장군에 관한 글을 집필하고 싶었다. 그 결과 「야사와 정사의 경계 : 남이 옥사獄事」와 「야사의 증거력과 정사」라는 2편의 논문을 한국연구재단 등재학술지에 각각 게재하였다. 이 2편의 논문을 집필하면서 남이 관련 글이 적지 않게 존재한다는 사실에 놀랐다.

남이 관련 글은 자신이 생산한 것과 타인이 만들어 준 2종류로 나누어진다. 남이 자신이 남긴 글로는 웅혼한 기상의 '북정시北征詩'가 알려져 있다. 파저강(혼강)을 건너 건주위 여진을 평정하고 회군하면서 "백두산을 지나가다 장군은 정상에 올라 개연히 시를 지었는데 가로대 行過白頭山 將軍登絶頂 蓋然題詩曰(남하정, 「남장군이전」)"라고 했다. 남이는 백두산 정상에서 다음과 같은 천고의 명시를 지은 것이다.

백두산 돌은 칼 갈아 없애고 / 白頭山石磨刀盡
두만강 물은 말 먹여 없애리라 / 豆滿江水飮馬無
남아 이십에 나라 평정 못 한다면 / 男兒二十未平國
후세에 누가 대장부라 일컫겠는가 / 後世誰稱大丈夫

1593년(선조 26) 허균은 당대의 시를 공시적인 관점에서 평가한 시평집 「학산초담」에서 남이의 시를 '남정南征'이라는 절구絶句로 소개했다. 절구는 기 · 승 · 전 ·

결의 4수로 이루어진 한시체를 가리킨다. 위의 시는 7언절구이다. 그런데 허균이 적어놓은 싯구에서 '남아 이십에 북을 평정하지 못하면 / 男兒二十未平北'라고 하였다. 따라서 시 제목 '남정'은 '북정'의 오기誤記로 판단된다. 아울러 '북정시'로 일컫는 게 온당할 것 같다. 허균이 적은 북정시가 가장 연대가 올라간 데다가, 작시作詩 정황으로도 '未平國'보다는 '未平北'이 당초 싯구로 보인다. '未得國'과 연동되는 '未平國'은 남이 역모의 억울함을 증빙하기 위해 생겨난 인상을 받았다. 「남장군시장南將軍諡狀」에서도 '평적平賊을 득국得國으로 고쳤다 平賊改以得國'고 했다. 이 싯구도 작시作詩 정황에 맞다.

북정시에 대해 영 · 정조대 저작인 『소대기년昭代紀年』에서는 "그 기개가 이와 같았다 其軒輊如是"고 긍정하였다. 1758년(영조 34)에 "임금(영조)이 또 남이 시를 읊조리면서 말하기를, '칼을 갈고, 말을 먹인다'는 구절에서, 그 빼어나고 또 씩씩함을 알 수 있다고 했다. 조명정이 말하기를 그 시를 읽어 보면 그 사람을 알 수 있습니다(『承政院日記』 1154책, 英祖 34년 3월 11일(丁酉). "上又誦南怡詩曰 磨刀飮馬之句 可見其雄且壯矣 明鼎曰 誦其詩 可知其人矣")"고 답하였다.

갑신정변 실패 후 일본에서 김옥균과 더불어 망명 생활 중이던 박영효(1861~1939)는 1891년 여름, 조선독립운동을 지원했던 스나카 하지메須永元(1868~1942)에게 선물한 부채에 남이의 북정시를 적어 주었다. 망명객의 울울한 심회와 남이의 호쾌한 기상을 연동시키면서 포부를 이루지 못하고 좌절한 두 사람의 복잡한 감정이 얽혀 있는 것 같아 마음이 착잡했다.

이렇듯 조선의 국왕을 비롯해 조선 지식인 사회에 회자되었던 명시名詩가 북정시였다. 나 역시 학창시절 교과서의 북정시를 암기했고, 또 대한민국 국민이라면 한 번쯤 들어 보았거나 읊조렸기에 '국민시'였던 것이다.

그 밖에 남이는 『청구영언』 등에 시조 3수首를 남겼다. '장검長劍을 빠혀 들고 백두산에 올라 보니'로 시작하는 시조들 역시 무부武夫로서의 웅혼한 기상이 용출하고 있다. 그리고 남이가 16세에 썼다는 친필 각자刻字가 전한다. 21자에 불과하지만 기백이 뛰는 명필이 분명하다. 짧게 살다 간 남이는 시 1수와 시조 3수, 그리고 자신의 필적 1건을 세상에 남겼다.

그의 생애는 남하정南夏正(1678~1751)과 정범조丁範祖(1723~1801)가 지은 「남장군이전南將軍怡傳」에서 빛나고 있다. 허전許傳(1797~1886)이 지은 「남장군시장」은 국가적으로 시호를 부여할만한 인물임을 강조하기 위해서라도 그의 비운의 삶과 영웅적인 기개와 비범성을 최대한, 극적이면서 다양한 방식으로 전달하려고 했다.

2.

나는 문헌 자료를 섭렵하고 검토하면서, 뜻밖에 남이 관련 현장이 사뭇 많다는 사실에 놀라지 않을 수 없었다. 대학로에 소재한 남이 집터 표석을 확인한 후 원 집터를 찾았다. 서울대학교 의과대학 부속병원 자리 남쪽과 현 서울대학교 치과병원 경계 지점에 소재한 고개를 도깨비재 혹은 도깝재로 불렀다. 역시 고개로 추정되는 현장을 밝혔다. 다산 정약용이 남이의 생장지로 언급한 남이섬도 방문하였으며, 남이와 권람의 넷째딸이 맺어지게 된 현장인 남산 기슭 권람의 집터도 확인하였다.

남이의 가문 내력과 관련해 당 현종 때 일본으로 가던 사신선이 표착한 축산도였던 경북 영덕의 축산항을 밟았다. 이어서 영양의 남이포를 확인했다. 그리고 남양주 축령산의 남이 바위, 장호원 백족산의 지네굴도 찾았다. 남이 묘소가 소재한 경기도 화성 비봉면 남전리도 탐방했다. 11월 1일에 열린 서울 용산의 남이 장군 사당제에도 참석하였다.

멀리 경상남도 창녕 부곡에 소재한 남이 장군 사당인 충무사 탐방은 몹시 유익하였다. 아쉽지만 현실적으로 탐방할 수 없는 곳이 있었다. 함경북도 길주吉州의 장군파將軍坡였다. 남이가 길주 어느 파보坡堡에 이르렀는데, 보堡 서쪽에는 수십 길의 돌벼랑이 우뚝 솟아 있었다. 현지 군대에 소속된 아전들이 말하기를, "돌 가운데 요마妖魔가 있는데 사람들에게 화와 복을 줄 수 있어 백성들의 근심이 크다"고 했다. 남이가 손 철퇴로 이것을 부셔버렸다. 이로부터 마귀가 드디어 끊어졌고, 그 보를 장군파라고 했다. 이곳은 여러 장의 고지도로 대체하였다.

그 밖에 북한쪽 자료까지 살펴서 남이 관련 내용을 뽑았다. 심지어는 『경향신문』의 '이조초李朝初 장군묘' 기사(1970.7.27.)에서 서울 염리동 공사장에서 출토된 지석에 적힌 '宜寧南公 · 諱△△將軍行' 명문도 검토해 보았다. 인터넷판이 아니라 종이 신문을 읽고 살핀 것이다. 이로써 남이 관련 자료 조사와 수집은 모두 마무리 되었다. 운전면허가 없는 나는 이 작업을 순전히 대중교통을 이용해 완료했다. 지네굴에서 하산할 때 소나기를 흠뻑 맞았던 일과 뱀 2마리를 보았던 순간 등이 기억에 새롭다.

3.

남이와의 개인적인 인연을 소개하고자 한다. 내가 국민학교 1학년인 1964년 12월 어느날 밤에 아버지와 함께 극장에 갔다. 신영균과 김지미 주연의 '남이 장군' 영화였다. 영화는 막 시작했다. 그때 본 첫 화면은 남이(신영균 扮)가 길로 막 튀어나오는 장면이었다. 영화가 끝나고 나오다가 우연히 아버지의 동료인 황호주 선생님을 만났다. 황 선생님은 지전 10원을 내게 주셨다.

다음 날 학교 매점에서 크리스마스 카드 겸용 연하장을 한 장 구입했다. 기와를 이은 한옥에 눈이 소복히 쌓여 있고, 담장 밖에서 예쁜 한복을 입은 어머니와 복건을 쓴 한복차림의 어린 아들이 손잡고 서 있는 광경이었다. 당시 카드에는 반짝이가 붙어 있었고 가격은 10원이었다. 그런데 기분 좋게 집에 들어올 때 사달이 빚어졌다. 방 문턱에 걸려 엎어지면서 메고 있던 가방의 고리가 풀어지면서 책들이 우루루 쏟아졌다. 책갈피에 꽂혀 있던 연하장이 방바닥에 모습을 드러냈다. 공교롭게 이 순간이 어머니 시야에 즉각 포착되었다.

"어디서 난 돈으로 카드를 구입했냐?"는 지루한 '신문訊問' 과정을 겪게 되었다. 아버지가 곁에 있었더라면 결백은 금방 증명되었을 것이다. 고립무원의 상황에서 아주 곤욕을 치른 순간이었다. 너무 억울했던 상황이라 지금도 기억이 선연하다. 지금 생각해 보니 보통 때와는 달리 외부인들에게 받은 금전을 어머니에게 신고(?)하지 않은 데는 이유가 있었던 것 같았다. 신고했다가 압수당하면, 금액도 딱 맞고 마음에도 든 카드 구입 기회를 영영 놓칠 수 있다는 위기감 때문으로 보였다.

남이가 국문鞫問 당할 때 예종에게 "신臣은 어려서부터 궁마弓馬를 업業으로 삼아, … 신은 본래 충의한 무사입니다"라고 하소연하던 장면이 상기되었다. '남이 장군' 영화 관람 후 기분 좋게 얻은 지전은 이튿날 화근이 되어 나를 힘들게 했다. 고립무원孤立無援이라는 말이 다시금 실감이 났었다. 남이도 심한 고문으로 정강이뼈가 부러져 불구가 되자 생에 대한 미련을 접었다. 자신과 더불어 전장을 누볐던 전우戰友였고, 또 지금 임금 곁에 앉아 있고 벼슬도 높았기에 얼마든지 자신을 도와줄 수 있었다. 남이는 자포자기 심정에서 모른 채하는 단상의 그러한 강순에 대한 원망을 표출하였다.

부곡의 충무사 전시관에서 '남이 장군' 영화를 꼭 60년만에 다시 관람하였다. 몇몇 장면은 되감기해서 다시 시청하기도 했다. 능글맞게 여긴 악역 배우 이예춘(유자광 役)은 다시 보니 그때는 젊었고 또 미남이었다.

'남이 장군' 영화를 통해 장군을 알았던 그 며칠 후였다. 미술 시간에 남이 장군 그림을 그렸더니 신남식 담임 선생님은 교실 뒷편의 게시판에 붙여주었다. 누구나 붙여준 것은 아닌 듯싶다. 나는 국교 3학년 봄부터 중학교 3학년 가을까지 사생대회에 나가 입선한 적이 많았다. 교외 사생대회(국교 3학년)에서 처음 입선했을 때부터는 부상으로 받은 왕자표 크레파스를 사용하였다. 그 전에는 크레용 숫자가 적은 학생파스를 이용했었다.

4.

고등학교 때는 아버지가 구입한 『국역 연려실기술』에서 남이 옥사獄事 편을 관심 있게 읽었다. 당연히 남이는 억울하게 처형되었다는 확신을 가졌다. 이후 연구자의 길을 걸으면서 기록의 신뢰성에 대해 숱한 의문을 품었다. 기록 자체가 진실하지 않는다면 그에 의존한 역사 연구는 허상을 그리는 것이다. 아니 결과적으로는 왜곡의 주범 역을 맡는 거와 다를 게 없다. 우리가 접한, 아니 우리에게 다가 온 기록은 몇 %의 진실을 담보하고 있을까? 권력 앞에서 기록은 꼿꼿할 수 있었는지? 긴 설명도 필요 없이 두 벌 짜리 실록實錄이 무엇을 말하고 있겠는가? 정파에 따라 기록은 얼마든지 달라진다는 것이다. 권력 앞에서 누운 갈대가 되는 필봉들이 적지 않았다. 내가 오래 전에 발표한 「권력과 기록」은 이러한 점을 적시하였다.

두 벌짜리 『조선왕조실록』은 두 말할 나위 없고, 두 벌 짜리 『당서』인 『구당서』와 『신당서』도 이와 다르지 않았다. 오히려 『신당서』가 개악改惡이었다. 그럼에도 인터넷 모 백과사전을 클릭하면 "『신당서』는 새로운 자료의 발굴을 바탕으로 보충하고, 왕조의 흥망을 정립하기 위해 역사적 사실과 인물을 분명하게 하여 『구당서』의 문제점과 한계점을 극복하기 위한 것으로 북송 인종에 의해 단행되었다고 할 수 있다. 실제로 『신당서』는 부실했던 『구당서』에 비해 비교적 내용을 충실히 했다"는 평가를 받지만 전혀 사실에 부합하지 않았다.

나는 과거에 초학자에게 『신당서』 출간의 의미를 물어 보면, 앞에서 적시한 사전류의 판박이 답변을 들었다. 내용을 심도 있게 검증도 하지 않은 채 앵무새처럼 마치 모범 답안을 암송하는 것처럼 비쳐져서 개탄스러웠다. 복잡한 이야기할 것 없이 과거에 내가 발표했던 「권력과 기록」 논문에도 적시했듯이 『신당서』의 증거 능력이 현저히 떨어졌다. 단순한 증거 능력의 문제가 아니라 대외 관계 부분에서는 왜곡의 성찬을 이루기도 했다.

『고려사』에서도 왕건 집권 초기 기록의 허구성을 적출하였다. 누구라도 인지할 수 있는 사리와 경우에 맞지 않은 서술들이 보인다. 우리나라 문헌만을 대상으로 한 「야사의 증거력과 정사」 논문에서도 소위 정사의 허구와 왜곡을 구체적으로 적시했다. '정사'라는 권위의 외피를 두른 『삼국사기』나 『조선왕조실록』이 지닌 기록의 증거력을 검증한 것이다. 전자의 경우는 당대의 금석문 자료와 비교했을 때 허구와 왜곡이 드러났다. 후자의 경우도 무비無比의 자료가 될 수 없음을 밝혔다.

소위 남이의 모반 적발에 훈공을 세웠다는 익대공신翊戴功臣 숫자가 실록에 40명 가까이 즐비하게 열거되었다. 그런데 이들 공신들의 구체적인 공적이 보이지 않는다. 익대공신 자신들도 "신 등은 별로 공로가 없었는데 외람되게 은혜를 받으니 마음에 진실로 미안합니다"라고 실토하였다. 예종은 남이를 죽인 옥사와 관련해 자신의 정치적 부담을 분담하기 위해 공로도 없는 익대공신을 남발했다. 그랬기에 익대공신 스스로도 어리둥절해 하였던 것이다. 예종은 남이 제거와 관련해 훈구대신들을 익대공신이라는 이름으로 남이 사건 공훈과 연계해 자신과 연동시켰다. 예종 자신의 행위에 대한 공동의 보증으로 삼은 것이다. 이 사실은 남이 옥사의 실마리는 유자광이 제공했지만 일을 키우고 만든 장본인은 예종이었음을 반증한다. 예종은 왕권 확립 차원에서 남이의 옥사를 주도하였고, 또 정치적으로 이용한 것이다.

5.

남이는 이시애의 반란을 평정하였고, 또 압록강 지류인 혼강을 건너 건주위 여진 추장 이만주 부자를 참살하고 개선했다. 명성과 연동해 지위는 높아갔지만 영예는 짧았다. 남이는 천추의 한을 품고 우리나이 26세에 세상을 건너갔다. 짧고 억울하게 생을 마감했지만 조선 왕조 이래 고하高下 불문하고 읊조린 국민 애송시인 북정시를 남겼다. 그는 야사의 힘으로 복권되었고 시호까지 부여받았다. 기록이 왜곡하였더라도 진실을 막을 수 없다는 추상같은 교훈을 남이의 복권과 시호부여를 통해 읽을 수 있다.

무인 출신 남이는 천하의 명시名詩를 남겼다. 또 그를 기리는 이들이 전傳을 지어 주었고, 야사에서 억울함을 밝혀 주었다. 야사는 정사를 꺾고 진실의 힘을 보여준 것이다. 사실 남이는 북정시 · 야사 · 전기 · 전설 · 사적, 그리고 방계 후손들의 신원伸冤 운동 등 여러 경로를 통해 기억되었고 또 반추되었다. 기억되는 자가 역사의 승자가 된다는 얼음장같은 사실을 일깨워 주었다.

본서의 출간과 관련해 축령산과 백족산 등반을 함께 해 준 아내에게 감사드린다. 아내가 동행하지 않았더라면 위험할 뻔했었기 때문이다. 그리고 금년 1월 19일 박미례 교수를 이촌동 스벅에서 몇 년 만에 만나 담소를 나누던 중, "충무사 남이 장군 영정은 유리 액자로 인해 빛이 반사될 터인데 어떻게 촬영했어요?"라는 질문에 "그래서 조금 비켜서 촬영했습니다!"라고 답하였다. 그 즉시 카톡으로 자신이 그린 영정 정면 사진을 보내주었다. '세상에 이런 일이?'라는 말이 있듯이 내가 잘 그렸다고 칭송한 남이 장군 영정을 박미례 교수가 그렸다니? 너무 놀라기도 하면서, 인연 있는 사람과는 이렇게 이어지는가 보다 싶었다.

역사적 영웅 남이 장군의 일대기는 애니메이션 등으로 제작되어 널리 알려졌으면 좋겠다는 생각이 든다. 그리고 본서의 생애 부분은 영역英譯되어 K-인물로 현창되기를 바랄 뿐이다. 한국인들에게는 문무文武 겸장兼掌이었던 남이 장군이 자부심의 표상이 될 것으로 믿는다.

끝으로 장군의 혼령을 위로하면서, 세상의 무고誣告와 거짓말을 일삼는 자들이 참괴慙愧하는 날이야말로 장군의 절통함이 씻겨지는 순간이 아닐까 싶다. 권력의 속박과 왜곡된 기록을 헤치고 솟아난 남이의 영광된 생애였다.

2025년 1월 21일
스벅 창가에서
이도학

목차 contents

제1부

왜곡을 헤치고 소생한 남이의 영광 15

Ⅰ. 가문의 내력 ······ 17

Ⅱ. 유소년 시절 ······ 23

1. 출생과 유년 시절의 괴력 일화 _ 23
2. 도적 소굴에서 도적들을 소탕한 소년 장군 _ 32
3. 요괴 퇴치와 결혼담 _ 35
4. 명마를 얻게 된 일화 _ 44

Ⅲ. 관직에 나가 첫 번째 국가적 우환인 호환虎患 퇴치 ······ 48

Ⅳ. 한 해에 대공大功을 두번이나! ······ 54

1. 이시애의 난 진압 _ 54
2. 건주위 여진 정벌 _ 55
3. 명 사신의 감탄 _ 60

Ⅴ. 백두산 등정과 북정시北征詩 ······ 62

1. 길주 요괴 퇴출 _ 67

Ⅵ. 영화의 정점과 무고誣告의 조짐 ······ 70

1. 질시를 받다 _ 70
2. 무고의 발아發芽 _ 70
3. 남이 옥사獄事의 주범, 예종 _ 72

Ⅶ. 신원伸冤과 시호諡號 추증追贈 ······ 72

제2부

권력과 기록 87

Ⅰ. 머리말 ······ 87

Ⅱ. 고구려 · 신라와 수隋 · 당唐 간의 전쟁 기록 ······ 92

1. 고구려와 당의 새로운 역사 편찬 _ 92
2. 신라와 당과의 전쟁 기사 _ 98
3. 고구려와 당과의 전쟁 기사 _ 104
4. 평양성 함락과 고구려 사서 _ 106

Ⅲ. 후삼국사後三國史 관련 기록의 검증 ······ 108

1. 왕건의 서남해 제패 공적 검증 _ 109
2. 기록에서 지워진 왕건과 비등했던 장군들 _ 112
3. 후백제사, 그 절반의 역사 복원을 위해 _ 115

Ⅳ. 맺음말 ······ 120

야사의 증거력과 정사 123

Ⅰ. 머리말 ······ 123

Ⅱ. 정사 만능주의에 대한 경종 ······ 126

1. 야사와 정사의 관계 _ 126
2. 진흥왕대 신라의 북계와 순수비 _ 127
3. 정사의 한계와 보완재로서 야사 _ 134

Ⅲ. 실록과 야사의 충돌 ······ 138

1. 실록의 증거력과 열람 문제 _ 138
2. 정여립과 김덕령 · 김천일 관련 기록 _ 144

Ⅳ. 맺음말 ······ 150

제3부

야사野史와 정사正史의 경계 152

Ⅰ. 머리말 - 정사의 한계와 보완재 이상의 야사 ······ 152

Ⅱ. 남이 역모 사건의 타진 ······ 156

1. 남이의 복권과 싯구 _ 156
2. 『예종실록』 남이의 옥사 분석 _ 161

Ⅲ. 맺음말 ········· 174

〈부록〉 『예종실록』의 남이 옥사 관련 기록 ········· 178

「남장군시장南將軍諡狀」의 성격 184

Ⅰ. 머리말 ········· 184

Ⅱ. 「남장군시장」의 저자와 체재 ········· 186

Ⅲ. 「남장군시장」의 내용과 기록상의 위치 ········· 189

1. 남이의 출생년과 가문의 내력 _ 189
2. 유년 시절의 용력과 소년 장군의 등장 _ 192
3. 요괴 퇴치 일화 _ 194
4. 장군과 명마 이야기 _ 196
5. 남이의 대공 _ 199
6. 재앙의 배태 _ 201
7. 국법 준수 사실 환기 _ 203
8. 기록상의 의미 _ 206

Ⅳ. 맺음말 ········· 208

〈부록〉 南將軍諡狀 ········· 210

참고문헌 ········· **214**

찾아보기 ········· **218**

제1부

왜곡을 헤치고 소생한 남이의 영광

짧지만 여운 긴 생애, 조선 명장 남이

남이는 한국 역사상 특별한 점이 많은 무장이었다. 만 24세에 장관 직인 공조판서에 임명되었고, 25세에 지금의 국방부 장관에 해당하는 병조판서에 임명되었다. 최연소 연령에 장관직에 오른 것이다. 한국 역사는 말할 것도 없고 세계 역사상 유례가 극히 드문 사례에 속한다.

그는 어린 시절부터 믿기 어려울 정도의 괴력과 용맹을 갖춘 용사勇士였다. 그가 24세였을 때 동북 지역에서 일어난 반란을 진압하는 데 대공大功을 세웠다. 동일한 해에 그는 압록강을 건너 만주에 소재한 여진족을 토벌하여 국위를 선양했다. 남이는 1년 동안에 반란 진압과 외정外征에서 타의추종을 불허하는 눈부신 전공을 세웠다.

그가 만주에서 회군할 때 백두산에 올라 지은 시詩는 웅혼한 기상을 웅변하고 있다. 그 직후 남이는 누명을 쓰고 처참하게 처형되었고, 거의 멸문지화滅門之禍를 당할 뻔했다. 그렇지만 남이의 억울한 죽음은 역사의 사필귀정을 확신하게 하는 사례였다. 권력과 결탁한 왜곡된 기록의 허망한 최후를 보여주었기 때문이다.

억울하게 처형되었지만 긴 여운을 남겼기에 남이는 민중의 사랑을 받았다. 시대를 넘어 회자되어 이어지는 전설을 통해 영생을 누리고 있다. 게다가 숱한 민중의 기록을 통해 관변官邊 기록은 맥없이 무너졌다. 허구와 조작이 영원할 수는 없었다. 남이는 복권되어 시호까지 받았다. 남이는 중국에까지 이름을 떨친 국제인이었다. 남이는 비록 비극적인 최후를 맞았지만 다시금 소생해 시대와 호흡하는 참 영웅으로 부활했다.

본 글은 남이에 대한 왜곡된 내용을 바로잡으려는 데 있다. 남이에 대해서는 많은 저

與產業以爲生子孫蕃延至今爲永興豪族云
南將軍怡傳
宜城尉南暉我先祖忠景公諱在之孫尚 太宗第
四女貞善公主生份份生將軍將軍名怡五六歲時
遊戲增庭族黨家女奴來候母夫人倚柱而坐將軍
逡巡擧柱攝其裙幅於柱下女奴辭退欲起旋仆驚
顧恓惶以爲有神怪夫人笑曰兒戲之爾叱令還擧
柱釋之盖其神力自兒時已然至十二三特疑然長
大無異成人將軍少孤產業久無主管殆將貧乞有
臧獲在湖南皆豪悍不服從遂自往刷之奴屬初以

남하정의 「남장군이전」

南怡者其先宜寧人大父暉尚 太宗女貞善公主
生份份生怡怡膂力絶人能超地數十尺早孤貧童
子時往刷藏獲之在遠方者稛載而歸會日暮誤入
山谷中迺賊巢也賊酋逢迎酒食甚款夜誘怡閉別
室穴壁爇毒草欲薰殺之因奪其槖中貲怡覺之割
衣絮塞鼻含水口內得無恙天明賊意謂怡已死一
賊開戶入怡踢殺之又一賊入又踢殺之連三踢殺
三賊賊大駭一哄賊皆起譟而前怡手格殺數十人
賊慴伏莫敢枝梧遂斬賊酋及其徒之尤凶強者餘
皆諭使去爲民婦人之被掠者訪其家遣還錄馬牛

정범조의 「남장군이전」(창녕 충무사 사본)

<남이 주요 연보>

연대	연령(滿)	행적
1443(세종 25)	1(0)	출생
1448(세종 30)	6(5)	괴력怪力 보여 줌
1455(단종 3)	13(12)	도적 소탕, 양민 구출
1457(세조 3)	15(14)	판중추원사 권람의 딸과 혼인
1459(세조 5)	17(16)	무과 급제
1460(세조 6)	18(17)	선전관, 도성의 호환虎患 퇴치
1467(세조 13) 5월, 9월, 12월	25(24)	이시애의 난 진압, 건주위 여진 정벌, 공조판서
1468(세조 14) 8월 23일	26(25)	병조판서
1468(예종 즉위) 10월 27일	26(25)	겸사복장, 무고誣告로 처형
1818(순조 18) 3월 10일		복권
1910(순종 4) 8월 20일(양력)		시호諡號 추증追贈

술과 인터넷판에 올라 온 글들 중에는 섣부르게 적은 게 넘쳤다. 이를 바로잡는다는 차원에서 작성했다.

남이의 생애에 관한 본 서술은 허전許傳(1797~1886)의 「남장군시장南將軍諡狀」을 중심으로 남하정南夏正(1678~1751)과 정범조丁範祖(1723~1801)의 각 「남장군이전南將軍怡傳」에 근거했다. 아울러 그 밖의 기록도 참고하였다.

Ⅰ. 가문의 내력

대사마 장군大司馬將軍 남공南公 이름은 이怡이다. 시조 이름은 민본敏本이고 성姓은 김金이었고, 처음 이름은 충忠이라고 한다. 지금의 중국 안후이성 펑양현鳳陽縣인 봉양부 사람鳳陽府人이었다. 당唐 천보 연간天寶中에 안렴사로 일본에 사신으로 갔다가 표류하여 신라 예주禮州에 이르렀다. 예주는 영해寧海를 가리키는데 지금의 경북 영덕군 영해면이다. 이들은 머물러 살기를 원하자 신라 왕이 남씨南氏 성을 내려주었다.

755년(天寶 14) 안록산의 난(755~763) 때 당 현종을 수행하던 신하 김충을 일본에 보냈는데 신라에 표착하자, 신라 왕은 이들이 중국 여남인汝南人이었기에 혹은 남쪽에서 왔다고 하여 남씨 성을 내려주었다고도 한다.[1] 여남은 현재 중국 허난성 핑위현平輿縣이다.

---

1) 『藥泉集』 권24, 家乘, 族譜序. "南氏得姓 始自新羅 傳以爲唐天寶十四載 玄宗幸蜀從臣金公諱忠 以按廉使奉使日本 漂到新羅禮州 卽今之寧海也 公曰中外一天下莫非王土 願居之 景德王奏天子 許其攸居之願 以其中國汝南人 賜姓南 改名敏 封英毅公 卜居英陽 仍受籍云"
『時庵先生文集』 권12, 跋, 謹書追遠志後. "我鼻祖英毅公其世若年 與宗元之士師相上下 而奉使漂海 錫姓胙土之事 惟譜氏傳之 唐羅二史皆不載 雖若可恨 然當是時 明皇狩蜀 百度廢弛 羅政朴陋 史法未備 無恠其或然爾 按譜曰公本姓金 唐天寶十四載 以吏部尙書奉使日東 還遇颶風 漂泊于新羅有鄰之丑山島 景德王以其自南來姓之 而錫采英陽 有鄰卽今慶尙路寧海府也 丑山島在治東二十里 有吏部洞 · 通使洞 · 望鄕臺 · 望祭壇 又有節鉞塚 千年舊迹 蒼然不泯 英陽縣之道項洞 有歲祭之壇俎豆之院 夫跡實也 史文也"

시조인 민본은 이름을 민敏으로 고쳤고, 의영공毅英公에 봉해졌다. 식읍食邑은 영양현英陽縣이었다. 지금의 경북 영양군을 가리킨다. 8세조 이름은 군보君甫인데, 고려 추밀직부사樞密直副使였고, 의령군宜寧君에 봉해졌다. 처음으로 의령宜寧을 관향貫鄕으로 삼았다.

고조高祖 이름은 겸謙인데, 조선 태조太祖가 재在라는 이름을 내려 주었다. 벼슬은 영의정領議政이었고 개국開國에 공훈이 있었다. 의령군宜寧君을 물려 받았고, 시호는 충경忠景이었다. 태조묘정太祖廟庭에 배향配享되었고, 호號는 구정龜亭이다.

증조曾祖 이름은 경문景文인데 병조의랑兵曹議郎이었고, 영의정에 추증되었다. 조祖는 이름이 휘暉인데 태종의 넷째딸 정선공주貞善公主에게 장가 갔다. 그를 의산위宜山尉라고 하는데, 1416년(태종 16) 2월에 "숭정대부崇政大夫 의산군宜山君으로 삼았다"고 했다. 국가를 창건할 때를 만나 고조는 여러 차례 걸출한 공을 세워 의령군(의산군)에 봉해졌지만, 부마駙馬가 군君에 봉해진 것은 세상에 드문 일이었다. 조정에서는 남이 조부인 남휘가 사망하자 소간昭簡이라는 시호를 추증했다.

당 때의 봉양鳳陽
(潭其驤, 『中國歷史地圖集(第五冊 隋 · 唐 · 五代十國時期)』, 地圖出版社, 1982, 45쪽.)

1924년에 조성된 경북 영덕군 축산면 축산항 전경

이곳은 남씨의 시조가 처음 정착한 축산도를 가리킨다(『增補文獻備考』 권50, 南氏). 시조는 당 현종 때 일본에 사신으로 갔다가 돌아오는 길에 폭풍을 만나 신라 축산도에 표착했다고 한다. 사진에 보이는 육지는 바다였다.

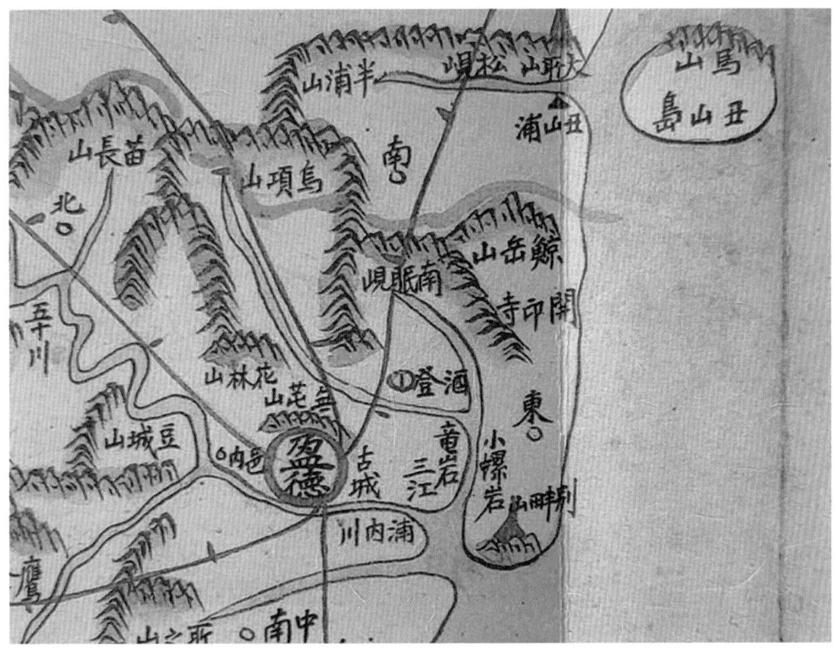

「동여도東輿圖」에 보이는 축산도丑山島

남씨 시조 일행이 표착했던 축산도에서 바라 본 지금의 축산항 전경

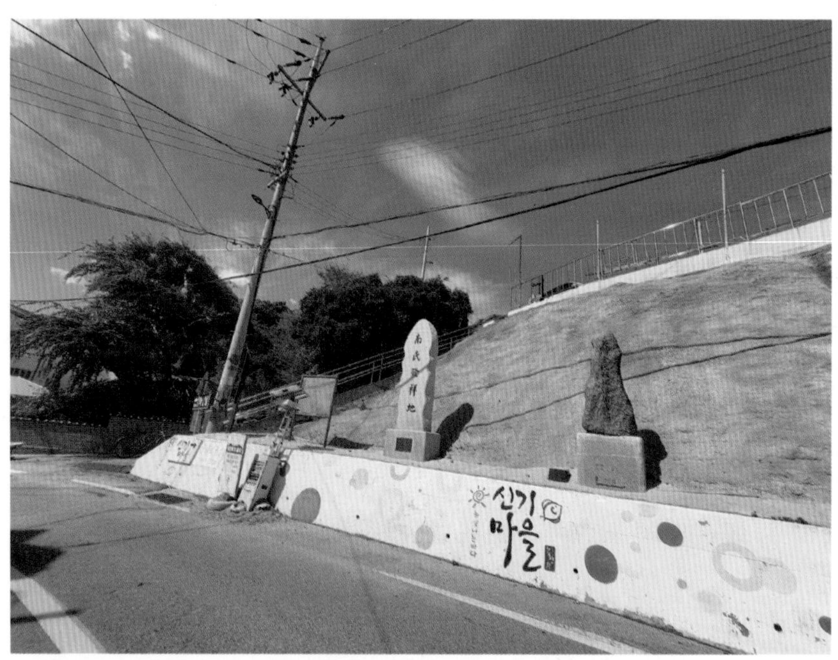

남씨 발상지 비석

남씨는 고려 충렬왕 때 영양英陽 · 의령宜寧 · 고성固城 3개의 본관으로 분파했다.

增補文獻備考 卷五十 帝系考 十

南氏 始祖南敏本姓名金忠中朝鳳陽府人唐玄宗天寶十四年乙未以按廉使奉使日本海中遇颶風漂泊本國寧海府丑山島新羅王以其事聞啓天子詔曰十生九死之臣不可以臣招之依從攸居之願忠曰普天之下莫非王土願居之王許之以其從南來賜南氏改名敏封英毅公以其天妻英俊也始卜居于安東英陽縣爲食邑敏後孫大將軍鎭勇生三子第一子洪甫爲英陽中始祖第二子君甫爲宜寧始祖第三子匡甫爲固城始祖

英陽南氏中始祖洪甫 高麗忠烈王時贊成事○敏之後孫以上亦有八九世世系 孫備 門下侍郞 備曾孫暉珠 文判書 暉珠七世孫師古 社稷署叅奉享鄕祠 洪甫十二世孫致利 享書院

宜寧南氏始祖君甫 高麗忠烈王時密直副使 曾孫乙蕃 檢校侍中敬烈公 乙蕃弟乙珍 叅知門下府事本朝封沙川伯不屈亦書院 乙蕃子在 入我朝領議政功臣宜寧府院君忠景公配享太祖廟庭 誾 判中樞開國功臣宜城君諡武公配享太祖朝廟庭 在孫暉 太宗朝駙馬宜山君昭簡公 智 左議政忠簡公

六五五

『증보문헌비고』에 수록된 남씨의 기원 부분

시고(詩稿)-해동명적(海東名迹) 탁본(拓本) - 남재(南在) 경북 옥산서원 소장

충무사에서 전시한 남이의 고조부 남재南在의 필적 사진본

조선 태종의 넷째딸 정선 공주와 부마 남휘南暉의 묘소(경상남도 문화재자료 제236호)

남이의 조부인 남휘는 정선 공주와 혼인함으로써 임금의 사위인 부마가 되었다. 쌍분인 왼쪽이 남휘 묘이고 오른쪽이 정선 공주(1404~1424)의 묘이다. 남휘 묘는 당초 경기도 안성시 양성면 장서리, 정선 공주 묘는 경기도 평택시 진위면 동천리에 소재했었다. 충무사를 조성하면서 1974년에 현재 놓여 있는 석물과 함께 이곳으로 이장했다.

21세에 요절한 정선 공주는 세종의 여동생이었다. 홍문관 소속 예문제학 윤회尹淮가 지은 묘지명에 "수명은 비록 짧았다고 하지만, 남긴 덕은 길이 전해질 것이다 壽雖云短 其存者長"는 구절이 있다. 조모처럼 손자 남이도 비록 수명은 짧았지만 명성은 길이 전해졌다.

가까이서 본 정선 공주 부부 묘소와 석물

II. 유소년 시절

1. 출생과 유년 시절의 괴력 일화

남이 아버지 이름은 빈份이고 벼슬은 주부主簿였다. 어머니는 남양 홍씨南陽洪氏였다. 남이는 세종世宗 25년 계해(1443년)에 태어났다.[2] 여섯 살 때 남이는 뜨락에서 놀고 있었다. 그때 마침 집안의 여종이 남이 어머니에게 문안하러 와서 기둥 곁에 앉아 있었다. 남이가 다가와 기둥을 돌다가 기둥을 번쩍 들어 기둥 밑에 치마폭을 눌러 놓았다. 그 사실을 몰랐기에 여종은 일어나려다가 앞으로 엎어졌다. 여종이 놀라 돌아보며 허둥대고 당황했으니 신괴神怪하였다. 남이 어머니가 웃으면서 '어린애의 장난'이라고 말하며 남이를 꾸짖고는 기둥을 들어 치마를 풀어주게 했다.[3]

---

2) 남이의 생몰 연대와 관련해 사전류에는 1441~1468년으로 적혀 있다. 남이는 28세에 사망한 것이다. 근거는 『연려실기술』에서 "남이가 반역을 꾀한다고 몰래 아뢰어 옥사가 일어났고 연루돼 죽었으니, 이때 나이는 28세였다[『국조기사』 『동각잡기』]"라는 기록이었다. 또 『연려실기술』에는 「부계기문」을 인용해 "28세가 되어 병조판서로 있다가 죽임을 당했다"고 하였다. 그러나 이와는 다르게 받아들여야 할 유력한 기록이 있다. 친국親鞫 때 남이는 "나 같은 것은 나이가 겨우 스물 여섯인데 (죽기에는) 정말로 아깝다"고 했다. 「남장군시장南將軍諡狀」에서도 "세종 25년 계해(1443)에 장군이 태어났다"고 구체적으로 적시하였다. 남이가 말한 자신의 연령은 가문에서 의뢰하여 만든 「남장군시장」 기록과 부합하고 있다. 그리고 「남장군시장」에는 "오래지 않아 병조판서에 발탁되었다. 나이 26세 묘령의 장군이 큰 공에 무거운 이름을 짊어졌다"고 했다. 남이가 병조판서에 임명되는 1468년은 그의 몰년이다. 이때 남이를 우리나이 26세라고 했다. 그 밖에 『동국여지지東國輿地志』에서도 "유자광이 모반한다고 무고해 죄를 받아 베임을 당했으니 그때 나이 26이었다"고 하였다. 따라서 26세 기록을 취신하는 게 온당하다.

3) 남이와 관련한 어린 시절 일화가 북한 저작물에 수록되었기에 출전은 찾아내지 못했지만 전승으로 간주하여 소개한다.

'능청스러운 대답' : … 그는 어렸을 때부터 총명하였으며 책 읽기에 게을리하지 않았다. 그러던 어느 날이었다. 이날 남이는 방안에서 무릎을 꿇고 앉아 『사략』을 읽고 있었다. 어린 아이가 역사책까지 읽는 것을 본 친척되는 한 어른이 대견하여 바라

회화적 기법으로 도성 내부를 그린 『동국여도東國輿圖』에 보이는 한양 「도성도」

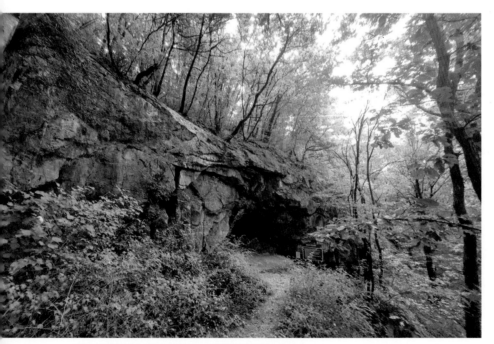

이천시 장호원의 백족산 중턱에 소재한 지네굴(굴바위)

지네굴 안에서 촬영한 바깥 모습

굴바위 (지네굴)
굴바위에서 300m 정도 밑으로 내려가면 언제부터 있었는지 모를 절터가 있다.
옛날, 이 절에는 수십 명 승려들이 수도를 하고 있었는데 언제부턴가 안개가 자욱하게
끼는 밤이면 승려가 한 명씩 사라졌다. 그런 일이 계속되자 남은 승려들은 하나 둘 절을 떠나고
마침내 승려 한 명이 홀로 남게 되었다.
믿음이 깊었던 이 중은 모두를 부처님이 극락으로 데려갔을 것으로 믿고
자신도 극락으로 떠날 준비를 하며 평소 각별하게 지내던 속세의 친구와 마지막 인사를 하였다.
속세의 친구는 무명옷 한 벌을 선물하며 꼭 이 옷을 입고 있으라고 간곡히 부탁하였다.
이튿날 속세의 친구는 승려 친구가 궁금하여 절을 찾아 갔으나 친구의 행방이 묘연했다.
산 속을 찾아 헤매다 보니 굴바위 앞에 거대한 지네 한 마리가 나자빠져 있고, 그 목에는
자신이 친구에게 준 무명 옷자락이 걸려 있었다.
옷에 묻혀둔 독한 담배진이 중을 삼킨 지네도 같이 죽인 것이다.
그때 산허리 부근에 오색 영롱한 구름이 감돌더니, 신비로운 기운이 거기서 얼마 떨어지지 않은
개미실 (충북 음성 감곡) 남씨 집으로 사라졌다.
그 날부터 남씨 문중에 태기가 있어 사내아이가 태어났고,
이 아이가 후에 그 유명한 남이장군이었다.
남이장군은 지네의 정기를 타고 태어나서 영특하였다고 전해진다.

지네굴(굴바위) 유래를 알려주는 안내문

지네굴 전설에 따르면 남이는 음성군 감곡면 출생이다. 그랬기에 사용기 작사·작곡 충북 음성군 감곡면 영산리 상평초등학교(현재 폐교) 교가에도 "씩씩한 남이 장군 기상 받아서~~"라는 구절이 보인다. 이천시 장호원과 음성군 감곡면은 서로 붙어 있는 동일 생활권이다.

"장호원읍 어석2리에 위치하고 있는 백족산의 봉우리 바로 밑에 폭 20m, 높이 5m 정도의 동굴이 있었는데 이를 세칭 굴바위라 부르며, 옛날 조선 세종대왕 때 그 옆에 큰 사찰이 있어 수십 명의 승려들이 수도를 하고 있었다고 한다. 그런데 이 굴로부터 안개가 자욱할 때면 승려 한명씩 행방불명되는 사건이 일어나, 승려들은 그 행방불명된 사람이 신선이 되어 승천하는 줄로만 믿었다. 그러나 탑골 사는 강생원이란 사람은 그러한 일은 어떤 곡절이 있을 것으로 생각하여 마지막 남은 중에게 독약을 바른 옷을 입히어 기도를 올리게 하였다고 한다. 그때도 역시 안개가 자욱하게 끼더니 갑자기 벼락치는 소리가 나며 큰 지네가 한 마리 죽으며 푸른 서기가 하늘로 뻗쳤다 한다. 그 후로 그 괴이한 변고가 없어졌다 하며 백족산이라 하였다 한다. 그런데 그 지네로부터 나온 서기는 청미천을 건너 충북 음성군 감곡면 영산리의 남씨네 내실로 뻗치었다고 하며 그 후 그곳에서 아기가 태어나니 그가 곧 조선 세조때 이시애의 난을 평정하여

보고 있었다. 이때 남이는 책에 씌어져 있는 대목인 '천황씨'가 어떻소, '지황씨'가 어떻소 하며 읽어내려 갔다. '천황씨'라는 것은 하늘을 형상한 이름이고 '지황씨'라는 것은 땅을 형상한 이름이었다.
그것을 바라보고 있던 어른은 어린 남이가 '천황'이 무엇인지, '지황'이 무엇인지 알고나 읽는지 알고 싶어 한마디 물었다. "애야!" "네!" "너는 '천황씨'의 얼굴이 어떻게 생긴줄이나 아느냐?" 그러자 남이는 뜻밖의 물음이었으나 까만 눈을 들어 어른을 올려다 보며 깜박거리더니 불쑥 대답을 했다. "'천황씨'는 수염이 많아요." 이 대답에 어른은 호탕하게 웃었다. "수염이 많다구? … 하하 …" 어른은 참으로 처음듣는 소리였다. 하늘을 '천황씨'라고 하는 것인데 왕청같이 인간 세상의 황제처럼 보고 수염이 많다고 하니 과연 걸싼 대답이었다.
"그래 너는 어째서 '천황씨'의 수염이 많다구 하느냐?" 어른은 남이가 대답을 어찌하는가 보자고 물었다. 그래도 남이는 거침없이 말했다. "할아버지는 '천황씨'에게 수염이 없다는 것은 어떻게 아십니까?" "뭐? …" 어른은 입을 딱 벌리었다. 어른도 천황씨를 보지 못하였으니 수염이 없다고 답변할 수는 없는 것이었다. "허허, 그 애 참 능청스럽기도 하구나"(김정설, 『조선력사일화집(2)』, 과학백과사전종합출판사, 1995, 77~78쪽.).

남이 집터 표석
한국방송통신대학 건너편에 소재했다. 대학로 79-1번지(연건동 72-24)

그 용맹을 떨친 남이 장군이라 한다(이천시 홈페이지).” 남이는 지네의 정기를 받고 태어났다는 것이다.

남이 집터 :

남이가 처형된 직후 남이의 집과 재물은 유자광에게 돌아갔다. 그로부터 38년이 흐른 1506년(중종 1)에 유자광은 그 사실을 상기시켰다(『中宗實錄』 中宗 원년 10월 17일(壬戌). “柳子光啓曰 臣昔受南怡家 其財産竝受之”). 1612년(광해군 4)에도 영부사 기자헌이 “신이 일찍이 듣건대 남이의 집이 오래도록 그대로 남아 있다 하기에 그 터를 보니 지금까지 파손된 곳이 없었습니다(『光海君日記』 光海君 4년 7월 6일(戊戌). “臣曾聞南怡家 久而猶存 見其基 至今無破毁處”)”고 했다. 이로 볼 때 유자광은 자신이 밀고해서 죽게 한 남이의 집을 상賞으로 받았지만 입주하지 못했고, 또 누구도 들어가 살지 못한 것 같다.

남이가 처형된 지 144년이 지났지만 집이 남아 있었다는 것은 흉가였음을 뜻한다. 실제 “지금도 남이의 옛 집터가 남아 있는데 사람들이 감히 살지 못하고 채소밭이 되었다(『寄齋雜記』 권1, 「歷朝舊聞」 1, 睿宗. “今有南怡舊基人不敢居廣爲菜圃”)”고 했다. 이후에도 여전히 사람이 거주하지 않았기에 집은 없어졌고 그 터는 채소밭이 되었다고 한다. 1767년(영조 43)에는 “남이의 집 : 동부 □방에 있었는데, 사람이 감히 살지 못했기 때문에 드디어 없어져서 채소밭이 되었다. 뜰에 반송盤松이 있는데 비길 데 없이 커서, 32개의 기둥으로 떠 받쳤다. 애송愛松이라 부른다. 이 소나무는 바로 영종(영조) 정해

경북 청도의 운문사 마당에 소재한 거대한 반송

년에 부사府使 조진세가 심은 것이라 한다(『東國輿地備考』 권2, 漢城府)"4)고 했듯이 집터에 반송을 심었다. 남이의 집터는 계속 반추되었던 것이다.

정조 연간(1777~1800)에 저술된 『한경지략漢京識略』 어의동於義洞 편에 "남 장군 이怡의 집터가 이 동네에 있는데, 곧 지금의 박정유朴貞蕤(朴齊家) 집이다. 뜰에는 대단히 큰 반송盤松이 있다. 32개의 기둥으로 받치고 있는데, 이름이 어애송御愛松이다. 이 소나무는 곧 영조 정해년(영조 43, 1767)에 조강릉趙江陵 진세鎭世(강릉 조진세)가 심은 것이다. 소나무를 심어 후세에 이름을 전했으니 역시 기이한 일이다. 정종(정조)께서 경모궁을 참배한 후 문희묘文禧廟의 터를 보기 위해 우연히 이 소나무 밑을 지나다가, 소나무가 아름답다고 칭찬하고, 드디어 어애송御愛松이라는 이름을 내려주니, 사람들이 이를 모두 영광스러워했다"고 적혀 있다. 남이 집터는 유명한 북학파 박제가(1750~?)가 거주했던 곳이었다. 『한경지략』의 저자인 유득공의 아들 유본예柳本藝(1777~1842)는 박제가가 살았던 현장을 목격한 것이다.

---

4) 『東國輿地備考』 권2, 漢城府.

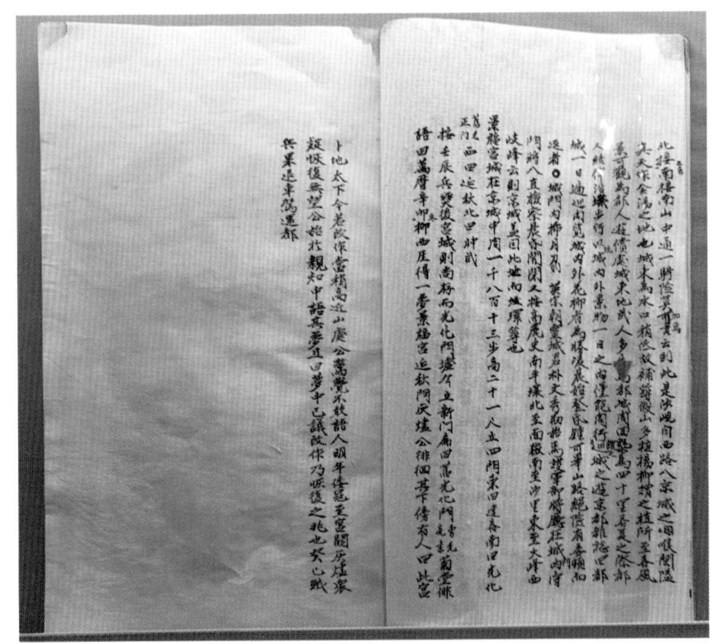

조선 정조 연간에 수도 한성부의 역사와 모습을 기록한 『한경지략』

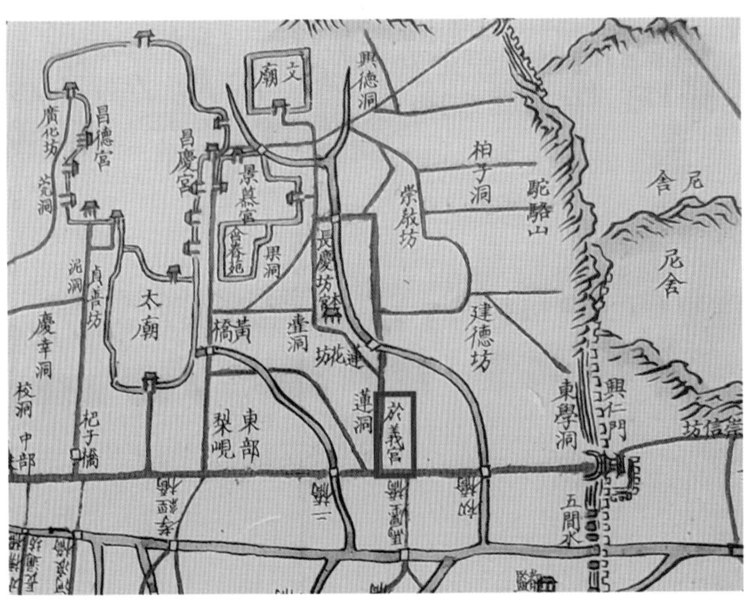

김정호가 제작한 『동여도東輿圖』에 수록된 「도성도」에 보이는 어의궁於義宮과 그 주변
남이가 살았던 동네가 어의동이다.

연건동 66번지 부근에 32주의 반송이 있었던 곳을 어애송御愛松 터 혹은 반송 터로 불렀다고 한다. 현재의 서울대학교 의과대학 어린이병원에서 한국방송통신대학교로 가는 골목길 근처이다(종로문화원, 「연건동, (2) 동네 지명유래」, 『종로의 역사 · 문화 유산』 2016 ; 종로구청 홈페이지).

그런데 이곳은 남이 집터로 표석이 세워진 연건동 72-24번지와는 위치가 다르다. 연건동 126번지에 탑이 있던 동네를 남미탑동南彌塔洞 혹은 남이탑골로 불렀다. 남이탑에서 동네 이름이 유래 되었다고 본다(종로문화원, 『종로의 역사 · 문화 유산』 2016). 남이탑골 동洞 이름 유래는 남이 장군이 억울하게 죽은 후 원한 때문에 터가 세다고 하여 폐가가 되어 순조 때까지 채소나 지어 먹는 빈터로 남아 있었다. 그런데 남이 장군 집터 옆에 사는 사람의 꿈에 장군이 나타나 억울함을 호소하자 그 사람이 장군의 원혼을 모시는 사당을 짓고 탑을 세웠다고 한다(서울특별시사편찬위원회, 『서울지명사전』 2010, 125쪽.).

남이섬은 강원도 춘천시 남산면 남이섬길 1(남산면 방하리 197번지)에 소재하였다. 다산

연일빌딩 건물 자리 일대가 반송 터로 전하고 있다.
곧 이곳이 남이의 집터이다. 남이의 집터가 보이는 골목

「여지도輿地圖」에 보이는 한양 「도성도」

남이섬 전경

정약용은 경진년(1820) 3월에 지은 「천우기행서穿牛紀行序」에서 남이가 생장했다는 남이섬을 다음과 같이 언급했다.

남이가 낳고 자랐던 마을이 아직도 있는데 / 生長南怡尙有村
남이섬 아래 방아골[방언에는 도서島嶼를 섬苫이라고 하는데, 『대명일통지大明一統志』에 보인다]을 번역하면 구곡이라고 한다. / 南怡苫下方阿兀[方言島嶼曰苫 見大明一統志] 譯以文之臼谷云

강원도 춘천의 역사적 내력에 대해 심도 있는 이해를 가진 정약용이었다. 그가 남이의 생장지로 남이섬을 지목했다. 1820년 당시 남이섬의 존재가 확인되었다. 남이섬은 본래 홍수 때만 섬이었던 마을이다. 1944년에 청평댐을 건설하면서 북한강 물이 차서 섬이 된 것이다. 사실 여부를 떠나 남이섬은 남이가 생장한 곳으로 알려졌던 것 같다. 그러나 남이의 가묘假墓 등은 아무런 역사적 근거가 없다.
1967년 한글학회에서 간행한 『한국지명총람 2(강원편)』에 따르면 "나미-섬[남도] 섬 : 북한강北漢江 안에 있는 섬. 남이南怡 장군이 이 섬으로 귀양 왔었다 함(431쪽)"이라는 전승이 전부이다. 남이의 생장지와 귀양지는 사실 여부를 떠나 전승으로서 의미는 있다. 그러나 '남이 무덤'과 관련한 어떠한 전승도 존재하지 않는다.

2. 도적 소굴에서 도적들을 소탕한 소년 장군

남이의 체구와 체력 그리고 용맹에 대해서는 "사람됨이 몸집이 작고 날쌔고 용맹하며 용력勇力이 신神과 같아서 성벽을 타고 올라가 내달릴 수 있었다"[5]고 했다.

남이는 어렸을 때 부친을 여의고 집안 살림이 쇠락해서 가족을 부양할 수가 없었다. 노비들이 호남에 있었는데, 사나운 무리들이 일을 하지 않은채 뭉개고 있었다. 남이 자신이 가서 이들을 쓸어버렸는데, 그때 나이 13세였다. 처음에는 어린이라서 그를 쉽게 여겼으나, 남이의 위풍 있는 모습을 보고는 감히 영을 어기지 못했다. 면포綿布 수백 필을 거두어 싣고 돌아오는데, 날이 저물어 길을 잃

5) 『東國輿地志』 권1, 京都, 人物 本朝, 南怡. "爲人短小精悍 勇力如神 能緣城壁而走"

었다. 사방을 둘러 보아도 인가人家가 없었다.

홀연히 한 동자童子가 숲 사이에서 나와 말하기를, "마을이 멀지 않으니, 내가 먼저 길을 갈터이니 당신은 따라오라"고 했다. 6~7리를 갔더니 산을 돌고 골짜기를 틀어가니 관청과 같은 큰 집이 있었다. 대청 위에는 괴위魁偉한 노인이 앉아 있었고 곁에는 미녀가 서 있었다. 뜰에는 많은 무리들이 맞아 주었다. 손님을 전에 알았던 것처럼 다정하게 맞았다. 남이가 여러 번 곁눈질로 보았더니 속으로는 자못 시기하고 미워하는 속내가 역력했다.

괴수는 즉시 촛불을 들고 동자에게 인도하도록 명령하였고, 남이는 별채에 유숙했다. 남이가 누워 있는데 소녀가 주인의 지시로 왔다며 시중을 들었다. 밤이 깊어지자 여자가 흐르는 눈물을 삼키며 귀에다 대고 말하기를 "저는 양갓집 자식이었는데, 강폭하게 약탈되어 이곳에 왔습니다. 이곳 주인은 큰 도적인데 모인 무리들이 수백 명입니다. 이 골에 거처하면서 과객이나 행상들을 유인해 끌어들여 그들을 모두 죽이고 그 재산을 빼앗았습니다. 그 종자들은 위협하여 자신들의 무리로 만들었습니다. 지금 낭군의 종들은 이미 독주毒酒를 마시고 지하 감옥에 갇혔습니다. 재물이 들어 있는 자루는 죄다 다락 창고樓庫에 들어갔습니다. 화禍가 또 이를 것입니다. 혹은 객客이 깊이 자는 것을 기다려 목을 조르거나 혹은 술을 먹여 독살합니다. 또는 독초毒草나 비상砒礵을 섞어 태워 구멍이 뚫린 벽으로 연기가 들어가게 합니다. 매번 소녀에게 이것을 살피게 하였습니다. 소녀는 강제로 시켜서 하는 데 겁이 납니다. 이렇게 한 지 여러 해가 되었습니다. 그런데 한 번도 좋은 객을 만나지 못했기에 참으면서 지금에 이르렀습니다. 조금 전에 늙은 도적이 낭군은 영웅인데 아깝다며 자주 칭찬하는 말을 몰래 들었습니다. 소녀는 처음으로 낭군이 인걸인 것을 알았기에 이 사실을 고하는 것입니다. 마땅히 낭군께서는 이것을 알고 살길을 도모하시기 바랍니다. 오늘 밤도 불 땐 연기를 쏠 것입니다!"

남이는 "냉수를 많이 가지고 와 달라"고 말한 즉시, 옷을 찢어 그 신발에 깔아 움직이지 않게 하고는, 귀는 솜으로 막고, 입에는 물을 넣고 숨 죽이고 자는 척했다. 소녀가 즉시 나가자마자 연기가 방안을 덮어 씌우며 돌아 사람에게 숨을 못 쉬게 했다. 그러나 남이는 대비를 했기에 끝내 역시 이상이 없었다. 하늘이 밝아 오자 한 도적이 "이미 죽었거니"라고 말하며 문을 열고 들어왔다. 남이는 신발 뾰족한 곳으로 그를 걷어 찼다. 또 들어오는 자를 다시 또 찼다. 연이어 세 명의 도적을 죽였다. 도적이 크게 놀라 고함을 질렀다. 늙은 도적이 놀라 일어나자 남이는 곧바로 집안으로 들어가 주먹을 늙은 도적에게 휘둘러 그를 쓰러뜨렸다. 도적 무리들이 크게 시끄럽더니 담을 넘어 달아나려고 하였다. 남이는 손으로 수십 인을 때려 죽였다. 그러자 도적 무리들이 무서워서 엎드렸고, 감히 다시 고개를 들고 일어나지 못했다.

남이는 대청 위에 앉아 그 무리들을 모두 불렀다. 소행을 캐물어 그 중 가장 불량해 고칠 수 없는 자들은 모두 베었다. 협박에 따라온 자들은 그 말을 듣고는 스스로 돌아가게 했다. 양갓집 여자들도 집으로 돌아가게 하였다. 그 창고를 열어 금백錦帛 · 전곡錢穀 · 우마牛馬 · 군기軍器를 문서로 일일이 기록하고는 빼앗아 현縣의 관청에 들였다. 자신은 단지 데리고 왔던 노비들과 말과 행장만 챙겨서

전통한옥인 경남 함안 무진정無盡亭 정자의 마루에 고정된 나무 기둥
이러한 기둥을 6세 어린이 남이가 번쩍 들어서 내려놓았다는 것이다.

홍길동이 약탈한 보화 상자를 쌓아놓은 모습
(『소년조선일보』에 연재했던 신동우, 『풍운아 홍길동 6』, 한국만화영상진흥원, 2013, 262쪽.)

돌아갔다. 이로 인해 이름이 한 나라에 진동했다. 부녀와 어린애들도 모두 '남 장군'이라고 일컬었다.

3. 요괴 퇴치와 결혼담

남이가 총각이던 15세 때 길가에 나와 놀다가 한 어린 계집종이 대나무 상자를 이고 가는 것을 보았다. 상자 위에는 얼굴에 분을 바른 여자 귀신이 앉아 있었다. 이를 괴이하게 여겨 그녀가 가는 곳을 따라가 보니 동네 남쪽 큰 집으로 들어 갔다. 조금 지나 늙은 하인이 소리내어 슬피 울며 나와서 말하기를, "주인집 넷째 낭자가 어떤 집에서 보내 온 홍시를 급히 먹고는 갑자기 죽었다"고 하였다. 남이는 "내가 들어가서 보면 살릴 수 있다"고 말했다. 그 집에서는 믿지 않다가 한참 지나 좋다고 허락하였다. 남이가 들어가 보니 얼굴에 분 바른 귀신이 가슴에 걸터 앉아 있었다. 남이를 보자 달아나 숨었고, 그 즉시 낭자는 깨어났다. 그러나 남이가 나가면 낭자는 다시 죽었다. 이 같이 세 번하였다.

집주인은 훗날 좌의정에 이른 권람權擥(1416~1465)인데, 남이를 맞아들여 앉게 하고는 찾아온 연유를 물었다. 남이는 자신이 본대로 모두 답변했다. 그리고 남이는 사악한 기운을 막는 여러 처방을 써서 그녀를 치료했더니 끝내 문제가 없었다.

권람은 점쟁이에게 명하여 남이의 수명을 점치게 했다. 점쟁이가 말하기를 "이 사람은 운명이 더할 수 없이 귀하고, 이름은 천하에 떨칩니다. 다만 아쉽게도 끝이 좋지는 않습니다"고 했다.[6] 다시 점을 치기를 원하자, 넷째딸의 수명을 점 치고는 말하기를 "수명이 몹시 짧고 또 아들도 없으니 마땅히 그 복록만을 누리지만 화禍는 없으니 혼인하기로 결정해도 됩니다"고 했다. 권람은 이에 넷째딸을 남이에게 시집 보냈다. 실제 권람의 딸은 남이보다 몇 년 전에 먼저 세상을 떠났다.

충무사 전시관에 설치된 영화 '남이 장군' 영상물

1964년에 상영된 영화 '남이 장군(안현철 감독)'에 등장하는 주연인 신영균(남이)과 악역 전문 배우 이예춘(유자광 扮)의 선악 대비는 지극히 선명하였다. 영화 포스터는 충무사 전시관에 게시되어 있었다. 또 영화도 관람이 가능하였다. 필자는 국민학교 1학년 때

6) 이 일화를 남이의 단명에 비추어 만들어낸 이야기로 간주하는 견해가 많다. 그러나 풍수학 훈도風水學訓導 최연원崔演元이 남이의 명을 점쳐 본 후 그에게 말하기를 "그대의 목숨은 끝이 좋지 않다. 또 지금 혜성이 몹시 염려된다 汝命不善終 且今慧星尤可慮也(『예종실록』 예종 즉위년 11월 15일辛未)"고 한 사실이 보인다. 따라서 사실로 받아들여도 무방할 듯하다.

인 1964년 12월 어느 날 저녁 식사 후 선친과 함께 극장에서 관람했었다. 그 영화를 꼭 60년만인 2024년 8월 27일 이곳에서 다시 시청한 것이다.

권람 집터 :
『동국여지비고』 제택 조에 "권람의 집이 목멱산 기슭 비서감 동편에 있었는데 그곳은 일찍이 무학대사가 잡아준 바위 위의 집터였다. 세조 임금이 행차하여 그 서쪽에 있는 벼랑바위 돌샘물을 마신 후로 임금이 마신 우물御井이라 불려왔다. 그 집터 위에 소조당素凋堂 유적이 있어 후에 후조당後凋堂이라 했다가 지금 녹천정鹿川亭이 되었다"고 기록하였다. 지금의 남산동 3가 34번지 2호 일대이다.

허목(1596~1682)이 지은 「후조당기後凋堂記」
후조당은 세조世祖 때 명신 권 익평공權翼平公(權擥) 옛집이다. 당堂은 목멱산木覓山(남산) 북쪽 기슭 비서감秘書監 동쪽 바위의 벼랑에 있다. 세조가 그 집에 거둥했었는데, 후세 사람들이 지금에 이르도록 (그 일을) 말하고 있다. 그 서쪽 벼랑에는 돌샘이 있는데 '어정御井'으로 이름지었다. 그 곁에 소한당素閑堂의 유지遺址가 있었다.
당은 3칸으로 남쪽에 온돌방이 있다. 겨울에는 따뜻한 방에서 거처하고 여름에는 서늘한 곳에서 거처하였는데, 사치하고 화려함을 좋아하지는 않았다. 푸른 벼랑에 석양이 비치면 창문이 가지고 있는 기운이 맑고 깨끗해진다. 지은 지가 오래되어 상국相國 당시부터 수백 년을 거쳐 6대를 전해와 사도공司徒公(형조판서 권반權昐)에 이르러서야 비로소 중건되었다. 들보를 고치거나 기둥을 바꾸지도 않았다. 또한 더 꾸미지도 않았으며, 기울고 무너진 곳을 보수하고, 검푸르고 어두운 곳을 새롭게 단장하니, 당이 옛날과 같았다.
행랑채 남쪽에는 샘물이 돌 밑에서 나오는데 몹시 맑고 차갑다. 섬돌 밑의 모든 산돌은 울퉁불퉁했고 뜰 가장 자리에는 층층의 절벽이 몹시 기이했다. 3월에는 산에 꽃들이 무성하게 피었고, 동산에 꽉찬 소나무는 겨울 추위가 오더라도 (푸르른) 가지와 잎은 변하지 않는다. 태사공太史公(사마천司馬遷)이 "날씨가 추워진 뒤에야 소나무와 잣나무가 늦게 시든다는 것을 알 수 있다"고 일컬었다. 이것에서 후조당이라고 말하게 되었는데, 경계警戒의 뜻이다.
지세가 높아서 북쪽으로는 아름다운 화산華山(북한산) · 백악산 · 인왕산 산곡대기가 줄지어 있고, 금원禁苑의 깊은 숲, 층층의 궁전과 높은 대궐이 바라 보인다. (이곳에) 관청과 시장을 세우면 세상을 다스리는 방도가 나오고 온갖 재화가 불어난다. 그리하여 사방에서 사람들이 한꺼번에 많이 몰려드는데, 넓은 길이 종횡으로 뚫려 번화하기 그지없다. 차계叉溪 · 학동鶴洞과 함께 남산의 명승으로 일컫는다.

사도공의 2세(손자) 사부師傅 적蹟이 당 앞에 돌못石池을 팠는데, 이끼는 깊고 물은 맑아 바위 그림자가 (물 위에) 다 비친다. 사부의 아들 흠歆은 방정하기를 좋아했고, 글이 넓고 행실은 훌륭하였다. 나는 권씨 집안에 인물이 있다고 보았는데, 그가 전대前代의 고사와 고적을 하나하나 들어서 내게 '후조당기'를 요청했다. 글을 300자로 이루어 적었다.

우리 대행大行 15년(1674, 현종 15) 겨울 10월 신축이었다.[7)]

「후조당기」를 통해 남이가 권람의 넷째딸과 인연을 맺었던 권람의 옛집 모습을 그려볼 수 있다. 이 집의 위치에 대해서는 19세기 후반에 편찬된 『동국여지비고』와 1871년에 탈고한 『임하필기』에 각각 다음과 같이 보인다.

권람權擥의 집 : 목멱산木覓山 산기슭의 비서감祕書監 동쪽에 있으니, 곧 무학이 정한 암석巖石으로 된 터이다. 세조가 일찍이 행차하였으며, 그 서쪽 언덕에 석천石泉이 있는데 이름하여 어정御井이라 한다. 그 위에 소조당素凋堂 옛 터가 있는데, 후에 후조당後凋堂이라 하였다. 지금은 녹천정鹿川亭이 되었는데, 박영원朴永元(1791~1854)이 차지하였다(『東國輿地備考』 제2편, 漢城府, 第宅, 中部.).

동서桐墅(오서梧墅의 오기誤記 ; 필자) 박공朴公(박영원)이 졸卒한 뒤에 그 집은 종남산 밑

---

7) 『記言』 권13, 中篇, 棟宇, 後凋堂記. "後凋堂者 世祖名臣權翼平公舊宅 堂在木覓北麓祕書監東巖石之崖 世祖幸其第 後世迄于今稱云 其西崖 有石泉 命曰御井 其上 有素閑堂遺址在焉 堂三間 南有溫室 冬就溫 夏就涼 不尙奢華 蒼崖夕照 戶牖蕭灑 制作古遠 自相國之世 歷數百年 六傳而至司徒公 迺始重創之 不改棟易楹 亦不加增飾 其傾圮者完 黝暗者新 堂宇如舊 堂廡南 泉出石下 極淸冽 階礎下 皆山石盤陁 庭畔層壁尤奇 三月山花盛開 滿園多松 冬寒至 柯葉不改 太史公稱歲寒然後知松柏之後凋 此所謂後凋堂 警戒之義也 地勢高 觀望北 麗華山 · 白岳 · 仁王列岫禁苑穹林 層宮高闕 建官立市 治道之所出 百貨之所殖 四方輻輳 經緯九軌 紫陌萬井 與叉溪 鶴洞 竝稱南山勝區 司徒公二世 有師傅蹟 穿堂前石池 苔深水淸 巖影畢照 師傅有男歆 好方正能博文善行 吾以爲權氏有人 歷擧前代古事古跡 請余後凋堂記 文成三百志之 我大行十五年冬十月辛丑"

의 녹천정綠泉亭으로 옮겼는데, 곧 공의 별장이었다. 이곳은 국초의 상신相臣 익평공翼平公 권람의 옛집터인데, 그 사위 남이 장군이 귀신을 쫓아낸 곳이었다(『林下筆記』 권27, 春明逸史, 世傳香爐.).

위의 기사를 보면 권람의 옛집 후조당이 녹천정이었고, 鹿川亭과 綠泉亭이 동일한 곳임을 알려준다. 그러한 녹천정은 한국통감관저가 되었다. 즉 '內閣秘書課,『各司謄錄』 1908년 1월 28일 조'에서 '統監官邸(綠泉亭)'라고 적혀 있다. 통감관저가 녹천정에 소재한다는 것이다. 한자 표기는 다르지만 鹿川亭과 綠泉亭은 동일한 곳으로 다시금 등장했다.

이러한 사례는 많은데, 1851년(철종 2)에 박영원은 우의정이 된 직후 '남산南山 아래 후조당後彫堂의 옛터에 녹천정綠泉亭을 짓다(한국문집총간 해제,『梧墅集』)'고 했다. 실제 그는 "만년에 남산 기슭 밑에 작은집을 짓고 현판을 녹천이라 했다 晩年築小屋於南麓下扁曰綠泉(「左議政朴公永元諡狀」,『經山集』 권20, 諡狀)"고 하였다. 그러므로 표기가 다른 녹천정은 동일한 곳임을 거듭 확인할 수 있다.

그리고 「부산일보釜山日報」(1925년 6월 6일) 자의 '총독저택 안總督邸內 녹천정綠泉亭에서にて'라는 소제목에서 통감관저가 녹천정 부지에 소재했음을 알려준다. 따라서 한국통감관저 터(서울 중구 퇴계로 26가길 6)는 권람의 옛집 터가 분명해졌다.

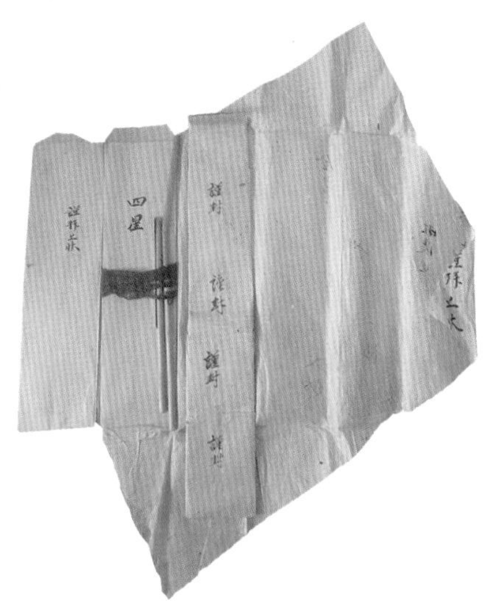

정혼을 한 후 신랑집에서 신부집으로 신랑의 사주인 생년 · 월 · 일 · 시를 적은 간지를 보내는 사주단자四柱單子

권람의 옛집터(후조당=녹천정=통감관저)

통감관저 터 표석

남산 밑에서 촬영한 권람의 옛집터 방향

서울종합방재센터(옛 중앙정보부 터)로 들어가는 길목. 현재의 다목적광장은 통감관저 터였다.

「후조당기」에서 권람의 집터에서 보인다고 한 북한산 · 백악산 · 인왕산은 현재는 고층 건물과 나뭇가지로 인해 시야에 잡히지 않는다. 당시는 보였을 북한산 · 백악산 · 인왕산과 궁궐들이 보이는 그림.

목멱산 봉수대에서 흐린 날 촬영한 북한산 · 백악산 · 인왕산 일대

남이가 자주 출입했을 현재의 동대문興仁之門 전경

양성陽城으로 불리었던 지금의 경기도 안성 죽주산성에서 바라 본 안성벌

4. 명마를 얻게 된 일화

권람이 타던 준마가 있었는데, 다른 사람은 발로 차고 물어뜯어 탈 수가 없었다. 남이가 이 말을 시험삼아 타보고는 곧바로 개성의 박연朴淵에 가서 반날만에 돌아왔는데, 말이 땀을 간장 물처럼 흘렸다. 남이는 권람에게 고하기를, “이 말은 어른께서는 탈 수 있으나 애석하게 힘이 약하고 변변하지 못하여 전쟁터에서는 쓸 수 없습니다”고 했다.

이후 남이는 경기도 안성(陽城) 가는 길에서 소금 파는 이를 만났는데, 적마赤馬가 파리하고 부스럼이 났는데, 비싼 값에 이를 샀다. 적마는 환난患難이 있을 때마다 느리거나 급하게 한번 울고 두 번 울고 세 번 울어 위험을 깨닫게 했다. 남이가 붙잡히게 된 저녁에도 말이 또 세 번 울었는데, 남이가 자면서 꿈을 꾸고 있어 인지하지 못하자 다시 울면서 알렸다.

중국 후베이성 형주성荊州城 안의 유명한 여포와 관우가 탔던 명마 적토마 모형
마굿간에 있는 적토마 모형은 남이의 적마를 연상시킨다.

충무사 경내 남이 장군 동상 기단부에 부조된 적마와 관련한 설명문

세조 어진御眞 초본(부분)

1935년 이당 김은호가 이왕직에서 세조의 어진을 모사할 때 사용한 밑그림 중 하나

해인사에 봉안된 세조 어진(부분)

화기畫記에 의하면 1458년(세조 4)에 윤사로와 조석문이 세조의 명으로 진영을 조성하여 해인사 금탑전에 봉안했다고 한다.

두 어진을 비교하면 얼굴형뿐 아니라 눈과 작은 입이 닮았다. 후자의 어진은 사찰용으로 제작하였기에 일반 어진과는 달리 좌우에 시중과 동자를 각각 배치한 것이다.

그런데 관상학에서 입이 작은 사람은 소심하고 스케일도 작아서 큰 사업을 못한다고 했는데, 큰일을 일으킨 사람이 세조가 아니던가?

어진 초본은 여러 해 전에 공개한 바 있었는데, 눈이 선하게 생겼기에 과연 조카와 부왕 세종의 총신들을 죽이고 즉위한 쿠데타의 주인공이 맞는가 싶었다.

해인사에 봉안된 세조 어진(전체)
곤룡포를 입고 양손에 홀을 잡고 있는 세조가 호랑이 가죽을 씌운 의자에 앉아 있다. 이때 세조는 42세였다. 남이가 세조 면전에서 남산의 호랑이를 잡은 사실이 상기된다.

예종이 부왕인 세조의 명복을 빌기 위해 만든 봉선사 동종의 탑본

III. 관직에 나가 첫 번째 국가적 우환인 호환虎患 퇴치

1459년(세조 5) 남이는 17세에 무과에 급제했고(『소대기년』 · 『청야만록』 · 「남장군시장」 등), 이듬해 선전관宣傳官 벼슬에 올랐다. 선전관은 1457년(세조 3)에 신설된 임금이 타는 수레御駕 앞에서 인도引導하는 임무를 맡은 무관직이었다. 이때 남이는 나르는 표범 즉 '비표飛彪'라는 이름을 얻었다.[8] 남이의 용맹을 읽을 수 있다. 세조의 눈에 들 수 있는 정황이었다.

마침 그때 호랑이가 도성에 날아들어와 백성들을 살상했는데도 어찌할 수가 없었다.[9] 임금께서 이를 근심해서 "누가 잡을 수 있느냐?"고 물었다. 모두 말하기를 "남이는 10세 남짓 나이에 대적大賊을 살해했으니, 날래고 용감하고 말타고 달리면서 활쏘기騎射를 잘하는 것은 이 사람이 아니고는 할 수가 없습니다!" 고 하자, 임금이 "그렇다"고 했다. 임금이 면전에 남이를 불러 호랑이를 잡도록 명하였다. 임금이 친히 와서 구경했다.

세조는 군대의 위용을 크게 펼치도록 명하여 산꼭대기에 임금이 앉도록 만든 자리帳殿를 설치하였다. 남이는 사슴 발자국을 따라가 살폈더니 호랑이가 남산 바깥 기슭에 숨어 있었다. 남이는 적마를 타고 호랑이 앞에 달려들어가 한 살을 쏴서 뒤쪽 넓적다리를 맞혔다. 그러나 호랑이는 꼼짝도 하지 않았다. 또 한 살을

---

8) 『東國輿地志』 권1, 京都, 人物 本朝, 南怡. "年十八補宣傳官 獲飛彪"

9) 사람이나 가축이 호랑이에게 입는 화를 호환虎患이라고 한다. 호환은 한국의 삼국시대부터 확인된다. "1년의 여섯 달은 조선 사람이 호랑이를 사냥하러 다니고, 남은 여섯 달은 호랑이가 조선 사람을 사냥하러 다닌다"는 말이 있을 정도로 호환이 잦았다. 호랑이들이 서울의 무악재를 넘어 인왕산과 안산에 자주 출몰했기에 이 고개를 넘다가 피해를 입는 이들이 많았다. 1402년에 "경상도에 호랑이가 많아, 지난 겨울부터 금년 봄에 이르기까지 호랑이에게 죽은 사람이 기백 명입니다. 연해 군현沿海郡縣이 더욱 많은데, 사람들이 길을 갈 수 없습니다. 하물며 밭을 갈고 김을 맬 수 있겠습니까? …(『태종실록』 태종 2년 5월 3일乙酉)"라는 기록에서 호환의 피해를 절감할 수 있다. 심지어는 호랑이가 경복궁 근정전 뜰에 나타나기도 했다(『태종실록』 태종 5년 7월 25일戊午).
통일신라 때도 호환으로 경주에 거주하는 도성민들이 피해를 입자, 호랑이를 잡아 조정에 발탁된 이야기가 『삼국유사』 '김현감호金現感虎' 조에 전하고 있다.

쏘아 허리 겨드랑이를 맞추자 호랑이 울부짖는 소리가 골짜기를 진동했다. 호랑이는 아가리를 벌리고 발톱을 드러내며 곧바로 남이에게 달려왔다.

남이는 말을 돌려 달아나다가 차츰차츰 당겨서 임금이 앉은자리帳殿 밑에 이르자 몸을 돌려 말등에서 쏘았다. 화살은 호랑이 입을 따라 들어가 뱃속 꼬리를 관통했다. 호랑이가 노하면서 기운을 내 거세게 울부짖었다. 남이가 다시금 한 장丈 남짓의 창으로 찌르자 호랑이는 풀썩 쓰러졌다. 군사들은 모두 놀랐고, 보는 사람들도 기세에 눌려 뒷걸음을 쳤다. 현장을 지켜 본 온 군대가 크게 기뻐했고, 임금도 대단히 기뻐하면서 몹시 기이하게 여겼다. 세조의 특명으로 남이는 차례를 뛰어넘어 발탁되었다.

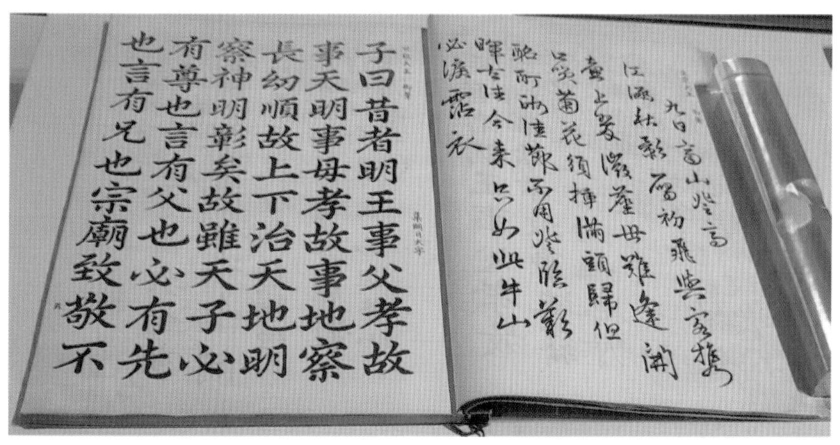

「열성어필첩列聖御筆帖」에 수록된 문종과 세조(왼쪽)의 필적

「동궐도東闕圖」에 보이는 창덕궁과 창경궁을 조감도식으로 그린 궁궐도
이들 궁궐은 경복궁의 동쪽에 소재했기에 '동궐'이라고 불렀다.

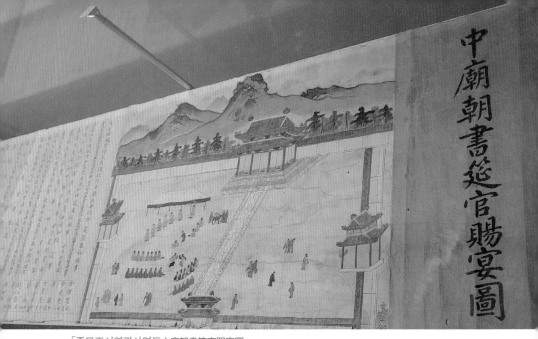

「중묘조서연관사연도中廟朝書筵官賜宴圖」
본 그림은 18세기 후반에 이모移模했지만, 중종이 1535년(중종 30) 경복궁 근정전 앞뜰에서 세자 교육에 힘쓴 서연관 39명의 노고를 치하하기 위해 베푼 연회 그림이다. 임진왜란 때 불타기 이전의 근정전 모습을 살필 수 있다. 「의령남씨전가경완도宜寧南氏傳家敬翫圖」 중의 하나이다. 다포 양식으로 복원된 근정전(정 · 측면 5칸)과는 달리 당초의 근정전(정면 3칸, 측면 1칸)은 주심포 양식이었다.

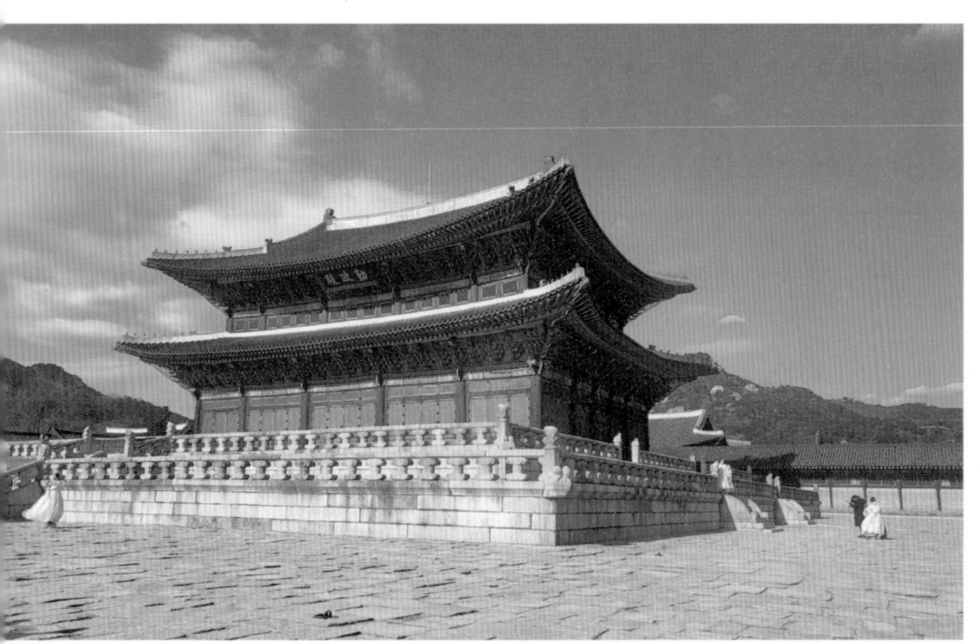

흥선대원군이 중건한 경복궁 근정전 전경

인왕산 밑 경복궁 전경

창녕 충무사에 봉안된 전립戰笠에
무관 정복의 남이 영정
고려 불화의 거장巨匠 박미례 교수가
그렸다.

경북 의성 고운사 우화루 오른쪽 벽에 그려진 호랑이 벽화
호랑이 눈동자가 움직인다고 해서 유명해진 이 호랑이는 비교적 양순한 모습이다.

포효하는 호랑이 모습 자수

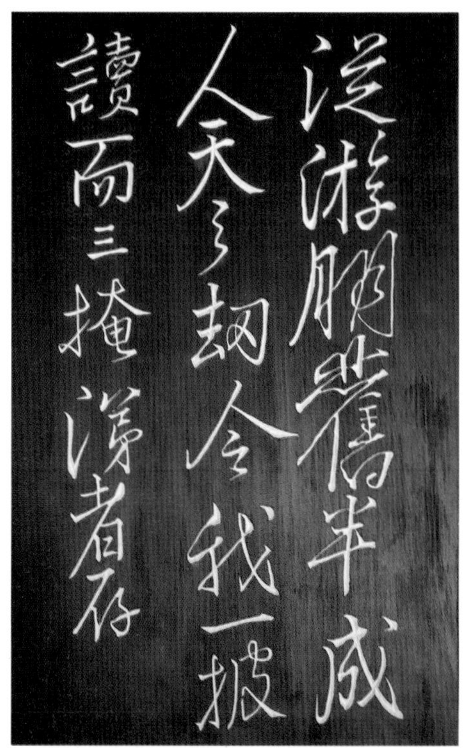

남이가 16세에 썼다는 친필 각자刻字 탑본
남구만의 아들 남학명南鶴鳴(1654~1722)이 전달하고 14세손 남선희南善熙가 기증하여 지금은 한국비림박물관에 소장되어 있다.
"좇아 더불어 사귀고 노닐던 옛벗이 절반은 성인이 되었는데, 하늘이 나에게 따르게 하니, 한 차례 펼쳐 읽고 세번 눈물을 닦게 하는 것이 있었다. 從遊朋舊半成人 天之刼令我 一披讀而三掩涕者存"

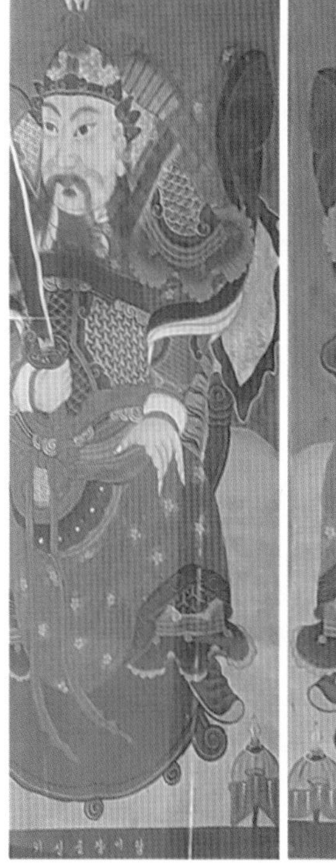
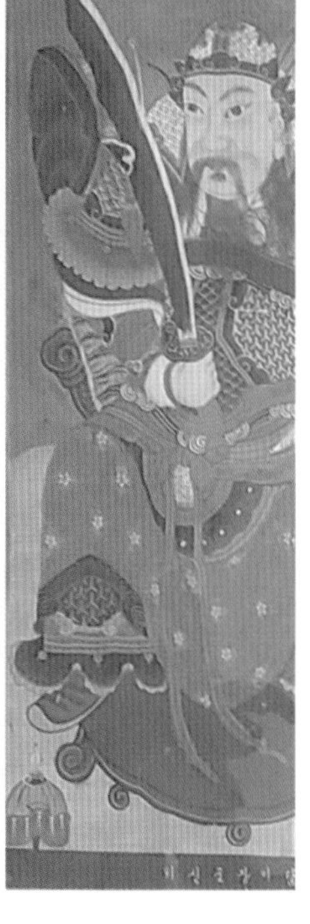

남이장군사당(서울시 용산구 용문동 106번지. 효창원로 88-10)에 걸린 민화풍의 남이 영정은 1935년에 그린 것으로 전해진다.

IV. 한 해에 대공大功을 두번이나!

1. 이시애의 난 진압

1467년(세조 13) 5월, 남이가 우리나이 25세 때였다. 함경도 길주吉州 호족 이시애李施愛가 북청절도사 및 순찰사 신면申㴐을 죽이고 남쪽을 향해 멀리서부터 말을 몰아 왔고, 며칠 동안에 북방 군현郡縣들이 다투어 장리長吏를 살해하고 호응하였다. 안팎이 소란스러워져 서울은 계엄戒嚴을 하였고, 임금은 왕족인 구성군龜城君 준浚을 원수元帥로 삼도록 명하고, 또 어유소魚有沼를 부장군副將軍으로 삼았다. 남이는 임금의 친위 병력인 사자위獅子衛를 거느리고 선봉이 되었다.

관군이 지금의 함경남도 북청北靑으로 진입할 때 "화살이 오가는 게 비와 같았으므로 우리 군사들도 다투어 분발하여 이들을 쏘니 적이 감당하지 못하였고, 사상死傷함이 셀 수가 없었다. 이숙기와 남이가 살상한 것이 가장 많았다"[10]고 했다. 대사헌 양성지梁誠之가 「삭방 평정을 칭송平朔方頌」하는 글을 바치면서 "이에 비장裨將 남이 등이 돌격하여 싸워서 적의 기치旗幟를 빼앗고, 적 수백 명을 목 베었습니다. 대군이 승세를 타서 쫓아 내달아 적의 머리 1천여 급級을 베었고, 마천령과 마운령을 넘어 길주의 영동역嶺東驛에 이르렀습니다. 적의 괴수가 처자를 데리고 수백 기騎와 더불어 도망하여 명원참에 이르자 …"[11]라고 하며 남이의 눈부신 무공을 칭송했다.

북청에서 적賊을 효수하고, 이들을 추격해 거산居山의 북쪽에서 크게 싸워 셀 수 없이 베고 붙잡았다. 관군은 이시애 형제를 붙잡아 이들을 죽이고는 머리를 서울로 보냈다. 이때 "북청의 싸움에서, 남이가 진陣 앞에 나타났다 없어졌다 하

---

10) 『世祖實錄』 世祖 13년 6월 24일(丁巳). "矢交如雨 我軍爭奮射之 賊不敢當 死傷無算 淑琦 · 南怡所殺傷居多"

11) 『世祖實錄』 世祖 13년 9월 6일(戊辰). "於是 裨將南怡等 突戰奪賊旗 斬賊數百 大軍乘勝追奔 斬首千餘級 越磨天 · 磨雲嶺 至吉州嶺東驛 賊魁挈妻子 與數百騎 逃至溟源站"

면서 죽을 결심을 하고 힘써 싸우니, 향하는 곳마다 적이 쓰러졌고 몸에는 4~5개의 화살을 맞았으나 얼굴색은 변함이 없었다"[12]고 했다. 그리고 "남이가 먼저 목책을 부수고 돌격하여 2급級을 참수하고 20여 인을 사로잡고 치중輜重 10여 바리駄를 빼앗으니, 나머지 무리들이 도주하였습니다"[13]고 했다. 이때 남이는 3천 명을 거느렸던 강순과는 달리 가장 적은 1백 명을 거느렸다.[14]

이에 앞서 관군은 종개동鍾介洞 마흘령 산채麻訖嶺山寨를 빼앗고, 바닷가 15리에 영營을 이었다. 이때도 남이의 공功이 많았다. 싸움에 이긴 것을 아뢰자 임금께서 손수 쓴 편지를 구성군 준浚에게 내렸는데, "너희가 이미 대공大功을 이루었으니, 너희만이 북방을 진압한 게 아니고, 남이가 가장 뛰어나게 용감했다고 들었다!"고 했다. 임금은 특별히 당상堂上에 오르게 하여 장수들을 격려했다. 남이로 하여금 군대 1천으로 종성鍾城과 온성穩城 · 경흥慶興에 주둔하게 했다. 경원慶源을 비롯한 여러 읍邑들을 모두 이곳에 소속시켰다.

오자치吳自治(1426~?)는 1467년 이시애의 난을 평정한 공으로 2등 적개공신에 봉해졌다. 그는 건주위 여진 정벌에도 공을 세웠다. 1476년(성종 7) 왕명으로 충훈부에서 그의 초상을 그리도록 했다. 현재 오자치 초상은 보물로 지정되었다. 1등 적개공신인 남이도 역모죄에 걸리지 않았다면 초상도 그려져서 전해 왔을 수 있다.

2. 건주위 여진 정벌

1467년 8월 중국 명 황제가 자국 군대의 건주위建州衛 이만주李滿住 정벌을 도

12) 『世祖實錄』 世祖 13년 7월 14일(丁丑). "北青之戰 怡出沒陣前 殊死力戰 所向披靡 身被四五箭 容色自若"

13) 『世祖實錄』 世祖 13년 7월 25일(戊辰). "怡先破寨突擊 斬首二級 生擒二十餘人 取輜重十餘馱 餘黨逃走"

14) 『世祖實錄』 世祖 13년 7월 17일(庚辰). "浚分軍爲三陣 康純領三千 金嶠領六百二十八 朴思亨領二百 南怡領一百 …"

창녕군 부곡면에 소재한 충무사 구내의 남이 장군 동상

남이가 주둔했던 지금의 함경북도 종성과 경원 등의 지역과 백두산도 1706년에 제작된 「요계관방지도遼薊關防地圖」에서 보인다.

우라고 칙유勅諭했다. 임금께서 강순康純과 어유소에게 명하여 병력 1만을 거느리고 명 군대보다 먼저 가라고 명하였다. 특히 남이에게는 둔소屯所에 있는 휘하의 군대를 이끌고 와서 합치라고 했다.

대군은 일제히 압록강을 건너 1467년 9월 25일 남이는 강순과 함께 황성평皇城坪에서 어유소의 군대와 합류했다. 황성평은 국내성과 광개토왕릉비가 소재한 지금의 중국 지린성 지안集安이다. 남이가 앞장을 서 곧바로 건주위 동북의 파저강婆豬江 올미부兀彌府의 여러 영채를 쳤다. 파저강은 지금의 훈강渾江인데, 지린성 바이산시에서 발원하여 남서쪽으로 흘러 랴오닝성 단둥시 콴뎬 만족 자치현에서 압록강으로 흘러든다. 강의 길이는 446.5㎞이고, 유역 면적은 15,381㎢이다. 또 훈강 유역은 고구려의 발상지이기도 했다.

말갈의 후신인 여진은 명 때 건주위 지휘사의 통제를 받는 건주여진, 동류 송화강 유역에 살았던 해서海西여진, 그리고 최북방의 야인野人여진의 3종류였다.

남이는 건주위 여진의 소굴을 빻아버렸고 이만주와 이고납합李古納哈 부자를 베고, 그 둔락屯落과 쌓아서 모아둔 재물들을 죄다 태워버렸다. 이어 큰 나무를 베서 나무 껍데기를 깎아 내고 흰 바탕 위에 '모년 월일에 조선 대장 강순 · 어유소 · 남이 등이 건주를 멸했다'고 썼다. 명 군대가 뒤에 이르러 백서白書를 보고서 널리 알려졌다. 황제가 이를 가상히 여겼다고 한다.

이 전쟁에서 전군이 영營을 연결해서 노숙했는데 하늘에 구름도 없었고, 은하수가 매우 밝았다. 남이는 군중에 명령하여 갈대를 베어 담처럼 만들었다. 장작과 섶을 많이 쌓아놓고는 말하기를, "내일 큰 눈이 내린다"고 하였다. 부원수인 어유소는 이 말을 믿지 않았다. 새벽에 눈이 소 눈牛眼 깊이까지 쌓일 정도로 많이 내렸다. 남이는 군중이 추위를 면하도록 대비를 한 것이다. 부원수의 군대는 모두 와서 남이 군대에 붙어 살 수 있었다.

중국 랴오닝성 환런 시가지를 흘러가는 훈강과 고구려 이래 여진족들도 이용했던 오녀산성 원경
남이를 비롯한 조선 원정군이 건넌 파저강은 지금의 중국 랴오닝성 훈강이다.

환런 분지를 휘감아 돌고 있는 얼음이 언 훈강

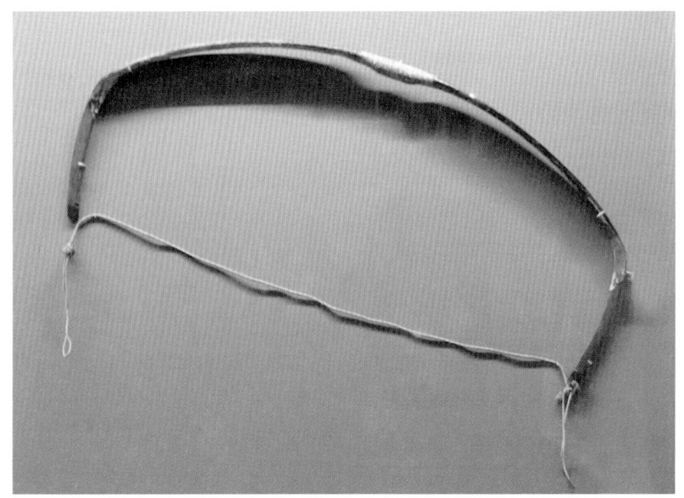

청 제6대 황제 건륭제(1711~1799)의 활
건주위 여진의 후신이 누르하치(1559~1626)가 세운 청 황실이었다.

「요계관방지도」에 보이는 파저강

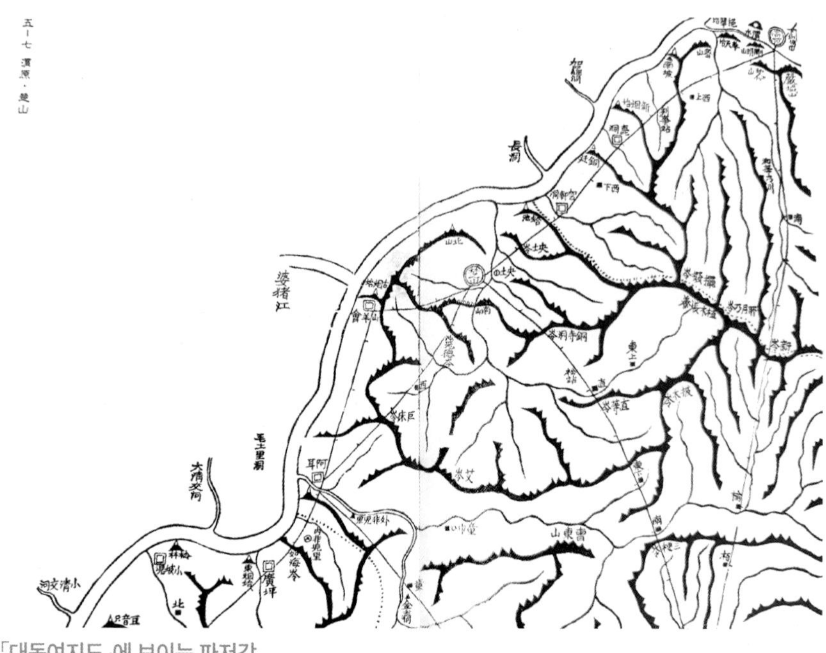

「대동여지도」에 보이는 파저강

3. 명 사신의 감탄

다음 해(1468) 봄, 임금이 배신陪臣 고태필高台弼을 명에 보내 포로를 바쳤다. 황제가 대감 강옥姜玉과 김보金輔에게 황제의 은총을 갖춰 이들에게 진보珍寶를 하사했다. 이 사실을 가리켜 "헌종 황제憲宗皇帝가 특별히 사신을 보내 물품을 하사하였다"[15]고 한 것이다.

조선에 온 김보가 말하기를 "바라옵건대 남 재상南宰相이 강궁强弓을 쏘는 것을 보았으면 합니다"고 하자, 임금이 상현 강궁上弦强弓을 취하여 남이에게 주도록 명했다. 김보가 청하여 남이에게 쏘게 하자, 남이가 즉시 띠고 있는 대전大箭을 뽑아 한껏 당겨서 쏘았더니, 강옥이 하례하기를 "이와 같은 양장良將은 세상에서 얻기 어려운데, 이 같은 사람이 좌우에서 시중들고 있으니 전하는 무엇이

15) 『東國輿地志』 권1, 京都, 人物 本朝, 南怡. "憲宗皇帝特遣使賜賚"

두렵겠습니까?"라고 했다. 김보가 말하기를 "저들(여진족)에게 쏘았던 궁시弓矢를 원컨대 황제의 도읍帝都으로 가지고 돌아가 무리들에게 과시하며 '이것은 우리 조선이 건주建州를 정벌할 때 비장裨將 남이의 활이다!'고 말하겠습니다."[16)]

한양도성박물관에 전시된 조선 후기 화살통과 화살

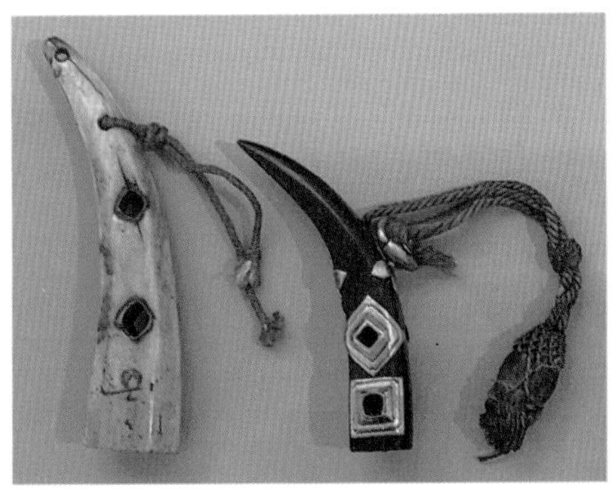

촉돌이鏃機. 활을 쏘기 위한 보조 기구
화살의 촉을 뽑거나 박는데 사용했다. 주로 짐승의 뿔이나 뼈로 만들었다.

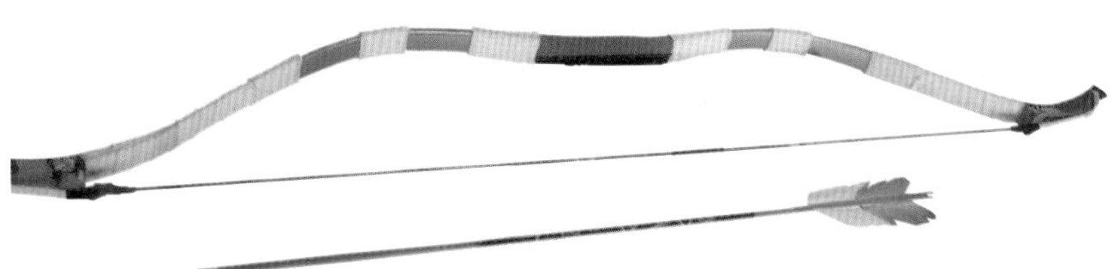

충무사 기념관에 전시된 활과 화살 모형

---

16) 『世祖實錄』 世祖 14년 5월 18일(丁丑). "輔曰 願觀南宰相所射强弓 命取上弦强弓與之 輔請令怡射之 怡卽抽所帶大箭 引滿射之 玉賀曰 如此良將 世所難得 以如是之人侍左右 殿下何所畏哉 輔曰 彼所射弓矢 願持歸帝都 誇示於衆曰 此我朝鮮征建州時 裨將南怡之弓也"

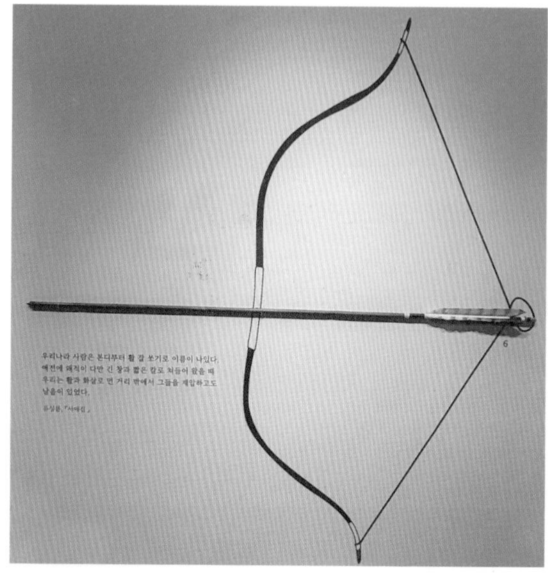

조선 활의 성능에 대한 유성룡(1452~1607)의 소개

벽사辟邪의 의미로 제작되었던 사인검四寅劍

V. 백두산 등정과 북정시北征詩

회군하면서 남이는 "백두산을 지나가다 장군은 정상에 올라 개연히 시를 지었는데 가로대 … 行過白頭山 將軍登絶頂 蓋然題詩曰 …(「남장군이전」)"라고 하였다. 유명한 다음의 북정시이다.

백두산 돌은 칼 갈아 없애고 / 白頭山石磨刀盡
두만강 물은 말 먹여 없애리라 / 豆滿江水飮馬無
남아 이십에 나라 평정 못 한다면 / 男兒二十未平國
후세에 누가 대장부라 일컫겠는가 / 後世誰稱大丈夫

그 밖에 남이의 시조 4수首가 전해온다. 이 중 다음의 3수는 명확한 남이의 작시였다. 『청구영언』 진본에 수록된 첫 번째 시조가 가장 유명하다.

장검長劍을 빠혀 들고 백두산에 올라 보니
대명大明 천지天地에 성진腥塵이 잠겼어라
언제나 남북풍진南北風塵을 헤쳐 볼까 하노라(『靑丘永言』 珍本).[17]

오추마烏騅馬 우는 곳에 칠척장검七尺長劍 빛나는데
백이함관百二函關이 누구 땅이 되었단 말인가
홍문연鴻門宴 삼거불응三擧不應을 못내 슬퍼 하노라(『瓶歌』)

적토마赤兎馬 살찌게 먹여 두만강豆滿江 물에 씻겨 세우고
용천검龍泉劍 드는 칼을 선뜻 빼어 둘러메고
장부丈夫의 입신양명立身揚名을 시험試驗할까 하노라(『歌曲源流』)

남이 장군탑 :
(고적) 함경남도 홍원군 구룡리 북서쪽 신흥군과의 경계에 소재한 옛 탑터. 남이 장군의 업적을 기려 세운 탑이라고 한다(평화문제연구소, 『조선향토대백과 13(함경남도 ②)』, 2005, 576쪽.).

---

17) 沈載完, 『校本 歷代時調全書(時調의 文獻的硏究)』, 世宗文化社, 1972, 896쪽.
鄭鉒東 · 兪昌植, 『珍本靑丘永言校註』, 新生文化社, 1957, 180쪽.
朴乙洙, 『韓國時調大事典』, 亞細亞文化社, 1992, 966쪽.

「등림영회도登臨詠懷圖」에 보이는 남이의 군용軍容

남이는 백두산에 올라 시를 지었다. 『북관유적도첩北關遺蹟圖帖』에 보이는 「등림영회도」에서 "그리고 돌아오면서 백두산에 올라 시詩를 지었는데 … 而還登白頭山作詩曰 白頭山石磨刀盡 豆滿江波飮馬無 男兒二十不平國 後世誰稱大丈夫"라는 구절을 통해서도 확인된다. 『북관유적도첩』은 고려 예종 때부터 조선 선조 때까지 북관北關인 함경도에서 활약한 인물들을 기리기 위해 18세기에 제작된 도첩圖牒이다. 원화原畫는 고려대학교 박물관에 소장되어 있다.

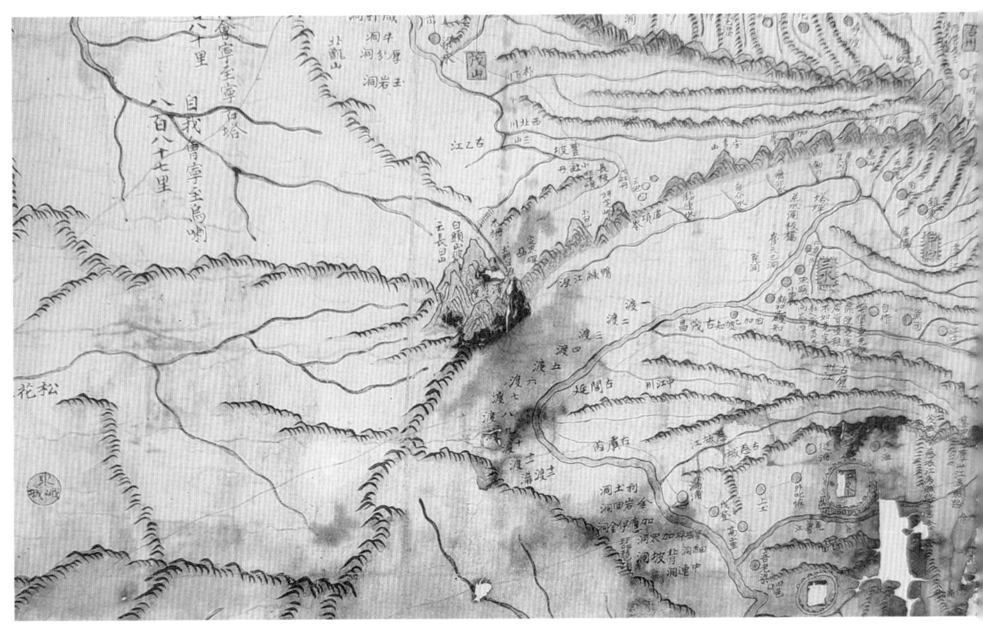

18세기에 그려진 군사지도 「청구관해방총도靑丘關海防摠圖」(보물. 국립중앙박물관)에 보이는 백두산과 함경도 일대

통일신라 말기부터 유행한 풍수사상에서 우리나라 산악의 조종祖宗으로 자리매김된 백두산

창녕 충무사 남이 장군 동상 기단부에 새겨진 남이의 북정시

갑신정변 실패 후 일본에서 김옥균과 더불어 망명 생활 중이던 박영효朴泳孝(1861~1939)는 1891년 여름(辛卯之夏), 조선독립운동을 지원했던 스나카 하지메須永元(1868~1942)에게 부채에 남이의 북정시를 적어 선물했다.

망명객의 울울한 심회와 남이의 호쾌한 기상을 연동시키면서 포부를 이루지 못하고 좌절한 두 사람의 감정이 얽혀 있는 것 같다. 부채는 일본 사노시佐野市 향토박물관에 소장되어 있다.

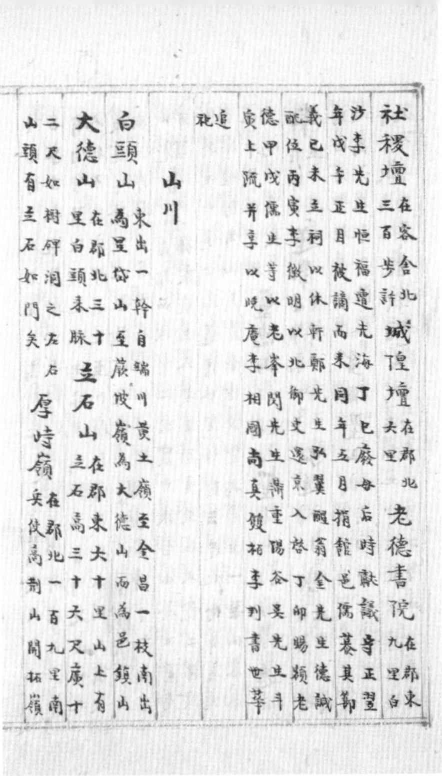
社稷壇 在客舍北三百步許 城隍壇 在郡北天里 老德書院 在郡東九里白
沙李先生恒福遷北海丁巳廢母后時獻議守正望
年戊午正月被謫而來同年五月捐館邑儒慕其節
義己未立祠以休軒鄭先生弘翼醒翁金先生德誠
配位丙寅李徽明以北御史還京入啓丁卯賜額老
德甲戌儒生等以老峯閔先生鼎重陽谷吳先生斗
寅上疏并享以晩庵李相國尙眞賀栢李判書世華
追祀

山川

白頭山 東出一幹自端川黃土嶺至全昌一枝南出為星岱山至嚴坡嶺為大德山而為邑鎭山
大德山 在郡北三十里白頭來脉
立石山 在郡東大十里山上有立石高三十丈尺廣十二尺如樹碑洞之左右山頭有立石如門矣
厚峙嶺 在郡北一百九里南兵使高刺山開拓嶺

1899년에 편찬된 『북청군읍지北青郡邑誌』 산천 조의 백두산 소개 구절

1. 길주 요괴 퇴출

남이가 길주吉州 어느 파보坡堡에 이르렀는데, 보堡 서쪽에 수십 길의 우뚝 솟은 돌벼랑이 있었다. 현지 군대에 소속된 아전들이 말하기를, "돌 가운데 요마妖魔가 있어 사람들에게 화와 복을 줄 수 있어 백성들의 근심이 크다"고 했다. 남이가 손 철퇴로 이것을 부셔버렸다. 이로부터 마귀가 드디어 끊어졌고, 그 보를 장군파將軍坡라고 일컬었다.

이에 대해서는 "[신증] 장군파보將軍坡堡 : 주州의 북쪽 66리에 있다. 돌로 성을 쌓았는데 둘레가 1천 4백 64척, 높이 8척이다. 안에 2개 우물이 있다. 금상(今上 : 중종) 16년에 이덕보梨德堡를 폐지하고 이곳으로 옮겼다. 병마만호兵馬萬戶 한 사람을 둔다"[18]고 하여 그 존재가 보인다.

---

18) 『新增東國輿地勝覽』 권50, 吉城縣, 關防. "[新增] 將軍坡堡 在州北六十六里 石築城 周一千四百六十四尺 高八尺 內有二井 今上十六年 革梨德堡 移于此 置兵馬萬

남이의 북정시 가운데 사달이 났던 ‘미평국未平國’이 ‘미득국未得國’으로 보이게 한 것은 요괴가 남이에게 복수를 한 것이라고 한다(이천군지편찬위원회, 『이천군지』, 1984, 901~902쪽.). 요괴의 복수는 탄금대 전투 때 신립 장군의 패배에도 등장하는 등 후대의 부회에 불과하다.

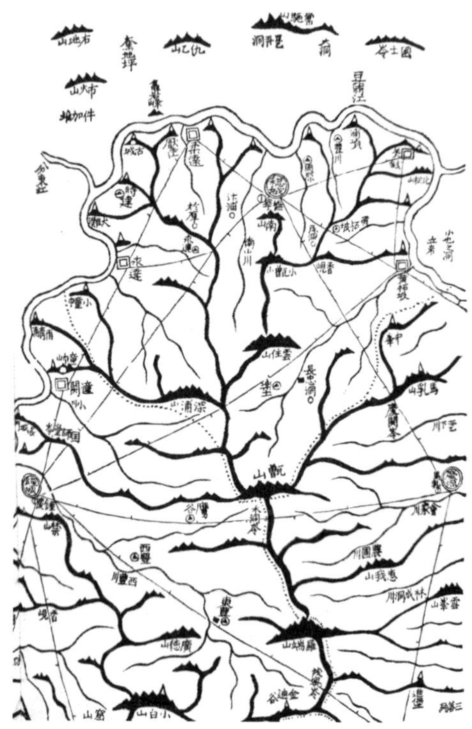

「대동여지도」에 보이는 지금의 함경북도 경원慶源 등 남이가 주둔했던 일대

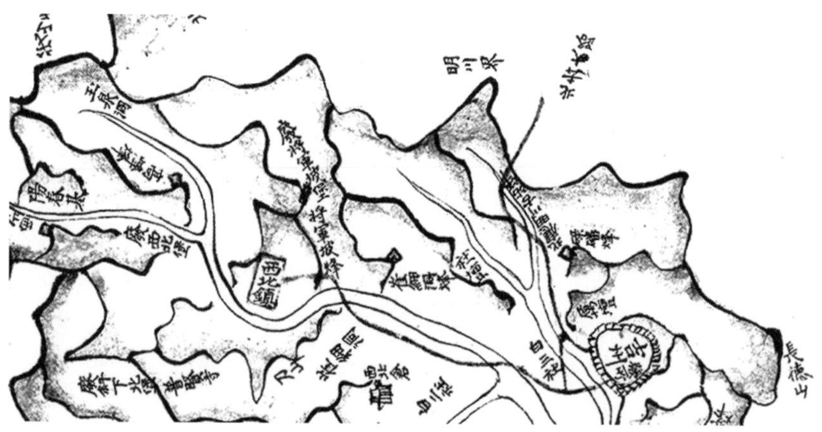

「여지도서」에 보이는 길주 ‘장군파보’와 그 주변. 봉수 이름에도 남아 있다.

戶一人”

「동여도」에 보이는 길주 '장군파'와 그 주변
고개와 하천 이름으로도 남아 있다.

「동여도」에서 백두산(장백산)과 장군파 그리고 길주가 보인다.

VI. 영화의 정점과 무고誣告의 조짐

1. 질시를 받다

개선하자 남이는 공훈이 제일에 책정되었다. 승지承旨를 제수받았고, 의산군宜山君에 봉해졌다. 그리고 오래지 않아 병조판서에 발탁되었다. 26세 묘령의 장군이 큰 공에 무거운 이름을 짊어졌다. 한 해 동안에 벼슬 등급을 뛰어넘어 상경上卿에 이르자 그를 미워하는 사람들이 많았다.

지중추知中樞 한계희韓繼禧가 아뢰기를, "남이는 거칠고 사나와서 금병禁兵을 맡게 하기에는 적합하지 않습니다. 대호군大護軍으로 교체해 주십시오!"라고 했다. 금병은 궁궐을 지키고 임금을 호위하며 경비하는 군대를 가리킨다. 1468년 9월에 세조世祖가 승하昇遐하고 예종睿宗이 임금의 자리를 이어받았다.

2. 무고의 발아發芽

남이가 대궐에서 숙직하는 데 밤에 혜성을 보았다. 동료와 더불어 재이災異를 논하다가 "혜성은 옛 것을 없애고 새 것을 편다"고 했다. 이 내용은 『춘추좌씨전』에 있다. 유자광은 평소 남이의 명성과 지위가 자신보다 위에 있는 것을 미워했는데, 이날 벽을 사이에 두고 이 말을 들었다. 오히려 속이고 꾸며서 덧붙여, 몰래 남이가 모반한다고 아뢰었다. 또 백두산 시의 몇 자를 고쳐서 증거로 삼았다[평적平賊을 득국得國으로 고쳤다].

그날 붙잡혀 국문을 받았다. 조정에서는 그가 원통하다는 이가 많았다. 그러나 요직에 있던 자들이 모두 남이를 미워했다. 도와서 구해주려는 이가 한 사람도 없었다. 혹은 위급한 상황에 놓인 사람을 보고 구해 주기는커녕 더욱 곤경에 빠뜨리는 자를 비유한 말로 쓰이는 하석자가 "남이는 사람을 많이 죽였고, 또 반역의 형상이 있으니 지금 베지 않으면 반드시 후환이 있습니다"고 거들었다.

혹은 몰래 형관刑官을 사주하여 남이를 빨리 죽였다고 한다. 신문에 나가자 "저는 어려서부터 활쏘기와 말달리기를 업으로 삼았는데, 갑자기 변경 일이 급하면 나라를 위해 몸을 바치려고 하는 게 저의 본심입니다. 제가 만약 두 마음을 품었다면, 병사를 거느리고 밖에 있을 때 하지, 돌아다 보며 오늘을 기다릴 게 아니었습니다!"고 답했다.

갇혀 있은지 무릇 4일째 곤장을 때려 심문하고, 불에 달군 쇠로 몸을 지지는 형벌로 몸에 흠이 없는 곳이 없었다. 정강이뼈가 이미 부러졌기에 땅바닥에 배를 대고 기는 것 같이 구부려 절을 했다. 범죄 사실을 자세히 말한 공초供招가 어지럽지 않았는데, 강제로 한패를 묻자, 이에 눈을 크게 부릅뜨고 강순을 보면서 "강순은 저의 모반을 알았습니다"고 했다. 강순은 수상으로 임금을 모시고 있었다. 좌우가 즉시 붙잡아 끌고내려가 혹독한 고문拷掠을 하였다. 강순이 이르기를, "나는 너와는 원한이 없다. 어찌 니가 속여서 끌어 당기느냐?"고 반문했다. 남이는 웃으면서 "공公은 수상인데, 내가 무죄인 것을 알면서도 구하려고 하지 않은 죄는 진실로 죽어 마땅하다!"고 말했다. 강순은 말이 없었다. 강순은 80에 가까운 고령이라 매질을 받을 수 없어 자복하여 "의당 남이 말과 같습니다"고 시인했다. 드디어 남이와 더불어 이미 죽은 사람에 대하여, 그 시체의 목을 베는 형벌을 내리는 육시戮屍를 받았다. 나랏 사람들이 지금도 이를 불쌍히 여겼다.

세상에 전하기로는 남이가 처음 체포되자, 유자광이 그 용력을 염려하여 여러 가닥의 철사를 꼬아서 만든 줄鐵索로 당겼고, 목책으로 에워싸서 갔다. 이윽고 도착하자, 남이는 몸을 빼어 일어나 쇠사슬을 짤막 짤막하게 여러 토막으로 끊어 버렸다. 그리고는 갑자기 빠르게 지붕 가운데 부분의 가장 높은 곳에 있는 수평마루屋脊에 뛰어 올라 부르짖었다. "내가 억울함을 당한 것은 하늘이 다 보고 있다. 내가 만약 죽음에 이르지 않는다면 누가 감히 뭐라고 하겠는가? 내가 이렇게 한 것은, 내 용력으로는 죽지 않을 수 있다는 것을 알려주는 것이다. 다만 임금의 명으로만 죽을 수 있다. 대장부의 한恨은 유자광 어린애에게 모함받아 죽는 것이다!"

그때 유자광이 자리에 앉아 있다가 머리를 움츠리고 손가락을 깨물며 떨다가 새파랗게 질렸다. 남이가 드디어 내려와 죄상을 추궁하는 국문鞫問을 받으면서 눈을 감고 입을 다물었다. 그에게 곤장을 치자 마치 흙이나 나무 인형 같았다. 고통스러워하는 소리가 나지 않았다고 한다.

3. 남이 옥사獄事의 주범, 예종

예종이 유자광의 밀고를 덥썩 문 것은 평소 남이를 꺼렸던 개인적인 성정이 작동한 것이다. 이와 관련해 "(남이의) 용맹이 특별히 뛰어나서 이시애와 건주위를 정벌할 때에 선두에서 힘껏 싸웠으므로 1등 공으로 책정되고, 세조가 벼슬 등급을 뛰어 병조판서로 임명하였더니, 당시 세자이던 예종은 그를 몹시 꺼렸다"[19]고 했다. 『국조기사國朝記事』와 『동각잡기東閣雜記』라는 복수의 문헌에서 증언하고 있다.

게다가 잦은 혜성 출현으로 인해 흉흉해진 민심을 다잡으려는 목적을 지니고 있었다. 남이는 이러한 정국에서 표적으로 걸려든 것이다. 예종이 부왕인 세조대에 있었던 친국을 즉위와 동시에 단행한 것은 위기의식의 발로였다. 사건 자체가 당초 이렇게까지 크게 키울 성질은 아니었지만, 청년 왕의 피해의식과 자격지심이 결부되어 큰 사변으로 변질한 것이다.

남이의 옥사에 공을 세웠다는 익대공신翊戴功臣 숫자가 실록에 40명 가깝게 즐비하게 열거되었다. 그런데 이들 공신들의 구체적인 공적이 보이지 않았다. 익대공신 자신들도 "저희들은 별로 공로가 없었는데 외람되게 은혜를 받으니 마음에 진실로 미안합니다"고 실토하였다. 예종은 남이를 죽인 옥사와 관련해 자신의 정치적 부담을 분담하기 위해 공도 없는 익대공신을 남발했다. 그랬기에 익대공신 스스로도 어리둥절해 하였던 것이다. 이 사실은 남이 옥사의 실마리는 유자광이 제공했지만 일을 키우고 만든 장본인은 예종이었음을 반증한다. 예종은 왕권 확립 차원에서 남이의 옥사를 주도하였고, 또 정치적으로 이용한 것이다.[20]

VII. 신원伸冤과 시호諡號 추증追贈

남이에게는 아들이 없었다. 남이의 유일한 후손인 딸 남구을금南求乙金은 예종

---

19) 『燃藜室記述』 권6, 睿宗朝故事本末, 南怡之獄.

20) 이도학, 「野史와 正史의 경계 : 南怡 獄事」, 『溫知論叢』 80, 2024, 163~164쪽.

도깝재 추정 위치

서울대학교 의과대학 부속병원 자리 남쪽과 연건동에 소재했던 옛 창경초등학교(현 서울대학교 치과병원) 경계 지점에 소재한 고개를 도깨비재 혹은 도깝재라고 불렀다. 한자로는 독각현獨脚峴이라고 했다(서울특별시사편찬위원회, 『서울의 고개』 1998, 55쪽.). 혹설에 따르면 이 고개에는 남이의 심복들이 처형된 후 도깨비가 되어 나타나고는 했다고 한다. 그러나 이는 남이 집터와 가깝기에 상상이 가미한 추측에 불과하다. 이 고개에 도깨비가 많았던 데서 유래한 이름이라고 한다.

이 포상으로 한명회에게 보냈었다. 남양 대전大田에 남이 무덤이 있는데, 지키는 사람은 없었다. 6세 재종再從 방계 후손인 남구만南九萬(1629~1711)이 남이 무덤을 수리하였다. 남구만은 "동창이 밝았느냐 노고지리 우지진다"로 유명한 시조 시인이기도 했다. 그는 제문祭文을 지어 이르기를 "장군은 지체 높은 집안에서 나왔고, 선천적으로 신용神勇하였고, 뜻은 쇠와 돌처럼 세찼고, 충성은 해와 달을 뚫었다. 성명한 임금을 만나 약관에 조정에 벼슬하며 이미 북로北路에서 반적反賊을 다 없앴고, 또 건주建州에서 반역한 오랑캐들을 베었다. 본조에서 공신에 책록되고 명 황제에게 격려를 받았다. 웅장한 지략과 뛰어난 명성은 중국과 오랑캐들에게도 진동했는데, 뜻밖에 음험한 모함을 받아 죄 없이 죽음을 당하시니, 심히 원통하고, 극심한 고통을 실로 하늘에 부르짖어도 방법이 없었다"고 절통해 하였다.

1818년(순조 18) 남이의 방계 후손인 우의정 남공철南公轍이 임금과 신하가 묻고 답하는 자리인 연중筵中에서 의견을 말했다. 그러자 임금께서 특별히 원통함을 풀어주는 것을 허락하여 남이 관작을 예전과 같이 회복해 주었다.

대한제국이 문닫기 열흘도 남지 않았던 1910년 양력 8월 20일 정약용과 박지원을 비롯한 26명이 시호를 받았다. 즉 "옛 병조판서 남이는 충무 … 시호를 추증했다"[21]고 하였다. 무려 442년만에 남이는 온전하게 명예를 회복한 것이다. 남이가 무고를 입게된 원인은, 남공철의 상소에서 "시어詩語로 짓지 아니한 죄를 거짓으로 꾸며서 법망에 걸려들게 하였는데"라고 한 바 있다. 북정시의 '나라(적)를 평정하지 못하면 未平國(賊)'을 '나라를 얻지 못하면 未得國'으로 조작했다는 것이다.

지금까지가 충무공 남이의 일생이다. 또, 누명을 벗고 복권되어 명예로운 호칭인 시호를 국가로부터 받기까지의 과정이었다. '동국 제일의 인재' 가운데 남이는 무용武勇에서 일등으로 평가받았다. 이순신은 도략韜略, 원교 이광사는 필법에서 일등이었다(『五洲衍文長箋散稿』 제20집, 經史篇6, 論史類2, 人物, 東國第一人材辨證說.).

해공 신익희의 조카 신정균申鼎均은 남이의 북정시에 대해 "이 시는 여러 세대를 통해 보기 힘든 뛰어난 기품이 모여 있으니, (남이는) 불세출의 인걸이요, 실로 천년에 한번 만날 수 있는 사람이다!(『南僑漫錄』 권3, 辛卯年(1951). 8.27. "此爲間氣所鍾

---

21) 『純宗實錄』 純宗 3년 8월 20일.

而不世出之人傑也 實爲千載而一遇者也")고 극찬했다.

남이의 묘소는 1818년(순조 18) 3월에 우의정 남공철이 "성묘하러 갔다가 남이 무덤이 길가에 있는 것을 보고 …"라고 하여 그 존재가 기억되었음을 알려준다(『備邊司謄錄』 207冊, 純祖 18년 3월 10일. "臣於今番省壠之行 見南怡墳塚 在路傍 心有所惻然傷盡者").

남이를 복권시킨 순조에게 존호를 더하여 올리며 만든 옥책함玉冊函

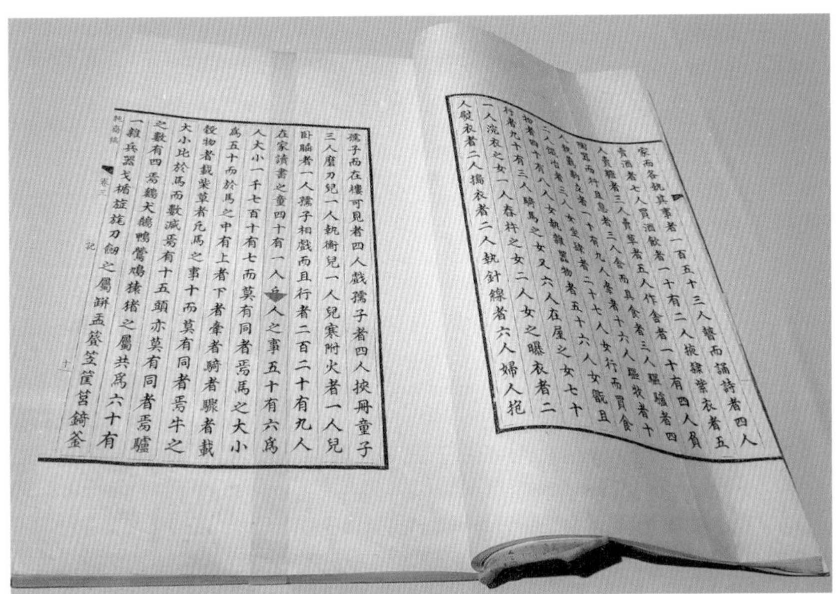

孺子而在樓可見者四人戲孺子者四人挾冊童子
三人磨刀兒一人執衡兒一人兒寒附火者一人兒
臥牀者一人孺子相戲而且行者二百二十有九人
在家讀書之童四十有一人人之事五十有六爲
人大小一千七百十有七而莫有同者焉馬之大小
爲五十而於馬之中有上者下者牽者騎者騾者載
穀物者載柴草者凡馬之事十而莫有同者焉牛之
大小比於馬而數減焉有十五頭亦莫有同者焉驢
之數有四焉鷄犬鵝鴨鶯鳩猿猪之屬共爲六十有
一雜兵器戈楯旌旗刀劒之屬餅盂簦笠筐筥錡釜

純齋稿 卷三 記 十一

순조가 1803년(순조 3)에 「성시전도城市全圖」를 감상하고 지은 글

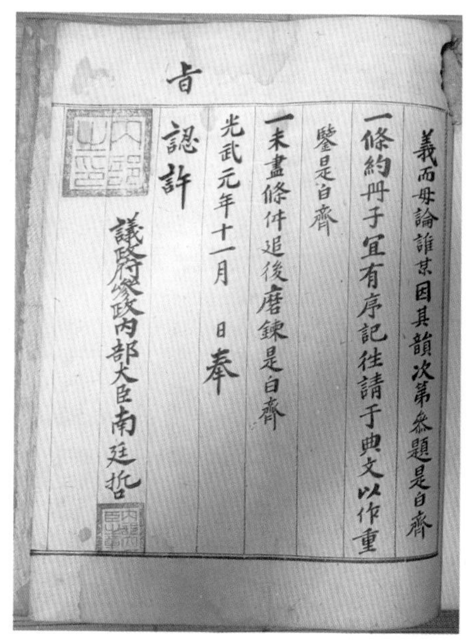

義而毋論誰某因其齒次第叅題是白齊
一條約冊子宜有序記往請于典文以作重
鑒是白齊
一未盡條件追後磨鍊是白齊
光武元年十一月 日 奉
旨
認許
議政府參政內部大臣南廷哲

1910년 8월, 남이의 시호 추증에 역할을 했을 방계 후손 남정철(1840~1916)이 광무 원년(1897) 11월 「영남경약소절목책嶺南京約所節目冊」에 서명한 부분

다음에 보이는 1884년(고종 21) 11월 26일에 예안 진사 이중찬의 상소에서 관북關北에 남이 사당이 존재한 사실이 확인된다. 관북은 '마천령 북쪽 지방으로, 함경북도 지방을 두루 이르는 말'이었다. 이시애 반란 진압 직후 남이는 종성 · 온성 · 경성에 주둔하여, 경원을 비롯한 여러 고을들을 장악했다. 이런 연유로 다음 기사에서처럼 관북에 남이 사당이 건립된 것으로 보인다.

예안 진사 이중찬이 말하기를 … 우리 조정에 이르러 500년 동안 전쟁이 많지는 않았지만 충신 · 열사를 기리는 의전은 대대로 함께 일어났습니다. 남이의 사당이 관북에 있고, 임경업의 사당이 호서湖西에 있고, 이여백李如柏의 사당이 평양에 있고, 석성石星(石尙書)의 사당은 의주에 있습니다. 이는 모두 조정의 성대한 의전으로, 한 시대의 작은 공적을 표창하여 만세에 길이 빛나도록 한 것입니다. 이로 말미암아 왕의 은택은 위에서 끊임없이 내려지고, 군공軍功도 아래에서 계속하여 이어지니, 설사 변경에 변고가 생겨도 목말라서 물을 찾듯이 죽음으로 나아가, 삶을 버리고 의義를 취하게 됩니다.[22)]

22) 『承政院日記』 高宗 21년 11월 26일(丙寅). "禮安進士李中瓚疏曰 … 逮于我朝五百年間 兵革非幾 而忠烈閭表之典 與世偕作 南怡之祠於關北 林慶業之祠於湖西 李如栢之祠於箕都 石尙書之祠於灣州 儘是朝家之盛典 表一代之寸效 示萬世之輿輝也 由是而王澤滾滾於上 軍功繼繼於下 縱或有邊境之警 赴死如渴 舍生取義"

선바위 전설 현장. 경북 영양군 입암면 신구리 선바위 관광지구 소재

선바위 근처 석백리 운룡지에 사는 용의 아들이라는 아룡과 자룡 형제가 역모를 일으키자 이를 진압하기 위해 남이가 평정하러 왔다. 두 용이 몸을 솟구쳐 남이를 공중에서 공격하려 하자 남이 또한 용마를 타고 솟구쳐 두 용의 목을 쳤다. 용마를 타고 내려오던 남이는 높이 솟은 석벽에 칼끝으로 자신의 얼굴을 새겼다. 그리고 이 일대는 역모를 꾀하는 무리들이 생겨날 지형이니 청계천 물길을 돌려야 한다며 칼을 내리쳐 산맥을 잘랐다. 이때 마지막으로 칼질을 한 흔적이 선바위立巖라고 한다. 산 허리를 잘라 새 물결이 난 자리에 선바위가 만들어졌다는 것이다.

남이포 전경

선바위(오른쪽)와 남이포

사람의 얼굴이 보이는 남이포 암벽

창녕 충무사에 게시된 남이 장군 모습으로
지목한 형상

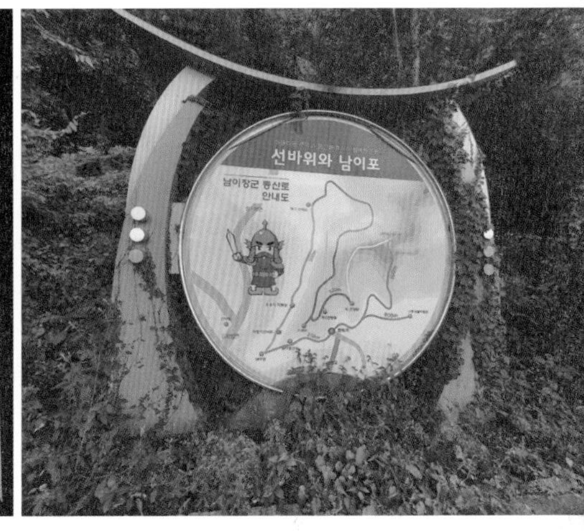

선바위와 남이포 관광 안내도
전설의 현장이 잘 보인다.

선바위 쪽을 바라보고 촬영한 남이포

남양주 축령산에 소재한 남이 바위(경기도 남양주시 수동면 외방리 산28)

안내문에는 "중생대 쥬라기 화강암으로 약 1억 5천년에서 2억년 사이에 형성된 것으로 각형의 장석 반정이 특징적으로 관찰됨"이라고 적혀 있다. "장군은 산에 오르면 이 바위에서 무예를 닦고 심신을 수련하며 호연지기를 길렀다. 이 바위에 깊게 파인 자국은 그때 남이 장군이 앉아 있던 자리라고 한다."

남이는 한양의 동북방인 경기도 남양주시 수동면 외방리 축령산(807m)에 자주 올랐다고 한다.

남이가 앉아서 휴식을 취했던 바위를 '남이 바위南怡座'로 일컫고 있다. 충무사 기념관에 게시된 해설문.

남이 고개 :

* 경기도 광주시 곤지암읍(실촌면) 건업리로 넘어가는 고개.

* 경기도 여주시 금사면 삼풍리 고개.

* 남이 장군이 진을 치고 연습했다고 한다.

* 남이 장군이 어렸을 때 이곳에서 군사 훈련을 하는데, 백마를 타고 이 고개에서 활을 당겨 후리에 있는 고양이 바위를 향해 쏜 후 백마를 달려 가 보았더니 화살보다 말이 먼저 왔다고 한다(한글학회, 『한국 땅이름 큰사전(상)』 1991, 876쪽).

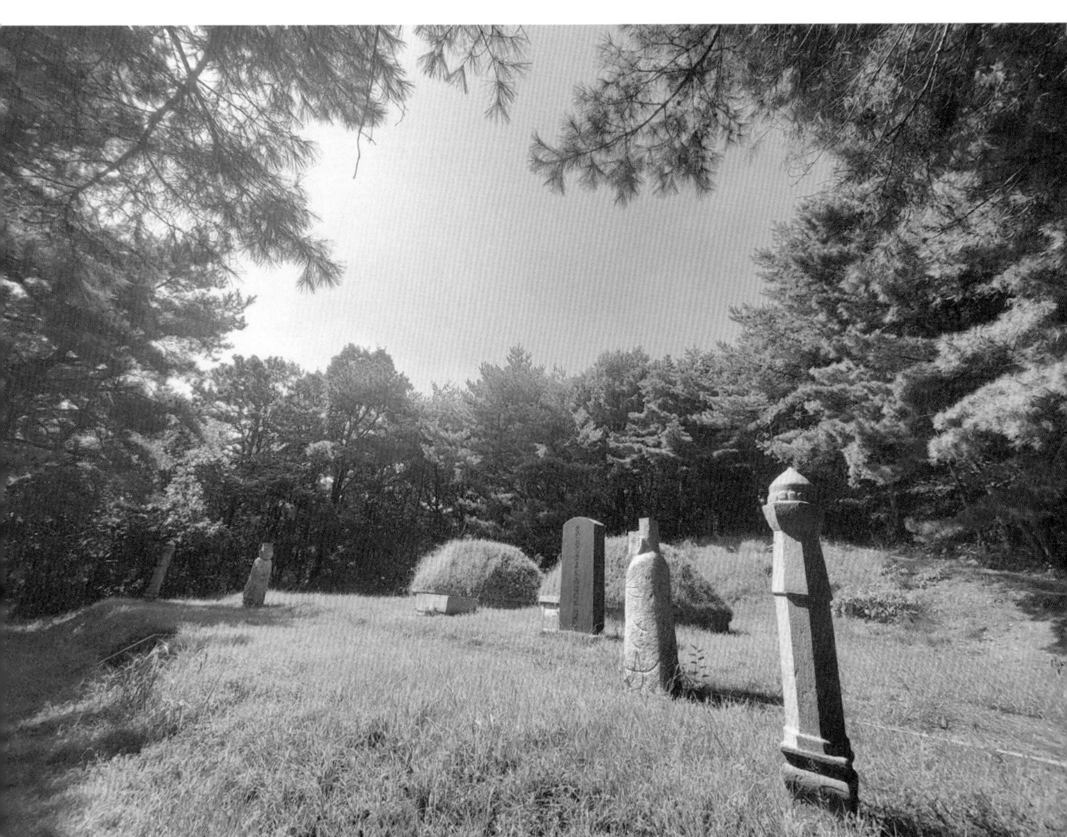

남이 묘소(경기도 기념물 제13호). **경기도 화성시 비봉면 남전리 산145번지**

1973년 3월 충북 음성군 생극면 방축리 능내에 소재한 남이의 첫부인 안동 권씨 묘소를 현재 남이 묘역으로 이장했다. 권씨는 딸 한 명을 낳고 일찍 세상을 떴다.

남이의 묘소를 확정했고, 제문을 지었던 남구만의 영정(보물)

남이섬을 관광지로 조성할 때 만들어진 남이 묘소와 1977년 10월에 세워진 '남이장군 추모비'
비문을 지은 노산 이은상은 "내가 여기서 가벼이 단정하려는 것은 아니거니와"라고 말하며 묘소의 진위 여부를 유보했다. 또 그랬기에 '남이장군 묘비'가 아니라 '… 추모비'라고 한 것일 게다.

경 향 신 문

서기1970년7월27일 (월요일) [서울판]

中·高生 극장入場단속못해

학생專用館서도 오락물 판쳐

가짜번호 달고다녀

운행정지된 폐연 버스

每週 집중청소 작업

영세민 거주지등 82개지구에

李朝初 장군묘

염리동工事場서 발굴

장마가셔 貯水池마다 푸짐

건널목 간수 졸아

이화양재

『경향신문』 기사(1970.7.27.)

"李朝初 장군묘 : 염리동 工事場서 발굴. 26일 하오 서울 마포구 염리동39, 鄭圭鉉 씨(49) 2층 신축 공사장에서 이조 초기 장군 것으로 판단되는 誌石 8개와 관이 나왔다. 이 誌石 위에는 '南' 자와 '將軍'이라고 새겨져 주민들은 한때 南怡 장군의 것이라고 화제가 되기도 했다. 이 지석은 길이 15cm, 두께 5cm의 석회석으로 되었는데 정면에는 '宜寧南公 · 諱△△將軍行'이라고 쓰여 있다. 연세대 박물관장 孫寶基 씨는 '이조 초기에 종삼품에 해당되는 장군(지금의 장성급)의 묘'라고 분석했다."

염리동 39번지는 현재 마포구 생명줄교회(염리동 34번지) 오른편이다. 이곳은 남이가 처형된 새남터에서 직선거리로 3km 떨어져 있다. 문제는 지석 8장의 소재지를 알 수 없다는 것이다. 안타깝고 아쉽기 이를 데 없다. 더욱이 취재 기자의 이름도 적시되지 않았다.

그렇지만 이 기사를 통해 몇 가지 유추는 가능하다. 석회로 1매당 15cm 크기로 만든

8매의 지석은 확인된 '宜寧南公 · 諱△△將軍行' 8 글자를 가리킨다. 지석 1매당 한 글자씩 적힌 것으로 볼 수 있다. 그런데 휘諱가 적힌 지석과 행行에 이어지는 관작이 적힌 지석이 누락되었다. 이 경우 『예종실록』 편수관인 김신金新 직함의 '어모장군 행용양위부중랑사직禦侮將軍 行龍驤衛副中郞司直'에서 보듯이 '장군' 앞에 2자 정도, 그리고 '행'자 뒤에 2자 이상이 붙어야 한다. 남이도 '행호군行護軍(세조 13년 8월 26일己未)'이었다. 따라서 이름을 비롯해 최소 5매 이상의 지석이 수습되지 않았다.

관 밑에 깔아놓은 성씨와 관직을 기록한 명정銘旌 대용 묘지석으로 판단된다. 남이의 가장 높았던 관직은 정2품 당상관인 '병조판서'였다. 그러므로 지석에 굳이 이보다 급이 낮은 장군호를 표기할 이유는 없다.

남이장군사당의 정문 충무문

원래 사당은 서울 용산구 원효로 2가 7번지의 거제산 당고개에 소재했었다. 그런데 1904년 철도 부설 등으로 주위가 소란스러워지자 지역 유지들이 논의한 끝에 현재 위치로 이전했다고 한다.

그 밖에 남이 장군 사당은 성동구 사근동 190-2 청계천변에 소재했다. 이곳은 일명 백호당白虎堂으로도 일컫는다. 남이와 백호 관련 일화에서 이름이 붙여졌다. 혹은 호랑이 해가 많자 남이 장군 화상을 모시고 제사를 지내 호환을 없앴다고 한다(한글학회, 『한국 땅이름 큰사전(상)』 1991, 877쪽). 당 안에는 남이 장군의 화상이 모셔져 있는데 음력 10월 1일에 제사를 지낸다.

남이장군사당에 봉안된 남이 장군 위패

'정충출기포의적개공신精忠出氣布衣敵愾功臣 / 정헌대부병조판서충무공남이장군 正憲大夫兵曹判書忠武公南怡將軍'라고 적혀 있다.

남이장군사당에서의 제사 장면(2024.11.1.)

제42회 남이장군사당제 행렬 장면(2024.11.1.)

남이장군사당제南怡將軍祠堂祭(서울시 무형문화재 제20호) 모습(2024.11.1.)

제2부

권력과 기록

Ⅰ. 머리말

한국고대사 연구의 한계는 사료史料의 영성零星함에 기인한 바 크다. 사서史書가 보전되지 못한 이유를 전란 탓으로 돌리기도 한다. 그러나 꼭 그렇게만 단정하기 어려운 점도 보였다. 이와 관련해 너무나 유명해진 "과거를 지배하는 자는 미래를 지배한다. 현재를 지배하는 자는 과거를 지배한다 He who controls the past controls the future. He who controls the present controls the past"[1]는 명언이 상기된다. 현대우화 『동물농장』으로 널리 알려진 영국의 조지 오웰George Orwell (1903~1950)의 명저 『1984』에 적혀 있는 구절이다. 중국의 고구려사 왜곡인 동북공정東北工程과 관련해 실감나게 겪었던 사안이었다.

중국에서는 국가에 의한 역사 서술의 독점과 강력한 통제가 확인되었다.[2] 권력으로부터 역사 서술이 결단코 자유롭지 못했던 것이다. 가령 "건덕 연간에 왕부의 『오대사五代史』가 완성되었다. 자약의 부친이 이를 보고는 자약에게 말하기

---

1) 조지 오웰 著 · 정성희 譯, 『1984』, 민음사, 2016, 53쪽.

2) 이성규, 「역사 서술의 권력, 권력의 서술」, 『歷史學報』 224, 2014, 18쪽.

를 '당 말의 일은 모두 내가 듣고 보고 겪은 것으로 역사책과는 다른 게 많다'며 보고 들은 이야기를 말하면서 자약에게 이것을 기록하게 했다."[3] 염자약閻自若의 부친은 정사인 『오대사』보다 자신이 겪고 확인한 게 사실임을 기록으로 남기게 한 것이다. 이러한 사례로는 비근하게 1980년생인 중국의 유명한 화가畫家 쑨쉰孫遜의 다음 인터뷰에서도 확인된다.

> '바링허우八零後' 세대인 쑨쉰은 랴오닝성 작은 광산 마을에서 태어났다. "공부보다 물고기 잡고 장난감 탱크 만드는 게 좋았던" 개구쟁이. 문화혁명 때 부르주아로 고초를 겪은 조부모로 인해 역사와 시간, 기억의 간극을 주목하게 됐다. "학교에서 배운 역사와 할머니가 담배 피우며 들려주신 이야기가 서로 달랐지요. 역사와 기억은 올바른 것인지 의심하게 됐습니다."[4]

학교에서 배운 공식적인 역사와 집안 어른들이 체험한 실제 역사가 서로 달랐다는 것이다. 익히 알고 있듯이 역사는 정치적으로 이용되기도 했다. 가령 과거를 현재에 투영시켜 그 대비된 인물 또는 사실을 포폄褒貶하는 영사사학影射史學이 저례著例이다. 역사가 중국의 문화혁명 때 이념과 정치투쟁의 도구로 이용되어 얼마나 철저히 파괴될 수 있는지를 잘 보여주었다.[5]

빗대어 말하는 것을 영사影射라고 한다. 연산군 때 대사헌大司憲 강구손姜龜孫 등이 "또 동탁董卓의 일을 끌어다가 신臣 등에게 비유하신 것은, 신 등은 주상께서 실언失言하신 것으로 여기옵니다. 어찌 성명聖明의 치하에서 동탁과 같은 일이 있으리까"[6]라고 한 데서도 보인다. 조선 성종 때 김종직이 세조의 왕위 찬탈을 빗대어 지은 '조의제문弔義帝文'도 영사에 속한다. 항우가 초楚 회왕인 의제를 죽인 고사를 비유했기 때문이다. 이러한 사례는 역사가 정치에 이용된 경우에

---

3) 『郡齋讀書志校證』 권6, 唐末汎聞錄. "乾德中王溥五代史成 自若之父觀之 謂自若曰 唐末之事 皆吾耳目所及 與史冊異者多矣 因話見聞故事 命自若志之"

4) 김윤덕, 「장샤오강과 다른 점? 더 젊고 '글로벌'하죠」, 『조선일보』 2017.9.9.

5) 이성규, 「역사 서술의 권력, 권력의 서술」, 『歷史學報』 224, 2014, 20쪽, 26쪽.

6) 『燕山君日記』 4년 6월 1일(丙寅).

해당한다. 게다가 다음 기록을 보면 사실이 변개되는 과정을 읽을 수 있다.

ⅰ. 이 달 백제 장군 윤충이 군대를 거느리고 대야성을 빼앗았다. 도독인 이찬 품석과 사지인 죽죽 · 용석 등이 그들에게 죽었다.7)

ⅱ. 겨울에 왕이 백제를 정벌하여 대야大耶의 역役을 보복하려고 이찬 김춘추를 고구려에 보내 군대를 요청했다. 처음 대야에서 패했을 때 도독인 품석品釋의 처가 죽었다. 그는 춘추의 딸이었다. 춘추가 이 소식을 듣고는 기둥에 기대서서 종일 눈도 깜박하지 않았고, 사람이 앞에 지나가도 깨닫지 못했다. 이윽고 말하기를, "아! 대장부가 어찌 백제를 병탄하지 않으리오"8)

ⅲ. 8월에 장군 윤충에게 군대 1만을 거느리고 보내 신라 대야성을 공격했다. 성주 품석이 처자와 함께 나와 항복했다. 윤충이 이들을 죄다 죽였다. 그 머리를 베어 왕도로 보냈다. 남녀 1만여 인을 사로잡아 나라 서쪽 주현州縣에 나누어 거주시켰다. 군대를 남겨서 그 성을 지키게 했다. 왕이 윤충의 공으로 말 2십 필과 곡식 1천 석石을 상으로 주었다.9)

ⅳ. 왕 11년 임인 가을 8월에 백제 장군 윤충이 군사를 거느리고 와서 그 성을 공격하였다. 이보다 앞서 도독 품석이 막객幕客인 사지舍知 검일黔日의 아내가 예뻐서 그녀를 빼앗았다. 검일은 그것을 한스러워 하였다. 이때에 이르러 (검일은 백제군을) 남몰래 도와 그 창고를 불태웠다. 때문에 성안 사람들이 두려워하였고 두려움으로 굳게 지키지 못하였다. 품석의 보좌관 아찬 서천西川[또는 사찬沙湌 지삼나祗彡那라고 한다]이

---

7) 『三國史記』 권5, 善德王 11년. "是月 百濟將軍允忠領兵攻拔大耶城 都督伊湌品釋 · 舍知竹竹 · 龍石等死之"

8) 『三國史記』 권5, 善德王 11년. "冬 王將伐百濟 以報大耶之役 乃遣伊湌金春秋於高句麗 以請師 初大耶之敗也 都督品釋之妻死焉 是春秋之女也 春秋聞之 倚柱而立 終日不瞬 人物過前而不之省 旣而言曰 "嗟乎 大丈夫豈不能呑百濟乎"

9) 『三國史記』 권28, 義慈王 2년. "八月 遣將軍允忠領兵一萬 攻新羅大耶城 城主品釋與妻子出降 允忠盡殺之 斬其首傳之王都 生獲男女一萬餘人 分居國西州縣 留兵守其城 王賞允忠功 馬二十匹 穀一千石"

성에 올라가 윤충에게 이르기를 "만약 장군이 우리를 죽이지 않는다면 성을 들어 항복하기를 원한다!"고 하였다. 윤충이 "만약 그렇게 한다면, 그대와 더불어 우호를 함께 하겠다. 그렇지 않을 경우 저 밝은 해를 두고 맹서하겠다!"고 하였다. 서천이 품석 및 여러 장수에게 권하여 성을 나가려고 하였다. 죽죽이 그들을 말리며, "백제는 자주 번복을 잘 하는 나라이니, 믿을 수 없습니다. 그리고 윤충의 말이 달콤한 것은 반드시 우리를 유인하려는 것입니다. 만약 성을 나가면 반드시 적의 포로가 될 것입니다. 쥐처럼 엎드려 삶을 구하는 것은 호랑이처럼 싸우다가 죽는 것만 못합니다"라고 말하였다. 품석이 듣지 않고 문을 열어 병졸을 먼저 내보내니, 백제의 숨어있던 군사가 나타나 그들을 다 죽였다. 품석이 나가려고 하다가 장수와 병졸이 죽었다는 말을 듣고 먼저 처자를 죽이고 스스로 목을 찔러 죽었다.[10)]

위의 기사는 대야성 전투에서 김품석과 그 처인 고타소랑의 사망에 관한 내용이다. 『삼국사기』 신라본기에 적힌 i과 ii는 김품석의 사망에 대한 구체적인 과정을 서술하지 않았다. 역시 신라측 기록인 iv의 죽죽전에서는 품석이 항복하려다가 자결을 택했다고 한다. 그런데 반해 백제본기인 iii에서는 품석 부부가 항복을 했지만 죽임을 당했다. 여기서 i · ii · iv는 본질적으로 동일한 정서를 담고 있다. 반면 iii에서 품석 부부의 비굴한 면을 드러냈다. 이 경우는 당시 신라의 실권자일 뿐 아니라 뒤에 태종 무열왕이 되는 김춘추의 사위와 딸이라는 점에서 이들의 비굴한 면을 은폐한 i · ii · iv보다는 iii 기록이 정직할 수 있다. 이렇듯 동일한 사안에 대해서도 기록 주체에 따라 내용이 달라졌다.

적혀 있다고 해 모두 사실을 담보하는 것은 아니었다. 본고에서는 사료에 대한 심층 분석을 통해 역사 기록의 변개 과정을 검증하고자 했다. 그럼으로써 실증實證의 중요성과 더불어 실증의 한계까지도 적출할 수 있을 것 같다. 요컨대

10) 『三國史記』 권47, 竹竹傳. "王十一年壬寅秋八月 百濟將軍允忠領兵來攻其城 先是 都督品釋見幕客舍知黔日之妻有色 奪之 黔日恨之 至是 爲內應 燒其倉庫 故城中 兇懼 恐不能固守 品釋之佐阿飡西川(一云沆飡祇之那)登城 謂允忠曰 若將軍不殺 我 願以城降 允忠曰 若如是 所不與公同好者 有如白日 西川勸 品釋及諸將士欲出 城 竹竹止之曰 百濟反覆之國 不可信也 而允忠之言甘 必誘我也 若出城 必爲賊之 所虜 與其竄伏而求生 不若虎鬪而至死 品釋不聽 開門 士卒先出 百濟發伏兵盡殺 之 品釋將出 聞將士死 先殺妻子而自刎"

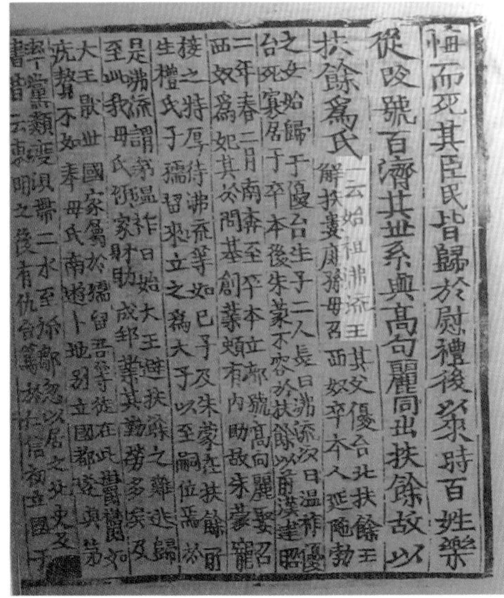

悔而死其臣民皆歸於慰禮後來時百姓樂
從改號百濟其世系與高句麗同出扶餘故以
扶餘爲氏 一云始祖沸流王其父優台北扶餘王解扶婁庶孫母召西奴卒本人延陁勃
之女始歸于優台生子二人長曰沸流次曰溫祚優台死寡居于卒本後朱蒙不容於扶餘以前漢建昭
二年春二月南奔至卒本立都號高句麗娶召西奴爲妃其於開基創業頗有內助故朱蒙寵
接之特厚待沸流等如己子及朱蒙在扶餘所生禮氏子孺留來立之爲太子以至嗣位焉於
是沸流謂弟溫祚曰始大王避扶餘之難逃歸至此我母氏傾家財助成邦業其勸勞多矣及
大王猒世國家屬於孺留吾等徒在此鬱鬱如疣贅不如奉母氏南遊卜地別立國都遂與弟
率黨類渡浿帶二水至彌鄒忽以居之北史及隋書皆云東明之後有仇台篤於仁信初立國于

정사의 표징인 『삼국사기』의 백제 시조 비류왕 부분

합천 대야성 성벽

남아 있는 사서의 행간을 읽음으로써 놓쳐버린 역사의 진면眞面을 포착하여 역사 복원에 일조하고자 하였다. 아울러 잃어버린 반쪽의 역사, 즉 패자의 역사도 일으켜 세움으로써 균형 잡힌 역사상 확립에 조금이라도 기여하고자 했다. 이와 관련해 유지기劉知幾가 "항차 사전史傳의 글은 연호광박淵浩廣博하니 학자가 깊이 있는 연구를 수행하여 바탕에 숨은 뜻을 찾아내지 못한다면 어떻게 그 이해를 변별하고 선악을 밝히겠는가!"[11]라고 한 말이 상기된다.

II. 고구려 · 신라와 수隋 · 당唐 간의 전쟁 기록

1. 고구려와 당의 새로운 역사 편찬

흔히들 역사 기록은 고정불변한 것으로 인식해 왔다. 그러나 조지 오웰은 과거는 본질적으로 바꿀 수 있다고 보았다. 자기기만自己欺滿을 통한 과거 개조로써 구성원들에게 현재의 생활이 과거보다 낫다는 인식을 심어줄 수 있다고 했다. 그리고 과거에 대한 지속적인 날조 행위는 정권의 안정에 필요하다고 보았다. 즉 과거에 대한 통제를 통해 기록된 모든 자료는 정권의 정통성에 일치시킬 수 있다고 했다.[12]

현재 전하는 전통시대 한국의 공식 역사서는 모두 승자의 기록이다. 그런 데다가 한국고대 사료의 빈곤상은 극심하기 이를 데 없다. 이와 관련한 사료 빈곤의 사유를 다음 a에서처럼 언급하기도 한다.

> a. 또 승국勝國(高麗를 가리킴; 필자) 이상으로서 증거할 만한 문헌이 없는 것들을 물었더니, 공公은 탄식하면서, "당唐 이적李勣이 고구려를 평정하고는 동방의 모든 서적을 평양에다 모아놓고 우리나라의 문물이 중국에 뒤지지 않는 것을 시기하여 모두 불태워버렸으며, 신라 말엽에 진훤이 완산을 점령하고는 삼국의 모든 서적을 실어다 놓았

11) 『史通』 內篇 26, 鑑識.

12) 조지 오웰 著 · 정성희 譯, 『1984』, 민음사, 2016, 53쪽, 296쪽, 388쪽.

었는데, 그가 패망하게 되자 모두 불타 재가 되었으니, 이것이 3천년 이래 두 번의 큰 액厄이다"고 했다.[13)]

위 a는 승국 즉 고려 이전의 문헌 기록이 남아 있지 않은 이유를 설명하였다. 여기서 '공'은 이만운李萬運(1723~1797)이고, 묻는 이는 이덕무李德懋(1741~1793)를 가리킨다. 박학博學으로 정평이 난 이만운이 고구려사를 비롯한 삼국사와 후백제사가 온전히 계승되지 못한 이유를 밝힌 것이다. 이만운이 어떤 근거로써 단언했는지는 알 수 없다. 그러나 그가 참고했던 문헌은 필시 존재했다고 본다. 이만운의 인식은 단재 신채호에게도 계승되었다.[14)]

이만운은 고려 이전의 사서가 존재하지 않은 이유를 고구려와 후백제의 패망에서 찾았다. 승자에 의해 패자의 역사가 지워지거나 망가졌다는 것이다. 물론 이러한 주장의 근거는 뒷받침되지 않았다. 그랬기에 유득공柳得恭은 한치윤韓致奫의 저작인 『해동역사海東繹史』 서문에서 한 마디로 "이 역시 터무니 없는 이야기이다. 우리나라에 어찌 사적史籍이 있었던가?"[15)]라고 일축했다. 그렇지만 이만운의 주장이 근거없지 않다는 정황은 보인다. 실제 다음 기사를 보면 고려가 신라의 문헌들을 인수받지 못했음을 알 수 있다.

이 해 교서敎書를 내려 말하기를 "진시황이 천하를 다스리면서 삼대三代의 시서詩書를 불살라버렸지만, 한제漢帝가 기회에 부응해 오륜五倫에 관한 서적을 널리 퍼뜨렸다. 우리나라가 처음 열리던 시작은 신라가 망하고 난 뒤라 글자로 기록된 문서는 모조리 화롯불에 타버리고 귀중한 문헌은 진흙탕에 내팽개쳐졌다. (이에) 여러 선왕先王 이래로 망실된 서적을 다시 베끼게 하고 빠진 부분은 연이어 적어 넣게 하였다. 내가 왕위를 이어받은 이후 더욱 유학儒學을 숭상하여, 지난날 편찬하던 책은 이어서 편찬하고 당년當年에 보충하던 것은 계속해서 보충하게 하였다. 이에 따라 은사隱士 심약

13) 『雅亭遺稿』 권3, 紀年兒覽, 序. "又問勝國以上文獻之無徵 公嘆曰 唐李績 既平高句麗 聚東方典藉於平壤 忌其文物不讓中朝 擧而焚之 新羅之末 甄萱據完山 輸置三國之遺書 及其敗也 蕩爲灰燼 此三千年來二大厄也"

14) 申采浩, 『朝鮮史研究艸』, 乙酉文化社, 1974, 74쪽.

15) 『海東繹史』 序. "此亦無稽之談 東方豈有史籍"

沈約의 책 2만여 권은 베껴서 비서성秘書省에 두고, 사공司空 장화張華의 책 30수레는 백호관白虎觀에 보관하게 하였다. …[16]

고려가 이전 대의 역사 기록을 제대로 물려받지 못한 정황은 많다. 우선 고구려 역사 기록의 소략이다. 『삼국사기』를 놓고 볼 때 고구려 전성기인 광개토왕과 장수왕대만 해도 기록이 너무나 빈약하다. 장수왕대의 사적은 그 장구한 치세에도 불구하고 기록의 영성함이 두드러진다. 때문에 중국 사서의 조공朝貢 기사로 『삼국사기』를 메우고 있다. 그리고 『삼국사기』 광개토왕기는 「광개토왕릉비문」과 부합하는 기사가 없다. 이렇듯 고구려 강성기의 관련 기록은 부실하기 이를 데 없다.

그런데 분명한 사실은 「광개토왕릉비문」에 보이는 고구려 영토 확장과 영향력의 확대, 그리고 천하관의 발현은 고구려 전적을 불태웠다는 이적의 시기심 발동 정황과 어긋나지 않는다. 장수왕대 남으로의 영토 확장도 기록상으로는 구체적으로 보이지 않는다. 그랬기에 다산 정약용은 고구려가 한수漢水 이남으로 내려 온 적이 없다고 단언했다. 이에 대해서는 단재 신채호가 반박했듯이 『삼국사기』 지리지에 남아 있는 고구려 행정지명을 통해 확인할 수 있다. 고구려의 남계南界는 아산만에서 영일만에 이르렀기 때문이다. 이 같은 분명한 역사적 사실에도 불구하고 『삼국사기』 본기에는 그러한 사실이 적혀 있지 않다. 어떠한 사유로 인해 고구려 기록의 다량 망실亡失을 상정할 수 있다.

그러면 이만운의 주장대로 당인唐人들에 의해 고구려사가 훼기되거나 그로 인해 왜곡된 모습을 띠게 되었는지 여부를 검증해 본다. 먼저 고구려와 수隋·당唐과의 전쟁 기록을 보자. 고구려는 수 문제와 양제 뿐 아니라 당 태종의 침공도 모두 물리쳤다. 그러나 고구려는 당 고종대高宗代에 침공을 받아 멸망했기에 기록 자체가 완결되지 못했다. 왕조 교체에 따른 전사前史 편찬과는 성격이 다르기

16) 『高麗史』 권3, 成宗 9년 12월. "是歲 敎曰 秦皇御宇 焚三代之詩書 漢帝應期 闡五常之載籍 國家草創之始 羅代喪亡之餘 鳥跡玄文 燼乎原燎 龍圖瑞牒 委於泥塗 累朝以來 續寫亡篇 連書闕典 寡人自從嗣位 益以崇儒 踵修曩日之所修 繼補當年之所補 沈隱士二萬餘卷 寫在麟臺 張司空三十車書 藏在虎觀"

때문이다. 그렇지만 수 · 당 침공 이전 대代의 전쟁 기록은 고구려인 스스로 정리했다고 보여진다. 그런데 이러한 기록들이 온전히 전해지지 않은 것 같다. 이와 더불어 『삼국사기』의 수 · 당전쟁 기록들은 고구려 전래의 기록물이기보다는 중국 사서인 『수서隋書』나 『신 · 구당서新舊唐書』의 기록을 전용轉用했을 가능성이 높다. 사실 영양왕대의 기록 중 고유한 기사는 11년 조의 다음 기사에 국한한다.

> b. 대학박사大學博士 이문진李文眞에게 명하여 고사古史를 요약하여 『신집新集』 5권을 만들게 했다. 국초에 처음 문자를 사용했을 때 어떤 이가 일을 기록하여 1백 권이 되었는데, 이름하여 『유기留記』라고 했다. 이에 이르러 산수刪修했다.[17)]

위 b는 고구려의 『신집』 편찬에 관한 서술이다. 『삼국사기』 영양왕대의 나머지 삼국 관련 기사는 전쟁 기록에 불과하다. 전쟁 기사는 고구려와 교전한 상대국의 기록을 배치하여 채워졌다. 영류왕대의 기사도 영양왕대와 마찬 가지로 중국에 대한 조공이나 신라와의 전쟁 기사에 불과하다. 고구려 독자 기록으로 간주되는 것은 영양왕 2년 4월 조의 시조묘 제사 기록 정도이다. 보장왕대의 경우는 "9월에 노루 떼가 강을 건너 서쪽으로 달려가고 이리 떼가 서쪽으로 가는 것이 3일이나 끊이지 않았다(7년 4월)"와 보덕화상普德和尙의 이암移庵(9년 6월) 및 "여름 4월에 사람들이 혹 말하기를 마령馬嶺 위에서 신인神人을 보았는데 '너희 임금과 신하가 사치스러움에 도가 없으니 곧 패망하리라'고 말하였다고 했다(13년 4월)"는 등 멸망을 암시하는 기사 몇 건 뿐이다. 그 나머지 전쟁이나 조공 기사는 중국 사서에서 전재轉載했다. 고구려인들 스스로 작성했을 대수 · 당 승전에 관한 기록은 온전히 전승되지 못하였다.

현존하지는 않지만 고구려의 대수 · 당 승전과 관련한 긍지가 담긴 사서나 저본이 존재했을 수 있다. 가령 강대국 수를 격파한 고구려는 국가 위신이 한껏 고양되었다. 고구려는 618년 8월에 바다 건너에 있는 왜에 사신을 보냈다. 찾아온 고구려 사신은 이렇게 자랑했다. 즉 "수 양제가 30만이나 되는 무리를 일으켜 우

---

17) 『三國史記』 권20, 영양왕 11년. "詔大學博士李文眞 約古史爲 新集五卷 國初始用文字時 有人記事一百卷 名曰 留記 至是刪修"

리를 쳤지만 도리어 우리에게 격파되었습니다! 까닭에 포로인 정공貞公과 보통普通 2명과 고鼓 · 취吹와 노弩 · 포석抛石 등 10종과 토산물과 낙타 1필을 바칩니다"[18]고 하였다. 고구려는 수군隋軍 포로와 악기樂器, 공성전攻城戰과 관련해 노획한 기계, 낙타와 같은 이국적인 가축까지 등장시킴으로써 승전 사실에 대한 체감을 높이고자 하였다. 고구려의 국력을 유감없이 과시한 것이다. 다음은 고구려군이 당군을 격파한 사실을 실감나게 묘사했다.

> c. 12월에 고려국에서는 추위가 너무 심해 패강이 얼었습니다. 그런 까닭에 당군은 운차雲車와 충팽衝輣, 북鼓과 징鉦을 크게 두드리며 진격해 왔습니다. 고려 사졸은 대담하고 용감하였고 거대하였기 때문에 다시 당의 2개 보루를 빼앗았습니다. 오직 2개의 새塞만 있었습니다. 역시 밤에 빼앗을 계획을 준비하였습니다. 당병唐兵은 무릎을 껴안고 소리내어 울었습니다. 날카로운 게 무뎌지고 힘이 다하여 (고려를) 빼앗을 수가 없었습니다. 서제噬臍(배꼽을 물어뜯으려 하여도 입이 닿지 아니한다는 뜻. 후회하여도 이미 때가 늦음을 이르는 말; 필자)의 부끄럼이란 이것이 아니고 무엇이랴?[19]

즉 패강인 대동강이 얼어붙은 틈을 타서 당군이 평양성을 일제 공격해 왔지만 처절하게 패배시킨 사실을 알려주었다. 고구려는 당군을 격파한 전과를 생생하게 왜에 전달했다. 그러나 이러한 고구려군의 무용武勇은 중국 사서에서 전혀 보이지 않는다.

이와 더불어 고려해야 할 사안이 있다. 당 태종이 『진서晉書』를 편찬하면서 고구려전高句麗傳을 누락시킨 배경이다. 3세기 후반에 편찬된 『삼국지』 동이전에 이미 고구려 조가 수록되었다. 그럼에도 7세기대에 편찬된 『진서』에 고구려전이 누락된 것은 누가 보더라도 고의적이다. 더욱이 당 태종은 5세기 후반에 편찬된 『송서宋書』를 통해 백제전을 접한 바 있다. 근초고왕대에 동진東晋과 교류하여 백제의 존재가 중국에 알려졌었다. 단 1회 사신을 보낸 바 있는 가라加羅의 경우도 『남제서南齊書』에 입전立傳된 바 있다. 그러므로 『진서』에서는 백제전도 입전

18) 『日本書紀』 권22, 推古 26년 8월.
19) 『日本書紀』 권27, 天智 7년.

될 수 있는 정황이었다.

그러면 『진서』에 고구려전과 백제전이 누락되거나 입전되지 않은 이유는 무엇일까? 단재 신채호는 당 태종이 고구려와 백제를 침핍侵逼하는 상황에서 양국의 중국 점유를 위증僞證하기 위한 목적에서 아예 입전시키지 않았다고 했다.[20] 사실 당 태종은 이전에 이미 출간된 『위서魏書』나 『남제서』를 비롯해 『송서』와 『양서梁書』를 손대는 일은 용이하지 않았다. 게다가 진사晋史는 이미 여러 종류가 존재하였다.[21] 그럼에도 당 태종이 굳이 『진서』를 새로 편찬한 데는 분명한 목적이 있었을 것이다.

당 태종은 수 양제와 더불어 고구려 정벌의 목적을 한대漢代 4군四郡에 대한 고토회복에 두었다. 침공이 아니라 회복 즉 수복收復 개념에서 찾았던 것이다.[22] 그러면 『진서』에 고구려전과 백제전이 입전되었을 때 예상되는 사안은 무엇이었을까? 중국의 고구려 침공 명분이 효력을 상실한다는 것이다. 쉬운 예로 양대梁代에 작성된 「양직공도梁職貢圖」의 "백제는 옛날의 내이來夷로 마한의 무리이다. 진말晋末에 고구려가 요동의 낙랑을 경략하자, (백제) 역시 요서의 진평현晋平縣을 (경략함이) 있었다 百濟舊來夷 馬韓之屬 晋末駒麗略有遼東樂浪 亦有遼西晋平縣"는 기사를 음미해 보자. 고구려는 한대漢代의 낙랑을 점유한 게 아니었다. 고구려는 진대晋代에 요동 소재 낙랑을 점령한 것이다. 여기서 '진말晋末'을 서진西晋 말末로 지목하더라도 이곳은 이미 한족漢族의 영역이 아니었다. 고구려는 모용씨慕容氏 영역이었던 요동遼東 소재 낙랑을 점령한 것이다. 그렇다면 당 태종의 고토수복론은 명분이 없어진다. 게다가 백제가 요서遼西 지역을 경략經略했다고 적혀있다. 고구려와 백제는 모두 한족의 영역을 점령한 게 아니었다. 따라서 당 태종이 고구려나 백제를 침핍할 명분이 없어진다. 『진서』에 입전되었어야 할 고구려전의 누락과 새로 입전시켰어야할 백제전이 입전되지 못한 배경을 이와 같이 구

20) 丹齋申采浩先生紀念事業會, 『改訂版 丹齋申采浩全集(上卷)』, 螢雪出版社, 1987, 204~205쪽.

21) 국사편찬위원회, 『中國正史朝鮮傳 譯註一』, 신서원, 2004, 322쪽.

22) 李道學, 「三國統一期 新羅의 北界 確定 問題」, 『東國史學』 57, 2014, 308~313쪽.

명할 수 있었다.

이와 더불어 진대晋代의 고구려는 북중국의 모용씨 영역을 자주 침공했다. 그뿐 아니라 동수佟壽와 곽충郭忠을 비롯해 북중국에서 고구려로 망명하는 일이 자주 발생했다. 고구려를 침공하려는 당 태종의 입장에서는 침공 명분과 어긋나는 일이 자주 발생한 시기였다. 중원 왕조를 괴롭히던 모용씨를 오히려 고구려가 제어해 주었다. 이는 서진이 복구해 주었고, 또 조공을 착실히 해 온 당시의 부여夫餘를 기술한 『진서』 부여전과는 정반대 상황이었다.

『진서』에서 고구려전을 입전시키지 않은 이유를 이와 같이 추정해 보았다.

2. 신라와 당과의 전쟁 기사

삼국통일기 신라인들은 연합군인 당에 대한 정서가 미묘했다. 동상이몽 관계였기 때문이다. 그랬기에 다음 d를 보면 백제인 복장을 한 신라 군인들이 당영唐營을 습격한 것으로 비친다.

d. 당인唐人들은 이미 백제를 멸망시키고는 사비성의 언덕에 진을 치고 신라를 침공하려고 몰래 계획을 꾸미고 있었다. 우리 임금이 이를 알고 여러 신하들을 불러 계책을 물으니 다미多美 공公이 앞으로 나와서 아뢰었다. "우리 나라 백성을 시켜 백제인으로 거짓 꾸며서 그 복장을 입혀 도적질하는 것처럼 한다면 당인이 반드시 이를 칠 것이니 이때를 타서 그들과 싸우면 뜻대로 될 것입니다." 유신이 아뢰었다. "이 말이 쓸 만하오니 그대로 따르기를 바랍니다." 왕은 말했다. "당군이 우리를 위해서 적국을 멸망시켰는데, 도리어 그들과 서로 싸운다면 하늘이 우리를 돕겠소?" 유신이 "개는 그 주인을 두려워하지만 주인이 제 다리를 밟으면 주인을 물게 되니 어찌 국난을 당하고서도 자신을 구원하지 않을 수 있겠습니까? 부디 대왕은 이를 허락해 주십시요"라고 말했다. 당인들은 우리 나라에 방비가 있음을 정탐해 알고 신라를 치지 못하고 백제 왕과 신하 93명, 군사 2만 명을 사로잡아 가지고 9월 3일에 사비泗沘에서 배를 타고 돌아가고, 낭장郎將 유인원 등을 남겨 백제 땅을 지키게 했다.[23]

23) 『三國史記』 권42, 김유신전(中).

이 점을 염두에 두고 다음 e를 살펴 보면 삼국통일기 전과戰果와 전쟁 주체에 대한 인식이 확인된다.

> e. 선왕께서는 연세가 많으시고 힘이 쇠약해져서 군사를 이끌기 어려웠으나 이전의 은혜를 좇아 생각하셔서 힘써 국경에 이르러서 저를 보내어 군사를 이끌고 대군을 맞이하게 하였습니다. 동서가 서로 화합하고 수군과 육군이 모두 나아갔습니다. 수군이 겨우 백강 어구에 들어섰을 때 육군은 이미 큰 적을 깨뜨려서 두 부대가 같이 (백제의) 왕도에 이르러 함께 한 나라를 평정하였습니다. …
> 용삭 3년에 이르러서 총관 손인사가 군사를 이끌고 부성府城을 구원하러 왔는데, 신라의 병사와 말도 또한 나아가 함께 정벌하여 가서 주류성 아래에 이르게 되었습니다. 이때 왜의 수군이 백제를 도우러 와서 왜의 배 1천 척이 백강에 정박해 있고 백제의 정기精騎가 언덕 위에서 배를 지키고 있었습니다. 신라의 효기驍騎가 중국 군사의 선봉이 되어 먼저 언덕의 군영을 깨뜨리자 주류성에서는 담을 잃고서 곧바로 항복하였습니다. 남쪽이 이미 평정되자 …[24]

위 e의 「답설인귀서」에는 신라와 당이 연합해 백제를 공격할 때의 기사 2건이 언급되었다. 먼저 660년의 전쟁에서 신라군은 육군으로, 당군은 수군으로 적혀 있다. 당의 수군이 백강 즉 금강으로 진입하기 전에 신라 육군이 '대적大賊' 즉 백제 대군을 격파했다고 한다. 백제 정벌에 신라의 역할이 가장 컸음을 알리고 있다. 그리고 663년 백강 전투에서도 신라의 '효기驍騎'가 당군에 앞서 백제 '정기精騎'를 깨뜨렸기에 주류성을 함락시킬 수 있었다고 했다. 백제 왕성인 사비성과 주류성 공략에 있어서 신라군의 역할이 당군보다 지대했음을 강조하였다.[25] 그러나 이는 꼭 사실과 부합하는 서술만은 아니었다. 『일본서기』에 보이는 다음

---

24) 『三國史記』 권7, 문무왕 11년. "王年衰力弱 不堪行軍 追感前恩 勉強至於界首 遣某領兵 應接大軍 東西唱和 水陸俱進 舩兵纔入江口 陸軍已破大賊 兩軍俱到王都 共平一國 … 至龍朔三年 摠管孫仁師 領兵來救府城 新羅兵馬 亦發同征 行至周留城下 此時 倭國舩兵 來助百濟 倭舩千艘 停在白沙 百濟精騎岸上守舩 新羅驍騎爲漢前鋒 先破岸陣 周留失膽 遂即降下 南方已定"

25) 이러한 「답설인귀서」의 기술은 신라와 唐이 연합한 평양성 공격에서도 동일하게 반복했다.

백강 전투 기사를 통해 확인할 수 있다.

f. 가을 8월, 임오壬午가 초하루인 달의 갑오(13일)에 신라는 백제 왕이 자기의 양장良將을 목 베었기에 곧바로 백제에 들어가 먼저 주유를 빼앗으려고 도모하였다. 이에 백제는 적의 계략을 알고서 여러 장수에게 말하기를 "지금 듣자하니 대일본국의 구원 장수인 이호하라노 기미오미廬原君臣가 용사 1만여 명을 거느리고 바다를 건너오고 있다. 바라건대 여러 장수들은 미리 도모함이 있기를 바란다. 나는 스스로 백촌白村에 가서 기다리고 있다가 접대하고자 한다"라고 말하였다. 무술(17일), 적장이 주유에 와서 그 왕성을 에워쌌다. 대당大唐의 장군이 전선 170척을 이끌고 백촌강白村江에 진을 쳤다. 무신(27일), 일본의 수군 중 처음에 온 자와 대당의 수군이 합전合戰하였다. 일본이 불리해서 물러났다. 대당은 진을 굳게 하여 지켰다. 기유(28일), 일본의 여러 장수들과 백제 왕이 기상氣象을 보지 않고 서로 말하기를 '우리가 먼저 공격하면 저들은 스스로 물러갈 것이다'라고 하였다. 다시 일본이, 대오가 난잡한 중군의 병졸을 이끌고 진을 굳건히 한 대당의 군사를 쳤다. 대당은 즉시 좌우에서 선박을 내어 협격하였다. 눈깜짝할 사이에 관군이 잇따라 패배하였는데, 물속에 떨어져 익사한 자가 많았다. 뱃머리와 고물을 돌릴 수가 없었다. 에치노 다쿠쓰朴市田來津는 하늘을 우러러 맹세하고 이를 갈고는 수십 인을 죽이고는 마침내 전사하였다. …(天智 2년 8월).

g. 9월 신해가 초하루인 정사(7일), 백제의 주유성이 비로소 당에 함락되었다. 이 때에 나라 사람이 서로 '주유가 항복하였다. 일을 어떻게 할 수 없다. 백제의 이름은 오늘로 끊어졌다. 조상의 분묘가 있는 곳을 어찌 다시 갈 수가 있겠는가. 다만 저례성弖禮城에 가서 일본의 장군들을 만나 사건의 기밀한 바를 의논하자'라고 말하였다. 드디어 본래 침복기성枕服岐城에 있는 처자들을 가르쳐 나라를 떠날 생각을 알리게 하였다. 신유(11일)에는, 모저牟弖를 출발, 계해(13일)에는 저례에 이르렀다. 갑술(24일)에 일본의 수군水軍 및 좌평 여자신餘自信 · 달솔 목소귀자木素貴子 · 곡나진수谷那晋首 · 억례복류憶禮福留는 국민들과 함께 저례성에 이르렀다. 이튿날 배가 떠나서 처음으로 일본으로 향하였다(天智 2년 9월).

위 f와 g같은 일본측 기록에는 백강 전투 때 신라의 존재가 보이지도 않는다. 왜군과 당군의 격돌로만 소개하였다. 신라와 백제군의 역할은 미미하기 이를 데 없는 조역助役처럼 적혀 있다. 기록 주체에 따라 서사 구조가 확연히 달라지는 것이다. 이와 더불어 국내 문헌에 소개된 다음 소정방 피살 기사를 소개해 본다.

> h. 또 『신라고전新羅古傳』에는 이런 말이 있다. "소정방이 이미 고구려 백제 두 나라를 치고 또 신라를 치려고 머물러 있었다. 유신은 그 음모를 알고 당군을 초대하여 짐새의 독을 먹여 모두 죽이고 구덩이에 묻었다." 지금 상주尙州 지경에 당교唐橋가 있는데 이것이 그때 묻은 땅이라고 한다.[26]

> i. 운운云云. 외국이 중국에 복종하지 않은 지 오래됐음으로, 태종太宗이 장차 만국萬國을 복종시키고 문궤文軌를 통일하려고 하여 장군으로 하여금 군사를 거느리고 우리 고려高麗를 치게 하였는데, 장군은 불행히도 추기騶騎를 우리나라에 머무른 채 환국하지 못했으므로 유사遺祠가 여기에 있게 된 것입니다.[27]

위 h와 i는 『삼국유사』와 『동국이상국집』에 각각 적힌 소정방 피살 기록이다.[28] 이들 기록의 신빙성 여부를 떠나 국내에서는 소정방이 피살되었다는 기록이 존재했었다. 또 그렇게 믿는 경우도 존재했음을 알 수 있다. 다음 j와 k는 신라가 요청한 백제 정벌이었다. 그럼에도 당에 당당하게 맞서는 신라와 김유신의 자세를 잘 보여준다.

> j. 이 날 정방定方은 부총관 김인문 등과 함께 기벌포에 도착하여 백제 군사를 만나 맞아 싸워 크게 깨뜨렸다. 유신 등이 당군의 진영에 이르자, 정방은 유신 등이 약속 기일보다 늦었다고 하여 신라의 독군督軍 김문영金文穎[또는 永으로도 썼다]을 군문軍門에서 목베려 하였다. 유신이 무리들에게 말하였다. "대장군이 황산黃山에서의 싸움을 보지도 않고 약속 날짜에 늦은 것만을 가지고 죄로 삼으려 하니, 나는 죄없이 모욕을 받을 수 없다. 반드시 먼저 당군과 결전을 한 후에 백제를 깨뜨리겠다." 이에 큰 도끼를 잡고 군문에 서니, 그의 성난 머리털이 곧추 서고 허리에 찬 보검이 저절로 칼집에서

26) 『三國遺事』 권2, 紀異 太宗春秋公.

27) 『東國李相國集』 권38, 祭蘇定方將軍文.

28) 李道學, 「羅唐同盟의 性格과 蘇定方被殺說」, 『新羅文化』 2, 1985, 19~33쪽.

튀어나왔다. 정방의 우장右將 동보량이 그의 발을 밟으며 말하기를 "신라 군사가 장차 변란을 일으킬 듯합니다"하니, 정방이 곧 문영의 죄를 풀어주었다.[29)]

k. 정방이 돌아와서 포로를 바치니 천자가 위로하며 말하기를 "어찌하여 이내 신라를 정벌하지 않았는가"하였다. 정방이 "신라는 그 임금이 어질고 백성을 사랑하며 그 신하는 충성으로 나라를 섬기고 아랫 사람들이 윗사람 섬기기를 부형과 같이 하니 비록 작지만 도모할 수가 없습니다"라고 하였다.[30)]

위 j와 k는 어디까지나 신라측 소전所傳에 불과하므로 객관성보다는 주관성이 상대적으로 강할 수 있다. 이 점을 염두에 두어야 한다. 물론 이는 신라에만 국한되지 않은 보편적인 현상일 수도 있다. 따라서 한국과 중국 기록을 교차 확인해 검증하는 노력이 전제되어야 한다. 문제는 신라와 당과의 전투 관련 전과에서도 서로 차이가 크다는 것이다. 우선 다음에 인용한 매생성買省城(買肖城) 전투 전과를 비교해 본다.[31)]

l. 당군이 거란과 말갈 군사와 함께 와서 칠중성을 에워쌌지만 이기지 못하였고, 소수小守 유동이 죽임을 당하였다. 29일에 이근행이 군사 20만 명을 거느리고 매생성에 주둔하였다. 우리 군이 이들을 공격하여 달아나게 하고는 전마戰馬 30,380필을 얻었다. 그들이 남겨놓은 병기도 그 정도 되었다.[32)]

위 l에서 인용한 『삼국사기』에 따르면 신라군은 이근행의 20만 당군을 격파하는 대전과를 올렸다. 그러나 이와는 달리 다음 m의 『신당서』에서는 당군이 칠중성 뿐 아니라 매생성에서도 모두 승리한 것으로 적혀 있다.

---

29) 『三國史記』 권5, 太宗武烈王 7년.

30) 『三國史記』 권42, 金庾信傳.

31) 買肖城이 아니라 買省城으로 표기해야 함은 이도학, 『쟁점, 한국고대사 해답을 찾다』, 주류성, 2024, 348~349쪽.

32) 『三國史記』 권7, 文武王 15년.

m. 상원上元 2년 2월에 (유劉)인궤仁軌가 칠중성에서 그들을 쳐부수고, 말갈병을 이끌고 바다를 건너서 남쪽 지역을 공략하니, 목을 베고 또 사로잡은 포로가 매우 많았다. 조서를 내려 이근행을 안동진무대사로 삼아 매생성에 주둔시키니, 세 번 싸워서 노虜가 모두 패배하였다. 법민法敏이 사신을 보내 입조入朝하여 사죄를 하는데, 공물의 짐바리가 줄을 이었다. 인문仁問 또한 (신라에서) 돌아와 왕위를 내놓으므로, 조서를 내려 법민의 관작을 다시 회복시켜 주었다.[33)]

위 m의 『신당서』는 『삼국사기』와는 정반대 기록이다. 물론 『삼국사기』에는 신라군과 당군과의 교전 기록이 구체적으로 숱하게 적혀 있다. 다음은 신라가 당군을 한반도에서 축출하는 데 전기轉機가 된 유명한 기벌포 전투이다.

n. 겨울 11월에 사찬 시득施得이 수군을 거느리고 소부리주 기벌포에서 설인귀와 더불어 싸우다가 패했다. 또 나아가 크고 작고 22번 싸워 이들을 꺾고 4천여 급級의 머리를 베었다.[34)]

위 n은 짧은 문장 속에 상당히 구체적인 기록을 남겼다. 즉 전투 장소와 회수回數, 그리고 전과戰果까지 기재되어 있다. 그런데 반해 『신 · 구당서』에서는 기벌포 전투에 관해 전혀 언급이 없다. 이러한 사례들이 적지 않게 포착되었다. 그랬기에 이 사안에 대해 분석한 결과 671년(문무왕 16)~676년까지의 기록에서 중국측은 그들의 패전 기록을 거의 삭제하였기에 이 시기만은 중국 사서의 사료 가치는 『삼국사기』보다 떨어진다고 한다.[35)]

가령 『신당서』에서 당군이 승리한 기록이 보이지만, 『구당서』에서는 아예 관련 기록 자체가 없는 경우도 있다. 일례로 m의 당군 전과는 선행 사서인 『구당서』에는 전혀 보이지 않는다. 따라서 『신당서』에 보이는 당군의 매생성 승전 기록은 왜곡의 전형으로 비친다.

33) 『新唐書』 권220, 東夷傳 新羅.

34) 『三國史記』 권7, 文武王 16년.

35) 존 · 씨 · 재미슨, 「羅唐同盟의 瓦解」, 『歷史學報』 44, 1969, 3~4쪽.

3. 고구려와 당과의 전쟁 기사

시대를 조금 소급하여 살펴 보면 당 태종의 고구려 원정에 대한 『신 · 구당서』 기록에서도 서로 차이가 보인다. 다음 o와 p 기사를 서로 비교해 보았다.

> o. 태종은 요동의 창고 (양곡이) 얼마 남지 않았고, 사졸들이 추워하자 이에 군사를 이끌고 돌아가도록 명하였다. 그(安市) 성城을 지날 때 성 안에서는 모두 소리를 죽이고 깃발을 눕혔다. 성주는 성에 올라 두손을 들어 마주잡고 절을 하며 작별을 고하였다. 태종은 그들이 견고하게 지킨 것을 가상히 여겨 비단 1백 필을 내려 주고, 임금을 섬기는 절의를 격려했다.36)

> p. 군사를 돌리도록 명하여 빼앗은 요주遼州 · 개주蓋州 2주의 사람들을 데리고 돌아가면서, 군대가 성 밑을 지나자 성중城中은 겁이 나서 크게 소리를 내지 못하고 숨을 죽이고 깃대를 눕혔다. 추장은 성에 올라 두 번 절하였다. 황제는 그들이 지킨 것을 가상히 여겨 비단 1백 필을 내려 주었다.37)

위 『신 · 구당서』 기록은 당 태종의 회군에 대해 상이하게 진술했다. 『구당서』(o)에서는 회군 동기를 군량 부족과 한파에서 찾았다. 그러나 『신당서』(p)에서는 회군 동기나 배경이 적혀 있지 않다. 이 경우는 『신당서』가 당 태종의 위신을 세워줄 목적에서 『구당서』에 보이는 회군 사유를 언급하지 않은 것이다. 물론 『구당서』의 회군 동기도 사실은 아니다. 안시성을 함락시키지 못한 당 태종의 위신을 세워주려고 군량과 기후氣候 탓으로 돌린 것에 불과하다. 이 건에 대해서도 『신당서』의 사실 은폐 기도가 『구당서』보다 심한 것으로 비친다.

특히 당 태종이 안시성 밑을 지나 회군할 때 성 안에서는 '병성屛聲(『구당서』 o)' 혹은 '병식屛息(『신당서』 p)"이라고 상이하게 기재했다. 물론 양자의 의미는 대동소

---

36) 『舊唐書』 권199, 東夷傳 高麗. "太宗以遼東倉儲無幾 士卒寒凍 乃詔班師 歷其城 城中皆屛聲偃幟 城主登城拜手奉辭 太宗嘉其堅守 賜絹百疋 以勵事君之節"

37) 『新唐書』 권220, 東夷傳 高麗. "有詔班師 拔遼 · 蓋二州之人以歸 兵過城下 城中屛息偃旗 酋長登城再拜 帝嘉其守 賜絹百匹"

이할 수 있다. 그러나 o가 "소리를 죽이고"의 뜻인데 반해, p는 "겁이 나서 크게 소리를 내지 못하고 숨을 죽이고"라는 해석이 나온다. 『신당서』(p)는 당 태종의 위세에 고구려군이 압기되었음을 『구당서』(o)보다 크게 부각시켰다.

『구당서』는 안시성주를 '성주(o)'라고 하였다. 그런데 반해 『신당서』에서는 이를 '추장(p)'으로 표기했다. 이 경우도 안시성주와 고구려를 폄훼시키려는 『신당서』 찬자의 의도가 표출된 것이다. '추장'의 사전적 의미는 "원시 사회에서, 그 부족의 우두머리를 이르는 말"이라고 했다. '추장'은 전통시대에도 야만과 미개의 표징이었다. 그리고 전자는 당 태종에게 "두손을 들어 마주잡고 절을 하며 작별을 고하였다(『구당서』 o)"고 한 데 반해, 후자는 "두 번 절하였다(『신당서』 p)"고만 적었다. 여기서 o는 의연하고 여유 있는 안시성주의 모습이다. 반면 p는 거두절미한 서술인 관계로 마치 신하의 도리를 하는 것처럼 왜곡될 수 있다. 게다가 『신당서』는 "임금을 섬기는 절의를 격려했다(『구당서』 o)"는 구절을 누락시켰다. 이 구절은 시해弑害한 신자臣子인 연개소문을 정토한다는 당 태종의 출병 명분과 배치되었기 때문이다. 안시성주는 시역한 연개소문에 굴복하지 않았다. 그랬기에 연개소문은 결국 안시성의 포위를 풀고 회군한 바 있다. 이 사실은 당 태종이 '임금을 섬기는' 안시성주를 공격해야 할 명분이 없었음을 뜻한다. 그랬기에 『신당서』에서는 이 구절을 누락시킨 것이다. 『구당서』에 비해 내용을 많이 보충했다는 평가를 받고 있는 『신당서』이지만, 이해가 부딪히는 소위 동이와의 패전에 대해서는 기사 누락과 변개가 많았다.

『신 · 구당서』에서는 당 태종이 비단 1백 필을 안시성주에게 하사한 이유를 마치 성을 잘 지킨 것 때문으로 비치게 했다. 그러나 『신당서』(p)만 본다면 "두 번 절하였다"는, 안시성주의 깍듯한 태도에 대한 당 태종의 격려로 볼 수 있다. 이와는 달리 『구당서』(o)의 관련 구절을 보면 "임금을 섬기는 절의를 격려했다"고 한 '절節'에 방점을 찍는 게 가능하다. 『신당서』의 왜곡은 다음 기사에서도 엿볼 수 있다.

q. 처음 떠날 적에는 병사가 1십만 · 말이 1만 필이었다. 돌아올 때에는 죽은 사람은 겨우 1천여 명, 말은 죽은 것이 열에 여덟이었다. 선사船師는 7만 명 중 죽은 자는 역시

수백 명이었다.[38]

위 q의 숫치는 축소나 은폐 차원을 넘어 날조로 지목할 수 있다. 『자치통감』에서는 '戰士死幾二千人'라고 하여 당군의 전사자 수를 거의 2천 명으로 기재하였다.[39] 이 기록과도 『신당서』는 2배의 차이가 난다. 문제는 『자치통감』의 저본도 정확한 기록물이 될 수 없다는 의심이 든다. 가령 인명 피해에 비해 동원된 말의 피해는 '열에 여덟'이라고 했다. 이로 볼 때 10만 병사 중 단 1천 명이 사망했다는 기록은 신뢰성이 떨어진다. 인명 피해는 100분의 1 즉 1%에 불과한데 반해 말은 80%나 죽었다는 것이다. 이는 누가 보더라도 함께 움직인 '인마人馬'의 피해 수치로는 대단한 불균형이 아닐 수 없다. 따라서 중국 사서의 대고구려전 기록은 신빙성이 떨어진다고 보겠다. 이처럼 과도하게 축소한 전사자 숫치 왜곡은 수 양제의 참패를 의식한 역사 왜곡으로 판단된다. 당 태종도 수 양제처럼 고구려 원정에 실패한 것은 엄연한 사실이었다. 그러나 당 태종 때 전사자 숫자는 수 양제 때와는 비교할 수 없을 정도로 미미했음을 과시하고자 했다. 당 태종의 위신을 지켜주고자 한 까닭이었다.

4. 평양성 함락과 고구려 사서

이만운이 단언한 "당 이적이 고구려를 평정하고는 동방의 모든 서적을 평양에다 모아놓고 우리나라의 문물이 중국에 뒤지지 않는 것을 시기하여 모두 불태워버렸으며ⓐ"라는 구절은 진실에 근접할까? 다음은 『삼국사기』의 고구려 멸망 기사이다.

r. 가을 9월에 이적이 평양을 쳐서 빼앗았다. … 계필하력이 먼저 군사를 이끌고 평양성 밑에 이르니, 이적의 군대가 뒤를 이어 와서 한 달이 넘도록 평양을 포위하였다. 보

---

38) 『新唐書』 권220, 東夷傳 高麗. "始行 士十萬 馬萬匹 逮還 物故裁千餘 馬死十八 船師七萬 物故亦數百"

39) 『資治通鑑』 권197, 貞觀 19년.

장왕은 천남산泉男産을 보내 수령 98명을 거느리고 백기를 들고 이적에게 나아가 항복하였다. 이적이 예로써 접대하였다. 천남건泉男建은 오히려 문을 닫고 항거하여 지키면서, 자주 군사를 내보내 싸웠으나 모두 패하였다. 남건은 군사의 일을 승려 신성信誠에게 맡겼는데, 신성은 소장 오사와 요묘 등과 함께 몰래 이적에게 사람을 보내 내응하기를 청하였다. 5일이 지난 후 신성이 성문을 여니, 이적이 군사를 놓아 성에 올라가 북치고 소리 지르며 성을 불 질렀다. 남건은 스스로 찔렀으나 죽지 않았다. 당군이 왕과 남건 등을 사로잡았다.
겨울 10월에 이적이 돌아가려 하니 고종이 명하여 왕 등을 먼저 소릉昭陵에 바치게 하므로, 군대의 위용을 갖추고 개선가를 연주하면서 수도로 들어가 대묘大廟에 바쳤다.40)

s. 9월 21일에 대군과 더불어 함께 평양을 포위했다. 고구려 왕은 먼저 천남산 등을 보내 영공英公에게 가서 항복을 요청했다. 이에 영공이 왕 보장寶臧과 왕자 복남·덕남·대신 등 20여 만인을 거느리고 당으로 돌아갔다. 각간 김인문·대아찬 조주助州가 영공을 따라 돌아갔다. 인태·의복·수세·천광·흥원이 따라 갔다. 처음 대군이 고구려를 평정하자, 왕이 한성을 출발하여 평양으로 가다가 힐차양에 행차했다. 당의 제장諸將이 이미 돌아갔다는 말을 듣고 돌아와 한성에 이르렀다.41)

위 r과 s 어디에도 당장唐將 이적이 고구려 문헌들을 불태웠다는 기록은 없다. 『삼국사기』 고구려본기의 해당 기사인 r은 『신·구당서』 기록을 취합하여 편집한데 불과하다. 반면 s의 『삼국사기』 신라본기에서는 고구려 평양성을 함락시키는데 신라의 역할이 지대했음을 강조하였다. 결국 어느 시각에서 보느냐에 따라 자기 중심의 주관적인 서술을 할 수밖에 없는 것 같다. 이는 결코 과거의 일만은 아니었다.

일례만 적시해 본다. 2015년에 출간된 조극요趙克堯·허도훈許道勛, 『당태종전唐太宗傳』[대만상무인서관臺灣商務印書館(2版)]에 따르면 제11장章의 '통일변강統一邊疆'은 '항격동돌궐抗擊東突厥'·'평정토욕혼平定吐谷渾'·'통일고창統一高昌'·'걸

40) 『三國史記』 권22, 보장왕 27년.

41) 『三國史記』 권6, 문무왕 8년.

『당태종전』

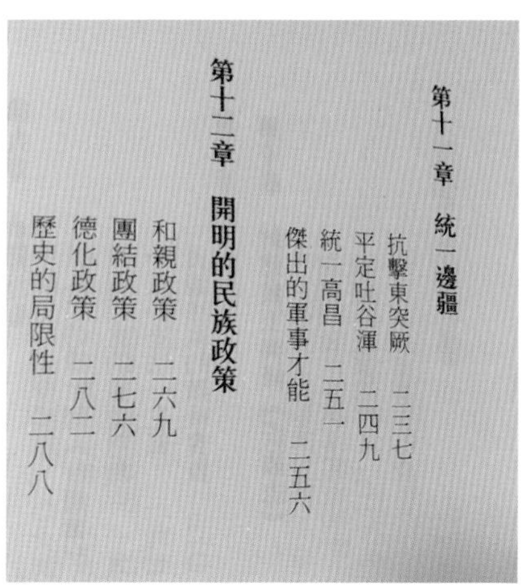
第十一章 統一邊疆
抗擊東突厥 二三七
平定吐谷渾 二四九
統一高昌 二五一
傑出的軍事才能 二五六
第十二章 開明的民族政策
和親政策 二六九
團結政策 二七六
德化政策 二八二
歷史的局限性 二八八

당 태종의 대외 원정과 치적을 나타내는 조목에는 고구려가 보이지 않는다.

출한 군사재능傑出的軍事才能'으로 구성되었다. 그 다음 제12장은 제목이 '개명한 민족정책開明的民族政策'이다. '개명한 민족정책'의 세부 항목으로는 '화친和親 · 단결團結 · 덕화德化'가 붙어 있다. 그러나 『당태종전』에는 동돌궐 · 토욕혼 · 고창은 언급되었지만 고구려 원정은 보이지 않는다. 당 태종 일생일대의 흠결이 되는 고구려 원정을 고의로 누락시킨 것이다. 그러니 '걸출한 군사적 재능'이나 '개명한 민족정책'이라고 붙인 항목은 공염불에 불과하다. 당 태종의 치욕적인 패전을 감추고서 운위할 수 있는 항목들은 아니기 때문이다. 21세기에 목도하는 이러한 서술 태도만 보더라도 역사 왜곡은 결코 일과성 과거의 일만은 아니었다.

III. 후삼국사後三國史 관련 기록의 검증

전통시대의 공식적인 역사 기록은 어디까지나 승자의 전유물이라고 할 때 가장 불행한 대상은 궁예와 진훤이었다. 이들의 역사는 자신의 부하이자 숙적인 왕건의 측근들에 의해 쓰여졌기 때문이다. 이와 관련해 미국 캔사스대학 교수 허스트 3세G.Cameroon Hurst III가 집필한 「선인 · 악인, 그리고 추인—고려 왕조 창건기의 인물들의 특성에 대하여」[42]라는 논문 제목은 시사적이다. 우리나라에서도 상영되었던 '석양의 무법자(1966)'의 원 제목이다. 허스트 3세가 영화 제목을 논문 제목으로 삼은 이유는 고려 왕조 창건기의 역사는 배역이 정해진 드라마 대본 같다는 취지에서였다. 여기서 선인은 주인공 왕건, 악인은 진훤, 추인은 궁예였다. 허스트 3세는 대본같은 사서의 행간을 읽으면서 은폐 속의 진실을 찾고자 부심했다. 가령 왕건王建과 그 아버지 용건龍建, 조부 작제건作帝建의 이름은 너무 노골적이었다. 허스트 3세는 의심을 제기했다. 왕이 될 운명이라는 이러한 이름들을 정말 사용했을까? 의심 많다는 궁예가 용인했을까? 궁예는 승려 생활 중 까마귀가 바릿대에 떨어뜨려준 '왕王' 자字 적힌 상아 막대를 품에 넣었다. 그는 내밀한 자부심을 가졌다.

궁예와는 달리 하늘의 점지가 보이지 않은 왕건은 자가발전할 수밖에 없었다. 그가 궁예를 축출한 직후 제정한 연호 '천수天授'와 앞에서 언급한 작위적인 이름들은 셀프(self) 암시에 불과했다. 허스트 3세의 논문을 읽지도 않은 이들이 마치 원 논문을 읽은 것처럼 행세한 경우도 왜곡의 범주에 속하지 않을까? 이와 더불어 이만운이 언급했던 후백제의 서적 소각설도 살펴 보고자 했다.

1. 왕건의 서남해 제패 공적 검증

궁예는 신체적인 제약에도 불구하고 바닥에서 입신하여 고구려를 부활시켰다. 경이적인 그의 성공은 왕건의 후손인 충선왕도 부정할 수 없었다. 그랬기에 그는 "궁예가 삼한 땅의 3분의 2를 차지했다"[43]고 단언했다. 삼한 땅은 통일신

---

42) G.Cameron Hurst III, "The Good, The Bad And The Ugly":Personalities in the Founding of the Koryo Dynasty Korean Studies Forum, No7, 1981, pp.1~27.

43) 『高麗史』 권2, 太祖世家, 第2, "李齊賢贊曰 忠宣王嘗言 我太祖 規模德量 生於中國 當不減 宋太祖 宋太祖事 周世宗 世宗賢主也 待 宋太祖甚厚 宋太祖 亦爲之盡力 及 恭帝幼冲 政出太后 迫于群情 而受周禪 盖出於不得已也 我 太祖事 弓裔 猜暴之君 三韓之地 裔有其二 太祖之功也 以不世之功 處必疑之地 可謂危矣"

라 영역을 가리킨다. 왜곡된 기록이 넘치는 궁예이지만 무패의 신화를 기록에 남겼다. 그가 패한 기록 자체가 없기 때문이다.

그런데 궁예 치세 후반기에는 왕건의 눈부신 외정外征만 보인다. 궁예는 왕건이라는 걸출한 부하 덕에 서남해 도서를 개척한 것처럼 비쳐진다. 기록상 태생부터 일생 따라붙었던 피해망상증과 미륵불의 현신으로 여기는 과대망상증과 가학성 변태성욕으로 몸부림치던 궁예가 자멸로 치닿고 있을 무렵이었다. 이때 왕건은 외정을 통해 자신의 군사력 외에 정치 · 경제적 기반을 꾸준히 확대시켜 나간 것처럼 비친다. 그러나 이는 당치 않다. 다음 t의 강진 무위사 「선각대사비문」에 따르면 912년에 궁예가 직접 내려옴으로써 태봉의 나주 경략이 마무리되었기 때문이다.

> t. (천우) 9년 8월에 이르러 전주前主께서 북쪽 지역을 오랫동안 평정하시다가 드디어 남쪽을 정벌하시려고 선박舳艫을 일으켜 몸소 행차하셨다. 이때 나주는 귀의하였으므로 강가나 섬 곁에 군대를 주둔시켰다. 무부武府는 거슬렀으므로 서울郊畿에서 무리를 동원하셨다. 이때 대왕께서는 대사가 … 들으시고 … 그 후 군대를 돌이킬 때에 특별히 (대사에게) 함께 돌아갈 것을 요청하셨고 … 스님에게 올리는 공양물은 내고內庫에서 나왔다. … (천우) 14년 … 일에 대왕께서 조서를 내려 …[44]

위 t의 천우 9년은 912년이고, 천우 14년은 917년이다. 비문의 이러한 시간적 범위는 왕건 즉위 전임을 알려준다. 따라서 '전주' 즉 '전 임금'과 '대왕'은 궁예를 가리킨다.[45] 궁예가 몸소 나주를 제압한 사실이 확인된다.[46] 궁예의 서남해 친정은 다음 「법경대사비문」에서도 확인되었다.

---

44) "九年八月中 前主永平北 △須△南征 所以△發舳艫 親駈車駕 此時羅州歸命 屯軍於浦嶼之傍 武府逆鱗 動衆於郊畿之場此時倏 大王聞…其後班師之際特請同歸 … 供給之資出於內庫 … 以十四 … 日大王驟飛鳳筆 …"

45) '前主'를 궁예로 지목한 경우는 김인호, 「무위사 선각대사 편광탑비」, 『譯註 羅末麗初金石文(下)』, 혜안, 1996, 237쪽에 보인다.

46) 최연식, 「康津 無爲寺 先覺大師碑를 통해 본 弓裔 행적의 재검토」, 『木簡과 文字 연구』 6, 주류성, 2011, 205~208쪽.

강진 무위사 선각대사비문

> u. 천우天祐 5년 7월 무주武州의 회진會津에 도착했다. 이때 전란은 땅에 그득하고, 적구賊寇는 하늘에 닿을 만큼 넘쳐 흘렀고, 삼종三鍾이 머무는 곳에는 사방에 진지가 많았다. … 선왕先王이 곧바로 북쪽을 출발하여 오로지 남정南征만 하였다.[47)]

위 u에 등장하는 '선왕'은 궁예를 가리킨다. 법경대사 경유慶猷가 귀국하여 만난 임금은 궁예였다. 이때는 912년 8월에 궁예가 서남해를 공략하던 무렵이었다.[48)] 이렇듯 「선각대사비문」과 「법경대사비문」을 통해 궁예의 서남해 친정이 확인되었다. 더욱이 「법경대사비문」에서는 '專事南征'라고 하였다. 여기서 '專事'는 "오로지 어떤 일만 함"이라고 해석한다. 이 사실은 궁예가 남정에 심혈을 기

---

47) 朝鮮總督府, 『朝鮮金石總覽(上)』 1919, 164쪽. "天祐五年七月 達于武州之會津 此時兵戎滿地 賊寇滔天 三佛所居 四郊多壘 … 先王直從北發 專事南征"

48) 한국역사연구회, 『譯註 羅末麗初金石文(下)』, 혜안, 1996, 190쪽.
최연식, 「康津 無爲寺 先覺大師碑를 통해 본 弓裔 행적의 재검토」, 『木簡과 文字 연구』 6, 주류성, 2011, 215쪽.

현재의 영암 덕진포

울였기에 친정을 했음을 알려준다. 그러면 궁예의 서남해 친정은 사서에서 확인할 수 없는 것인가? 궁예의 서남해 친정은 『삼국사기』 진훤전의 다음 영암 덕진포 교전에서 확인된다.

> v. 건화 2년(912)에 진훤이 덕진포에서 궁예와 싸웠다.[49]

위의 짧은 기록을 연구자들은 으레 궁예가 보낸 왕건과 진훤과의 교전으로 단정했다. 그러나 이 기록은 「선각대사비문」에서 궁예가 912년에 직접 군대를 이끌고 나주로 내려 온 사실과 연결된다. 그런데 중요한 사실은 진훤과 싸웠다는 궁예에 대해 승패를 서술하지 않았다. 사서에서는 왕건의 전공만 늘어놓았을 뿐 궁예 친정에 대해서는 전혀 언급이 없다.[50] 그런 관계로 서남해안 제패는 오로지 왕건의 전공으로만 간주되었다.

2. 기록에서 지워진 왕건과 비등했던 장군들

왕건이 쿠데타로 즉위한 직후 반란을 일으킨 마군장군 환선길桓宣吉의 아내

49) 『三國史記』 권50, 진훤전.

50) 이도학, 「궁예와 진훤 바로보기」, 『대동문화』 99, 2017, 92쪽.

가 "당신의 재주와 능력은 남보다 훨씬 나으므로 사졸들이 복종하고 있지 않습니까. 또 대공大功이 있음에도 불구하고 정권은 다른 사람에게 있으니 부끄럽지 않습니까!"[51]라고 했다. 환선길도 마음 속으로 그렇게 여겼다고 한다. 여기서 '다른 사람'은 왕건을 가리킨다. 왕건과 비등하거나 그 이상의 능력을 지닌 궁예의 부하 장군이 환선길임을 알려준다. 그럼에도 환선길의 '대공'은 고사하고 그의 행적은 전혀 소개된 바 없다. 다만 환선길의 반란 실패 기사가 다음 w에 보인다.

> w. 하루는 태조가 궁전에 앉아 학사 몇 사람과 국정을 논의하고 있었다. 환선길이 무리 50여 인과 함께 무기를 지니고는 동쪽 곁채에서 내정內庭으로 돌입하여 곧바로 그를 해치려고 하였다. 태조가 지팡이를 짚고 서서 큰 소리로 꾸짖으며 말하기를, "짐이 비록 너희들의 힘으로 여기에 이르렀지만 어찌 천명이 아니겠는가? 천명이 이미 정해졌거늘 네가 감히 이럴 수 있느냐?"라고 하였다. 환선길이 태조의 말과 얼굴빛이 태연한 것을 보고 매복한 군사가 있는 것으로 의심하여 무리와 함께 달아났다. 호위병들이 구정毬庭까지 추격하여 이들을 모두 사로잡아 죽였다. 환향식이 뒤에 도착하고는 일이 실패했음을 알고 역시 도망하였다. 병사들이 추격하여 이들을 죽였다.[52]

위 w에 따르면 환선길은 50여 명의 무장한 병력을 이끌고 내정內庭에 진입했다는 것이다. 이때 왕건은 비무장 상태로 학사들과 국정을 논의하던 중이라고 한다. 환선길은 왕건을 곧바로 찌르려다가 태연자약한 왕건의 호통에 놀라 달아났다는 것이다. 달아난 이유로서 복병이 있을지 두려웠기 때문이라고 했다. 그러나 이러한 상황은 상식적으로 이해되지 않는다. 설령 복병이 있다고 하더라도 왕건과 면전에서 맞닥뜨렸을 뿐 아니라 예하에 50여 명의 무장 병력이 있었다. 그리고 환선길이 무장 병력을 이끌고 내정까지 진입했다는 것은 궁정 내에 내응

---

51) 『高麗史』 권127, 叛逆 桓宣吉傳. "其妻謂曰 子才力過人 士卒服從 又有大功 而政柄在人 可不懊乎 宣吉心然之"

52) 『高麗史』 권127, 叛逆 桓宣吉傳. "一日 太祖坐殿 與學士數人 商略國政 宣吉與其徒五十餘人持兵 自東廂突入內庭 直欲犯之 太祖策杖立 厲聲叱之曰 朕雖以汝輩之力至此 豈非天乎 天命已定 汝敢爾耶 宣吉見 太祖辭色自若 疑有伏甲 與衆走出 衛士追及毬庭 盡擒殺之 香寔後至 知事敗亦亡 追兵殺之"

개성 현릉 근처에서 출토된 왕건 동상

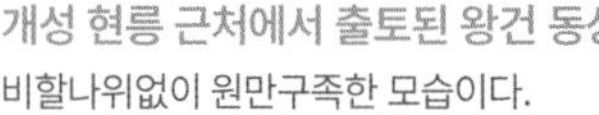

비할나위없이 원만구족한 모습이다.

연천 숭의전에 봉안된 왕건 영정

세력이 존재했음을 뜻한다. 게다가 환선길의 아우인 향식이 지원 병력을 이끌고 도착했을 정도로 치밀하게 사전 모의가 이루어졌다. 그럼에도 왕건의 호통 한번에 달아났다는 것은 너무나 희화적이다. 다만 w를 통해 왕건의 즉위는 환선길 등의 지원에 힘입었음을 알 수 있다. 그렇지만 왕건이 "천명이 이미 정해졌다 天命已定"고 했듯이 왕위는 이미 결정되었으니 넘보지 말라고 경고했다는 것이다. 이 기록의 진위를 떠나 왕건과 비등한 위치에 환선길이 존재했음은 분명하다. 추측을 한다면 궁예 축출 모의를 할 때 대안으로 왕건과 더불어 환선길도 물망에 올랐을 가능성마저 제기해 준다.

궁예 정권에서 왕건과 위상이 비등했던 장군은 환선길 외에도 더 존재했던 것 같다. 모반 혐의로 체포된 마군대장군 이흔암伊昕巖을 가리켜 왕건 스스로 "나와 함께 어깨를 나란히 하고 임금을 섬겨 그 전부터 정분이 있으니"53)라고 했다. 그런데 왕건과 어깨를 나란히 했다면서도 이흔암의 전공 기록은 전혀 사

53) 『高麗史』 권127, 叛逆 伊昕巖傳. "然與我並肩事主 情分有素"

서에서 보이지 않는다. 이흔암이 마군대장군이라는 고위직에 올랐다는 자체가 혁혁한 전공을 전제하고 있다. 모두 "현재를 지배하는 자는 과거를 지배한다"는 명언을 연상시킨다. 스페인 내전의 승자인 프랑코 총통은 당초에는 국민 진영 최고 지도자가 될 후보자 4명 가운데 1명에 불과했다. 프랑코는 동등한 여럿 가운데 한 사람에 지나지 않았다.[54]

이 같은 단편적인 사실 확인을 통해 왕건 즉위 후, 기존의 역사 기록은 왕건 중심으로 재편되었음을 알 수 있다. 과거 구소련 스탈린 시대에는 숙청된 이들을 사진에서 포토샵 처리하여 삭제한 경우가 많았다. 고려에서도 역사의 포토샵이 단행되었던 게 아닐까? 그랬기에 왕건과 어깨를 나란히 했던 환선길이나 이흔암 등은 지워졌을 것이다.[55]

3. 후백제사, 그 절반의 역사 복원을 위해

후백제의 역사는 절반의 기록만 남아 있다. 왜냐하면 진훤은 패자가 되는 바람에 온전하게 기록을 승계시키지 못했기 때문이다. 가령 왕건에게는 29비妃의 존재가 기록에 보인다. 이는 주지하듯이 호족연합정권을 꾸리기 위한 정략결혼의 산물이었다. 그렇다면 진훤의 경우도 다처多妻를 상정할 수 있다. 즉 "진훤은 아내를 많이 취하여 아들이 10여 명이었다"[56]고 했다. 여기서 '다취多娶'의 존재는 진훤 역시 왕건과 마찬 가지로 호족들과 정략결혼했을 가능성을 제기해 준다.[57] 그러나 이 사실은 후백제 관련 기록에서는 전혀 확인되지 않았다. 『고려사』에 보이는 왕건의 사례처럼 진훤도 '다취'와 관련한 숱한 일화들이 존재했을 것이다. 왕건이 그러했던 것처럼 진훤도 호족과 관련한 많은 기록들을 생산했을 법하다. 더욱이 진훤은 왕건보다 먼저 일어났기 때문에 보다 많은 기록을 남겼

---

54) 앤터니 비버 著 · 김원중 譯, 『스페인 내전』, 교양인, 2009, 227쪽, 262쪽.

55) 이도학, 「궁예와 진훤 바로보기」, 『대동문화』 99, 2017, 92쪽.

56) 『三國史記』 권50, 진훤전. "甄萱多娶妻 有子十餘人"

57) 申虎澈, 『後百濟甄萱政權硏究』, 일조각, 1993, 89쪽.

을 것이다. 그러나 이러한 기록들은 전혀 남아 있지 않다. 요행히 남원 실상사 편운화상부도에서 후백제 '정개正開' 연호가 확인된다. 『부상략기扶桑略記』에 따르면 "전주왕全州王 진훤이 수십주數十州를 격파해서 아우르고 대왕을 칭하였다"[58]는 기록이 보인다. 진훤이 왕건과 마찬 가지로 '대왕'을 칭한 사실이 확인되었다. 그러므로 기록에서 확인되지 않는다고 하여 그러한 사실 자체가 존재하지 않은 양 단정할 수 없다. 문헌의 영성함을 전제로 한 불완전한 사서의 존재를 상정하면서 논의를 진행하는 게 온당한 태도일 것이다.

다만 남아 있는 후백제 관련 기록들은 고려와의 전쟁 상대였기에 일종의 조역으로 남겨진 게 대부분이었다. 사실 왕건이 연호를 사용하고 황제 행세한 사실은 사서를 통해 확인된다. 그러나 진훤의 경우는 그러한 사실이 한국 문헌에서는 전혀 확인되지 않았다. 일본 자료나 금석문을 통해 확인되었을 뿐이다.

후백제 역사 왜곡은 역사 기록 자체 뿐 아니라 현대의 연구자들에 의해서도 자행되었다. 현재 교과서를 비롯한 모든 표기에서 '견훤'으로 적혀 있지만 '진훤'이 100% 맞다. 조선시대의 역사서를 비롯하여 구한말의 역사교과서, 심지어는 족보에 이르기까지 '진훤'으로 표기하였다. '견훤' 표기가 맞다는 어떠한 근거도 없다. 이는 필자의 저서에서 논거를 상세히 밝혔다.[59]

흔히들 파괴자나 약탈자로 간주하는 진훤이지만, 전주에 입성하면서 역사 바로잡기부터 선언하였다. 즉 "吾原三國之始 馬韓先起 後赫世勃興 故辰卞從之而興"[60]라고 일성一聲했다. 이 구절을 "내가 삼국의 시작을 살펴 보니까 마한이 먼저 일어나고 그 후에 혁거세가 일어났다. 그런 까닭으로 진한과 변한이 뒤따라

58) 『扶桑略記』 권24, 延長 7년 5월 17일.

59) 李道學, 『후백제 진훤대왕』, 주류성, 2015, 25~28쪽.
후백제사 연구자들이 犯한 오류 사례로서 金福順이 신호철, 『後百濟甄萱政權研究』, 일조각, 1993, 7~9쪽에서 가은현 호족 아질미를 진훤의 父인 아자개로 간주했다는 주장을 제시할 수 있다(金福順, 『崔致遠의 歷史認識과 新羅文化』, 경인문화사, 2016, 189쪽). 그러나 신호철은 김복순이 서술한 내용을 자신의 저서에서 언급한 바 없다. 김복순의 명백한 사실 왜곡이다.

60) 『三國史記』 권50, 진훤전.

발어참성이 포함된 만월대 고려 왕궁터. 이곳을 발성으로 지목할 수 있었다.

일어났던 것이다"라고 해석했다. 그러나 이러한 종전의 해석은 잘못이다. 이는 "마한이 먼저 일어나 누대로 발흥한 까닭에, 진한과 변한이 (마한을) 좇아 흥기했다"고 재해석해야 맞다. 혁세공경赫世公卿의 '혁세赫世'라는 용어도 모른 해석이었다. 진훤은 마한 즉 백제의 역사를 삼국의 첫머리에 올려놓고자 했다. 그리고 922년의 '미륵사 개탑開塔'을 석탑 수리修理로 해석하였다. 그러나 이는 미륵사 중탑中塔 즉 목탑木塔을 열어 불사리를 맞이하는 영불골迎佛骨 의식儀式이었다.[61]

930년 안동의 병산 패전 이후 후백제는 몰락의 길로 접어든 양 인식했다. 그러나 후백제는 여전히 웅강함을 잃지 않았다. 가령 다음 기사에서 보듯이 발성勃城 전투에서 박수경朴守卿이 분전했기에 왕건은 간신히 빠져나올 수 있었다.

> x. 발성 전투에서 태조가 포위를 당하였으나 박수경이 힘써 싸운 덕분에 탈출할 수 있었다.[62]

61) 李道學,「後百濟의 全州 遷都와 彌勒寺 開塔」,『한국사연구』 165, 2014, 16~24쪽.

62) 『高麗史』 권92, 諸臣 朴守卿傳. "勃城之役 太祖被圍 賴 守卿力戰得出"

발성勃城은 개경의 왕궁을 이루는 발어참성勃禦塹城이었다. 932년에 후백제의 선단은 예성강을 통해 개경 왕궁을 포위했었다.[63] 후백제군이 물러 간 직후 다음 기사에서 보듯이 박수경의 딸은 왕건의 제28비妃가 되었다.

y. 몽량원부인夢良院夫人 박씨朴氏는 평주平州 사람으로 태사삼중대광太師三重大匡 박수경朴守卿의 딸이다.[64]

박수경의 딸이 왕건의 총 29비 가운데 제28비가 된 것은 보은이 아니겠는가? 그런데 왕건의 권위를 실추시킬 수 있는 발성 패전은 『고려사』 편년 기록에 보이지 않는다. 충성한 부하들을 현양하기 위한 목적의 열전에서 우연히 드러났을 뿐이다. 그러니 편향된 기록으로써 후삼국사의 진실 복원이 얼마나 지난至難한 지를 실감하게 한다. 그리고 진훤의 사위 박영규가 자신의 아내에게 "대왕께서 힘을 들여 부지런히 일을한 지 40여 년에 큰 공적이 거의 이루어졌는데, 하루아침에 한집안 사람의 화禍로 (자기) 땅을 벗어나 고려에 의지하였다"[65]고 한 구절이 있다. 이 역시 후백제가 멸망 시점까지도 여전히 강성했음과 더불어 정국의 주도권을 장악했음을 뜻한다. 이 글귀야말로 현전하는 후백제 관련 기록의 왜곡을 웅변해준다.

기존 연구에서는 933년에 후백제의 제2차 경주 진공 작전을 간과했다. 그리고 진훤의 농민 시책은 증거 없이 부정 일변도로만 서술했다. 비록 진훤 아들 신검의 교서이지만 "…진구렁이나 숯불에 떨어진 것과 같은 고통을 쓸어버리니 백성들이 평안하고 화목하게 되어 북을 치고 춤을 추었고 광풍과 우레처럼 먼데나 가까운데나 준마처럼 달려, 공업功業이 거의 중흥重興에 이르렀습니다 …"[66]라고 평가했다. 그가 농민층의 열렬한 지지를 얻었음은 부인하기 어렵다. 농민층

『高麗史節要』 권2, 光宗 15년 8월. "勃城之役 太祖被圍 賴 守卿力戰 得出"

63) 李道學, 『후백제 진훤대왕』, 주류성, 2016, 509~510쪽.

64) 『高麗史』 권88, 后妃傳. "夢良院夫人朴氏 平州人 太尉 · 三重大匡 守卿之女"

65) 『三國史記』 권50, 진훤전.

66) 『三國史記』 권50, 진훤전.

의 지지는 수세收稅의 경감에서 비롯되었다. 왕건과는 달리 그의 둔전屯田 시행과 당진唐津의 합덕방죽 조성 이야기 등은 농민 시책의 성과를 뜻한다.[67)]

진훤은 말년에 자신의 군사가 북군 곧 고려 군대보다 갑절이나 더 많았다고 회고했다. 안정복도 유계兪棨의 글을 인용하여 "삼한을 침탈하기 40여 년 동안, 그 재력의 부유함과 갑병甲兵의 막강함은 족히 신라와 고려보다 뛰어나서 먼저 드날렸다"[68)]고 평가하였다. 그의 웅대한 이상은 927년 공산 전투에서 고려군을 대패시킨 후 "기약하는 바는 활을 평양의 문루에 걸고, 말은 패강의 물을 축이게 하는 데 있다"[69)]고 한데서 잘 드러난다. 평양과 패강은 통일신라 영역의 북계北界였다. 성큼 다가 온 통일군주에 대한 진훤의 자신감이 화통하게 어려 있다.

그러면 이만운의 "신라 말엽에 진훤이 완산을 점령하고는 삼국의 모든 서적을 실어다 놓았었는데, 그가 패망하게 되자 모두 불타 재가 되었으니(a)"라는 구절은 근거가 있는 것일까? 여기서 "삼국의 모든 서적을 실어다 놓았다"는 기사는 실체가 있어 보인다. 이와 관련해 다음 기사를 살펴 본다.

> z. 왕의 족제族弟 김부金傅로 하여금 이어서 왕이 되게 하였다. 그런 후에 왕의 동생 효렴과 재상 영경을 포로로 잡고, 또 국가 창고의 진귀한 보물과 병장기를 손에 넣고, (귀족의) 자녀들과 백공百工 중 솜씨가 있는 자들은 스스로 따르게 하여 돌아갔다.[70)]

위 z를 놓고 볼 때 후백제군이 927년에 경주를 습격한 후 회군할 때 사서도 싣고 갈 수 있는 정황이었다. 진훤은 "내가 삼국의 시작을 살펴 보니까 마한이 먼저 일어나고"라고 했듯이 역사에 깊은 관심을 지녔다. 그는 백제가 삼국 중 가장 먼저 건국되었다는 인식을 지니고 있었다. 또 그렇게 역사를 새롭게 편찬하려는 의지가 강하였다. 그러한 진훤이 신라의 사고史庫를 털었을 가능성은 지대한 것

---

67) 李道學, 「後百濟 甄萱의 農民 施策에 관한 再檢討」, 『白山學報』 62, 2002, 115~142쪽.

68) 『東史綱目』 第5下, 金傅 9년.

69) 『三國史記』 권50, 진훤전.

70) 『三國史記』 권50, 진훤전. "以王族弟金傅嗣立 然後虜王弟 孝廉 · 宰相 英景 又取國帑 珍寶 · 兵仗 · 子女 · 百工之巧者 自隨以歸"

이다.[71] 문제는 『삼국사기』가 영성한 이유이다. 그 이유는 이때 진훤이 깡그리 수압해 간 전적들이 승계되지 못한데서 기인했을 수 있다. 정황상으로도 충분히 가능한 추측이 아닐까.

Ⅳ. 맺음말

왕조시대의 역사 기록은 국가 권력의 전유물이다시피했다. 지금으로서는 기록의 독점은 상상할 수도 없다. 게다가 가능하지도 않다. 그러나 왕조시대에는 역사 기록의 독점에 따라 목적 지향적인 사서가 얼마든지 편찬될 수 있었다. 저례著例가 천황권의 승리를 역사적으로 정당화시키고 미화시키기 위해 편찬된 『일본서기』이다.

정권의 정당성과 지속성의 근거를 밝혀주는 기제가 역사일 수 있다. 그런 관계로 이와 충돌하는 사안에 대해서는 왜곡이나 변형이 자행될 수 있었다. 조선왕조 개국의 명분으로 등장한 '폐가입진廢假立眞'도 사실 여부에 대해서는 회의적인 시각이 많다. 게다가 『선조수정실록宣祖修正實錄』 등 두벌 짜리 실록의 존재가 무엇을 나타내고 있는 지는 너무나 자명하다. 노론이 편찬한 『숙종실록』과 소론의 손을 거친 『숙종실록보궐정오肅宗實錄補闕正誤』의 관계도 재언이 필요없다.[72]

고려 전기에 『구삼국사』가 편찬되었음에도 불구하고 『삼국사기』가 편찬되었다. 『구당서』의 편찬에도 불구하고 새로운 당사唐史가 편찬되어 『신당서』라는 이름으로 전해지고 있다. 이러한 사실은 일차적으로 기존 사서에 대한 불만에서 기인하였다. 기존의 사서가 현 정권의 존재 근거가 되기에는 미흡하다고 간주되거나 배치되었을 때였다. 혹은 처한 상황에 불리하다고 판단했을 때는 새로운 사서 편찬에 나설 수밖에 없었다고 본다. 당 태종이 여러 종류의 진사晋史가 이

71) 李道學, 『후백제 진훤대왕』, 주류성, 2015, 354쪽.

72) 홍덕, 「<숙종실록>에 대한 서지학적 연구」, 『력사과학론문집』 18, 1995, 179~213쪽.

미 존재했음에도 불구하고 『진서晋書』를 새로 편찬하였다. 이 역시 고구려 정벌을 비롯한 주변 민족 제어라는 현안과 무관하지 않았다.

이와 관련해 본고에서는 국제전의 양상을 띈 삼국통일 전쟁과 관련한 신라와 당唐의 역사 서술의 차이를 비교해 보았다. 물론 단편적인 비교에 국한되었다. 그럼에도 검증 결과 당사唐史의 사실 왜곡이 적지 않았음을 포착했다. 이는 사서가 국가 이념의 도구가 되었을 때 현저히 나타나는 현상이었다. 그렇다고 신라의 사서가 진실을 담보했다고만 단정하지 않는다. 자국의 입장에서 역사적 사실에 대응하는 관계로 주관적인 서술은 필연적일 수밖에 없었다. 따라서 연구에서는 사실 자체에 대한 정확한 검증이 전제되어야만 한다.

이와 더불어 후삼국사에 대한 서술도 검증해 보았다. 영화 대본과 같은 잘 짜여진 각본에 불과하다는 평가까지 받았던 현전現傳하는 후삼국사였다. 후삼국사를 담고 있는 『삼국사기』나 『고려사』를 분석한 결과 왜곡과 은폐가 다수 확인되었다. 게다가 패자인 궁예나 진훤의 경우 그들의 내력이 온전하게 보존되지 못했다. 그러므로 현재 전해지고 있는 후삼국사는 어디까지나 반쪽 역사에 불과하였다. 이 사실을 염두에 두면서 나머지 반쪽의 역사를 복원하는 데 여러 가능성을 열어 두어야 한다. 그리고 유연한 자세로 접근하는 게 긴요할 듯하다.

사서에서 갖은 기행과 악행의 소유자로 알려진 궁예의 축출 배경도 재검토가 가능하다. 궁예는 처음 제정했던 국호 '고려高麗'를 버렸다. 이는 고구려 계승주의에 대한 포기였다. 그랬기에 이에 반발한 고구려계 호족들에 의해 축출되었다. 궁예 축출 직후 부활된 '고려' 국호가 반증한다.[73] 진훤의 후백제는 시종 고려를 압도했다. 그는 능력 있는 아들에게 대권을 물려주려 했지만, 포스트 진훤을 노린 야심가들에 의해 좌절되고 말았다. 그렇지만 진훤은 자신의 모든 것을 버리고 왕건에게 귀의함으로써 대통합이 가능해졌다. 무엇이 진정한 용기인지를 생각하게 한다. 허스트 3세의 "운명의 뒤틀림이 없었다면 10세기의 한국은 진훤에 의해 통일되었을지도 모른다"[74]는 말이 여운을 길게 남긴다.

---

73) 金東仁, 「甄萱」, 『金東仁全集』, 三中堂, 1976, 268쪽.

74) G.Cameron Hurst III, "The Good, The Bad And The Ugly":Personalities in

그러나 사서에는 후백제의 패배에 맞춰서 멸망할 수밖에 없는 부정적인 방향으로 서술하는 경향이 보였다. 혹은 후백제와 진훤에 대해 미리 내려놓은 결론에 위배된 사실은 은폐조차 했다. 가령 932년에 후백제 수군이 예성강을 거슬러 올라가 개경 왕궁을 포위하여 왕건을 위태로운 지경에 빠뜨렸다. 그러나 이러한 사실은 보이지 않게 했다. 왕건으로서는 공산公山 패전에 이은 생애 두 번째 가장 큰 위기였다. 이렇듯 사안의 막중함에도 불구하고 본기本紀나 세가世家도 아니고 왕건 부하 장군의 충성심을 현양하는 열전列傳 속에 겨우 비치고 있을 뿐이다. 이는 예기치 않게 실로 우연히 내민 진실이었다.

후백제의 갑작스런 몰락은 그들이 경주慶州에서 수압한 사서의 승계를 어렵게 했다. 오늘 날 한국 고대사 연구가 사료 빈곤의 늪에 빠지게 한 결정적인 요인으로 판단되었다.

이도학, 「권력과 기록」, 『東아시아古代學』 48, 2017.

---

the Founding of the Koryo Dynasty Korean Studies Forum, No7. p.23.

제2부

야사의 증거력과 정사

Ⅰ. 머리말

야사野史의 사전적 의미는 '항간에서 사사로이 기록한 역사'이다. 이와 관련해 "… 관에서 편찬한 역사, 즉 정사와 대립되는 의미에서 쓰여져 야승野乘 또는 패사稗史·외사外史·사사私史라고도 한다. 야사는 주로 풍속·전설을 취급함으로써 … 그것이 때로는 정사의 결함을 보완하여 주기도 하고 오류를 시정하여주기도 하며, 어떠한 의미에서는 정사보다도 더 시대상을 잘 반영하여준다는 점에서 그 사료적 가치가 더 중요할 때도 있다"[1]고 하였다. 그렇지만 "나라에서 사사私史를 금하여 저술에 뜻이 있는 사람이라도 사실이 조정의 일에 관계되면 감히 쓰지를 못하였다"[2]고 했듯이 사적 저술인 야사의 집필은 용이하지 않았다.[3]

---

1) 閔丙河, 「야사」, 『한국민족문화대백과사전 14』, 한국정신문화연구원, 1991, 626쪽.

2) 『琴易堂集』 권4, 筆談小序. "國朝禁私史 有志於筆硯者 事涉朝廷 則不敢書"

3) 야사와 정사의 개념과 위상은 이도학, 「野史와 正史의 경계 : 南怡 獄事」, 『溫知論叢』 80, 2024, 141~142쪽을 참조하기 바란다.

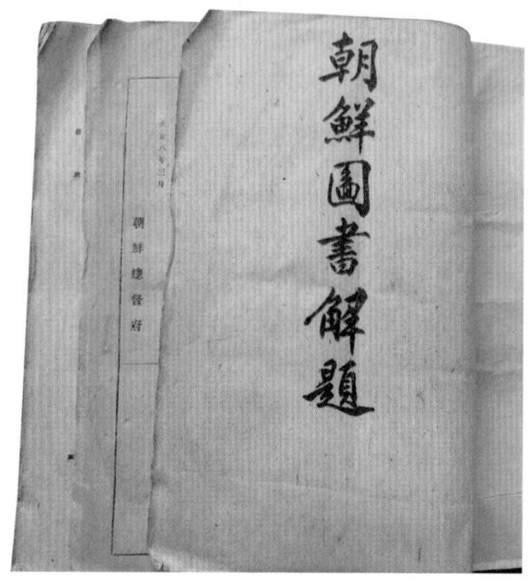

『조선도서해제』

황필黃瑾(1464~1526)은 『용재총화』에는 "국사에 갖춰지지 않은 것이 모두 실려 있다"[4]고 하였다. 『조선도서해제』에서 『삼국유사』와 더불어 야승류野乘類로 분류된 『용재총화』이지만[5] 야사도 정사의 보완재 역할을 할 수 있다는 것이다. 실제 『선조실록』 28년 9월 정유 · 『광해군일기』 2년 8월 임오 · 『인조실록』 19년 5월 정축 기사는, 조정에서 논란이 되는 사안을 서거정의 『필원잡기』 내용을 근거로 문제를 해결하고 있다.[6] 『영조실록』 14년 9월 기묘 기사도 이와 동일하였다. 『필원잡기』 역시 야승류로 분류되었다.[7]

정사는 국가 존립 기반을 확고히 하려는 입장에 설 때는 진실을 왜곡하는 편사編史 방법을 서슴지 않았다고 한다. 특히 왕조 교체를 비롯해 정난靖難과 반정反正 등의 변혁기, 왕위 계승, 세자 책봉, 왕비 책봉과 정쟁이 극심한 상황 등에서는 사실 왜곡이 자행될 수 있었다. 이 경우 야사를 통해 새로운 해석이 제기될 여

4) 『慵齋叢話』 권10, 跋. "國史所未備者悉載"

5) 朝鮮總督府, 『朝鮮圖書解題』 1931, 72쪽.

6) 신상필, 「조선조 야사의 전개와 『한고관외사』의 위상」, 『대동한문학』 22, 2005, 208쪽.

7) 朝鮮總督府, 『朝鮮圖書解題』 1931, 72쪽.

지를 보여준다.[8] 일례로 반정으로 집권한 인조대의 서인들은 북인들이 편찬한 『선조실록』과 광해군대의 「시정기時政記」를 수정하려고 했다. 이렇듯 조선 중기 이후에는 당색黨色에 의한 실록 편찬이 단행되었다고 한다.[9]

이러한 사회 분위기 속에서 "우리나라의 국사류는 모두 그때에 득세한 자가 편찬했다. 또 숨기고 다 쓰지 못하였기에 그 말이 반드시 공정하지도 않았다. 야사는 금하게 했고, 풍속 또한 세상에 의견을 내는 것을 좋아하지 않았다"[10]고 했다. 그러나 야사는 정사에서 담지 못한 사회사 저변과 전반을 다루었다는 점에서 의미가 적지 않았다.[11] 그랬기에 "야사는 어떤 의미에서는 정사보다도 시대상을 더 잘 반영하는 것일 수 있으므로"[12]라는 평가를 받았다.

본고에서는 야사의 증거력과 정사의 한계를 알려주는 구체적인 사례를 적시해 보았다. 가령 황초령과 마운령 진흥왕순수비는 『삼국사기』에 적힌 신라의 북계를 훨씬 넘어선 사실을 각인시켰다. 신라 당대에 세운 비석의 존재는 고려 때 편찬된 『삼국사기』 기록과의 부정합을 보여 주었다. 그런데 야사에서는 진흥왕의 함경도(옥저) 방면 순수와 비석 건립이 적혀 있었다. 야사의 증거력을 환기시켜주는 저례著例였다. 이와 더불어 당대의 금석문과 정사 기록을 교차 확인함으로써 정사 만능주의에서 벗어날 수 있는 전기를 마련하고자 했다. 그리고 실록實錄과 충돌하는 조선 선조대의 정여립鄭汝立 · 김덕령金德齡 · 김천일金千鎰에 대한 기록 역시 야사의 증거력을 고려하게 하였다.

본 작업을 통해 정사에 대한 과다한 신뢰에서 벗어나 야사를 비롯한 주변부 자료를 적극적으로 활용하는 계기가 되기를 바라고자 한다.

---

8) 황운룡, 「한국사 연구에 있어 정사 · 야사의 위치」, 『석당논총』 15, 1989, 130~131쪽.

9) 김경수, 「『仁祖實錄』의 編纂 過程과 編纂官」, 『忠北史學』 10, 1998, 81쪽, 92쪽.

10) 『涪溪記聞』. "我國國史類 皆得時者所撰 且秘以不宣 其言未必盡公 野史則有禁 土俗亦不喜立言"

11) 조선 전기 야사의 편찬 배경과 성격에 대해서는 김경수, 「조선전기 야사 편찬의 사학사적 고찰」, 『역사와 실학』 19 · 20, 2001, 151~179쪽을 참조하기 바란다.

12) 이태진, 「조선시대 야사(野史) 발달의 추이와 성격」, 『우인김용덕박사정년기념사학논총』 1988, 105쪽.

II. 정사 만능주의에 대한 경종

1. 야사와 정사의 관계

다음에서 보듯이 조선 정조正祖는 역사의 정의를, 사실 기록과 증명에 두었다. 그러면서 중국의 정사 23사史가 있지만 야사는 이보다 훨씬 많은 수백여 사史가 존재하지만, 서로의 우열을 따질 수 없다고 했다.

> a. 왕이 말하기를, 역사는 사실을 기록하되 증거로 믿게하는 것이다. … 정사로 말한다면 23대代가 있고, 야사로 말한다면 수백여 가家가 있다. 그 편찬의 우열과 편질의 명목을 모두 차례대로 명백하게 말할 수 있겠느냐?[13]

정조는 무엇보다도 기록의 신뢰성에 무게를 두었다. 균형잡힌 시각에서 정사와 야사를 편견없이 대했다. 그럼에도 야사를 정사의 하위 개념정도로 간주하는 경향이 많았다. 그러나 쓰에마쓰 야스카스末松保和는 일찍이 야사를 '실록과 대립할 정도'의 가치를 지녔다고 위상을 부여한 바 있다.[14]

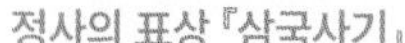

정사의 표상『삼국사기』

야사의 표상『삼국유사』

---

13) 『弘齋全書』 권48, 史實錄郎廳及三館三曹堂下官應製. "王若曰 史所以紀實而徵信也 … 以言乎正史 則有二十三代 以言乎野史 則有數百餘家 其纂次之優劣 篇帙之名目 皆可歷指而明言歟"

14) 末松保和, 「李朝の野史の叢書について」, 『研究年報』 12, 学習院大学文学部, 1966, 60쪽.

그는 "소위 때를 얻은 자의 국사와 때를 얻지 못한 자의 야사의 적대 관계는 해가 갈수록 현저해져 갔다. 게다가 어제의 때를 얻은 자가, 오늘은 때를 얻지 못한 자가 되는 일도 있다. '국사'와 '야사'란 절대적인 구별은 하기 어렵다. 옛 야사가 모여지는 동시에 새로운 야사는 집필된다. 그것은 자신을 위해서만이 아니라 자손을 위해서도 필요한 것으로 여겨졌다"[15]고 했다. 본질적으로 정사와 야사는 동질한 증거력을 지녔다는 것이다. 정사 만능주의에 대한 경종이었다.

2. 진흥왕대 신라의 북계와 순수비

한 가지 사안에 대해 두 기록이 충돌할 때는 사서의 무게에 비중을 두었다. 정사와 야사 혹은 다른 기록물이 상충했을 때 정사 기록을 믿기 마련이다. 가령 순암 안정복(1712~1791)은 신라 진지왕의 퇴위와 관련해 "『삼국사기』에는 '왕이 즉위한 지 4년에 훙하였다'고 했고, 『삼국유사』에는 '왕이 나라를 다스린 지 4년에 정사가 어지러워지고 황음하므로 국인이 그를 폐위시켰다'고 하였다. 이것(후자 기록)은 정사에 나오지 않으므로 취하지 않는다"[16]고 단언했다. 안정복은 상충하는 사안에 대해서는 정사에 좌단하였다. 다음에 보이는 황초령과 마운령 진흥왕 순수비 건에서도 확인된다.

> b. 우리나라 지리서에서 말하기를 "함흥 황초령 및 단천端川에 순수비가 있다"고 했는데, 옥저 또한 한때 신라에 빼앗긴 바 있었다. 진흥왕의 순수정계비가 함흥부 북쪽 초방원草坊院에 있다. 비문에서 대략 "짐은 태조의 기업을 이어받아 왕통을 이어서 몸가짐을 항상 삼간다"고 말했고, 또 "사방의 지역으로 널리 민토民土를 획득하고, 이웃 나라와 신의를 맺어, 사이좋게 사신이 오갔다"고 말했다. 또 "무자년 가을 8월에, 맡아 다스리는 지역을 순수하고 민심을 살폈다"고 하였다. 초방원은 함흥부 북쪽

---

15) 末松保和, 「李朝の野史の叢書について」, 『研究年報』 12, 学習院大学文学部, 1966, 69~70쪽; 이경희, 「조선시대 야사에 대한 스에마쓰 야스카즈의 '전후'적 관심」, 『동아시아문화연구』 95, 2023, 103~132쪽.

16) 『東史綱目』 附錄 上卷(上), 眞智王.

1백여 리 황초령 밑에 있다. 황黃과 방坊은 음이 닮아 전칭轉稱한 것이다. 『해동집고록』을 보면, 비문은 모두 12행인데 행은 35자였다. 비의 전문은 420자가 되는데, 판독할 수 있는 것은 겨우 278자였다. 이에 근거한 즉 신라는 비록 지금의 안변과 덕원으로 경계를 삼았으나, 그 순수비를 세운 것이 함흥 · 단천에 이르렀으니, 단천 이남은 일찍이 신라 판도에 들어갔던 것이다. 그러나 국사에 전하는 바가 없고, 오로지 먼 곳의 돌조각이 오랜 세월 옛적에 있었던 일을 간직하고 있으니, 어떻듯 이는 기이한 일이다. 그러나 정사에 보이지 않으므로, 지금 취하지 않고 여기에 드러냄으로써 이문異聞을 넓힌다.17)

안정복은 '함흥 황초령 및 단천에 순수비가 있다'며 황초령과 마운령의 진흥왕순수비를 각각 인지하였다. 안정복은 『해동집고록』을 통해 황초령비의 판독 가능 글자를 278자라고 했다. 현재 황초령비에서 판독 가능한 글자는 259자였다. 이 보다 19자를 더 판독할 수 있는 상태였던 것으로 보인다. 『해동집고록』에 수록된 황초령비의 보전 상태가 훨씬 양호했음을 알 수 있다. 그런데 안정복은 신라의 당시 북계는 안변과 덕원인데, 2개의 순수비는 이보다 훨씬 북쪽에 세워져 있는 사실을 거론했다. 안정복은 앞서 보았듯이 한 가지 사안에 대해 『삼국사기』와 『삼국유사』가 충돌하자 정사 기록을 취한 바 있다. 안정복은 야사로 간주한 『삼국유사』의 증거력을 낮춰 보았다. 그리고 안정복은 정사에 보이지 않으므로 황초령과 마운령까지의 신라 북계를 따르지 않았다. 이에 대해 육당 최남선은 "황초령비에 이르러서는 그 소재지가 재래로 신라의 동북경으로 일러온 지점地點에 비하여 훨씬 전방前方임으로 인해서, 이 저오牴牾를 해석함에 있어 분의紛

17) 『東史綱目』 附卷上[上], 新羅眞興王定界碑 二十九年. "有東史地志書言 咸興黃草嶺及端川 有巡狩碑 則沃沮亦有時爲新羅所奪有者矣 眞興王巡狩定界碑 在咸興府北草坊院 碑文略曰 朕紹太祖之基 纂承王統 兢身自愼 又曰 四方託境 廣獲民土 隣國誓信 和使交通 又曰 歲次戊子秋八月 巡狩管境 訪采民心 草坊院在咸興府北百餘里黃草嶺下 黃坊音近而轉稱 海東集古錄 碑凡十二行 行三十五字 全碑爲四百二十字 而可辨者堇二百七十八字 據此則新羅雖以今安邊德源爲界 而其巡狩立碑 至於咸興端川 則端川以南 嘗入新羅版圖 而國史無傳 獨荒裔片石 留作千古故事 儘是奇事 然而不見正史 今不取而著于此 以廣異聞"

議가 생기고, 방증이 적은 관계로 해서 판정이 용이치 않다"[18]고 했다.

한국 역사 연구를 독점한 일제 관학자 쓰다 소기치津田左右吉는 『삼국사기』는 북방 영역 개척 사실을 누락시키지 않았을 것이므로, 황초령비의 존재로 『삼국사기』 기록을 부정할 수 없다고 했다.[19] 여기서 나아가 쓰다 소기치는 황초령비에 대한 한문적漢文的 관점과 역사적 사실, 그리고 건립 목적 등에 관한 검토를 근거로 후대 위작설을 제기하였다.[20] 『삼국사기』 기록을 중시하는 입장에서 황초령비의 위작설을 제기한 것이다. 그 밖에 이케우치 히로시池內宏는 진흥왕순수비가 안변에서 멀리 떨어진 황초령에 세워진 점을 납득할 수 없었고, 철령 혹은 그 부근에 세워졌던 비가 후세에 황초령으로 이치移置된 것으로 간주했다.[21] 이케우치 히로시는 고려 예종대睿宗代에 윤관尹瓘이 요遼의 세력하에 있던 함흥평야의 여진女眞을 정벌하고 영주英州 등지에 9성을 축조할 때, 그 점유를 역사적으로 입증하기 위한 수단으로 종래 철령 부근에 있던 진흥왕순수비를 점령 지역의 북계에 해당하는 황초령으로

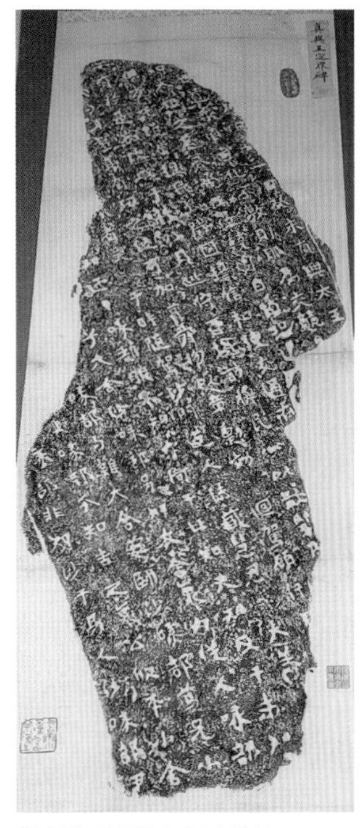

황초령 진흥왕순수비 탑본

이 탑본은 '제11회 유홍준 교수 기증 유물전'에서 전시했다(부여문화원, 2024. 10.2.~11.2.).

18) 崔南善, 「新羅眞興王の在來三碑と新出現の磨雲嶺碑」, 『青丘學叢』 2, 1930 ; 『六堂崔南善全集 2』, 玄岩社, 1973, 536쪽.

19) 津田左右吉, 「眞興王巡境碑に就いて」 1913 ; 『津田左右吉全集 11』, 岩波書店, 1964, 88~89쪽.

20) 이에 대한 구체적인 논의는 김영하, 「일제시기의 진흥왕순수비론 -'滿鮮'의 경역 인식과 관련하여-」, 『한국고대사연구』 52, 2008, 444~447쪽을 참조하기 바란다.

21) 池內宏, 「眞興王の戊子巡境碑と新羅の東北境」 1929 ; 『滿鮮史研究上世 2』, 吉川弘文館, 1960, 22~23쪽.

옮겼을 것으로 논단하였다.[22)]

이러한 위작설과 이치설은 모두 강필동姜必東(1793~1857)의 「북역건치연혁고北域建置沿革考」에서 우선 마운령비가 윤관이 여진을 정벌한 이후 그들을 상대로 이곳이 신라의 옛 강토임을 입증하기 위해 황초령비를 모조하여 세운 것이라는 모립설模立說에 뿌리를 두었다.[23)] 그러나 황초령 진흥왕순수비의 위작설과 이치설은 마운령비가 발견됨에 따라 일고의 가치도 없는 설로 드러났다.[24)] 그럼에도 황초령비는 물론 마운령비도 후세에 옮긴 것이라는 이치설이 마에마 교사쿠前間恭作에 의해 다시금 제기되었다. 김영하는 금석문의 긍정 위에서 문헌 자료를 합리적으로 해석할 수 있음에도 불구하고, 문헌에만 집착하여 금석문 자료를 부정하는 경직된 사고를 질타하였다.[25)]

모립설이나 위작설 · 이치설은 모두 『삼국사기』에 적힌 신라의 북계北界보다 훨씬 북쪽에 진흥왕순수비가 소재한 데서 창출된 소견이었다. 『삼국사기』 기록과 당대의 금석문 자료가 충돌하자 순수비 소재지를 왜곡시켜 정사에 좌단한 것이다.

이 건件에 대해 안정복의 스승 성호 이익(1681~1763)은 "삼수현三水縣에는 초방원비가 있는데, 즉 신라 진흥왕이 순수巡狩한 기록이다. 생각해 보니 실직悉直은 처음에 신라에 속하였던 즉 영동嶺東의 땅도 모두 옛날에는 신라의 소유였다. 그러나 철령鐵嶺의 바깥까지도 역시 그 순수가 미쳐던 바이다"[26)]고 하며, 순수비

22) 池內宏, 「眞興王の戊子巡境碑と新羅の東北境」 1929 ; 『滿鮮史硏究上世 2』, 吉川弘文館, 1960, 82쪽.

23) 崔南善, 「新羅眞興王の在來三碑と新出現の磨雲嶺碑」, 『靑丘學叢』 2, 1930 ; 『六堂崔南善全集 2』, 玄岩社, 1973, 539쪽, 541쪽.

24) 김영하, 「일제시기의 진흥왕순수비론 -'滿鮮'의 경역 인식과 관련하여-」, 『한국고대사연구』 52, 2008, 451~453쪽.

25) 김영하, 「일제시기의 진흥왕순수비론 -'滿鮮'의 경역 인식과 관련하여-」, 『한국고대사연구』 52, 2008, 455~456쪽.

26) 『星湖僿說』 권30, 詩文門, 東方石刻. "三水縣有草房院碑 即新羅真興王巡狩記 意者悉直始屬於新羅 則嶺東之地皆古所有 而鐵嶺之外 亦其巡狩所及也"

존재를 통해 신라의 영역 확장을 수용했다. 유득공(1748~1807)의 다음 기술은 이와 관련해 주목된다.

c. … 이 비석은 함흥부의 황초령에 있다. 여기에 나오는 무자년은 진흥왕 29년에 해당하고 중국은 진陳 임해왕臨海王 2년이 되는데, 지금부터 1226년이나 떨어져 있으므로 우리나라의 옛 비석은 마땅히 이것을 첫머리로 삼아야 한다. '훼부' · '대아간' · '대사'는 신라 방언으로 직관職官 이름이다. 승려를 도인이라 부르는 것은 육조六朝의 유풍이다. 이때는 고구려가 한창 강성했는데 진흥왕이 어떻게 영토를 개척해 북으로 옥저의 땅까지 이르렀는지는 모르겠다. 『삼국사기』에서는 빠져있다.27)

1794년(정조 18)의 시점에 유득공은 황초령비 탑본을 구해 읽어 보았다. 유득공은 안정복과는 달리 좀더 유연하게 2개 비석의 위치가 지닌 의미를 추구했다. 추사 김정희(1786~1856)도 이 건에 대해 다음과 같이 언급하였다.

d. 「문헌비고」에 이르기를, 지금 신라본기를 상고하건대, 진흥왕 16년인 무자년 겨울 10월에 북한산에 순수하여 봉강封疆을 개척해서 정하고, 12월에 북한산에 와서 지나가는 주군州郡에 모두 1년분 조세를 면제해 주었으니, 무자년은 과연 진흥왕이 함흥에 순수한 해이다. 그리하여 8월에 경계를 정하고 10월에 북한산에 이르렀다가 12월에 환도했는데, 8월의 일만 특별히 사서에서 빠진 것일 뿐이다. 삼국이 정립해 있을 때 신라의 땅은 비열홀을 넘지 못했다. 비열홀은 바로 지금의 안변부이다. 그리고 삼국이 통합된 후에도 또 천정을 넘지 못했다. 천정은 지금의 덕원부이다. 함흥은 안변의 북쪽으로 2백여 리에 있고, 단천은 함흥의 북쪽으로 3백 60리에 있는데, 순수비를 놓고 이를 본다면 단천 이남은 일찍이 신라로 꺾여 들어왔음을 알 수 있다. 이는 국사

---

27) 『古芸堂筆記』 권6, 羅麗古碑. "眞興王北巡碑 文有曰 眞興太王 有曰 紹太祖之基 纂承王位 有曰 四方託境 廣獲民土 隣國誓信 和使交通 有曰 歲次戊子秋八月 巡狩國境 訪採民心 有曰 有功之徒 可加賞爵物 以章勳效 有曰 隨駕沙門道人法藏慧忍 有曰 喙部 有曰 大阿干 有曰 大舍 此碑在咸興府之黃草嶺 其歲戊子爲眞興王二十九年 在中國爲陳臨海王二年 去今一千二百二十六年 東方古碑當以此爲首也 喙部 · 大阿干 · 大舍者 新羅方言職官名也 呼僧爲道人 則六朝之風也 是時高句麗方强 未知眞興王何能拓境 北至于沃沮之地 三國史則闕如也"

와 야승에 나타나지 않은 것이다. 그러나 유독 먼 변방의 편석 하나가 남아서 천고의 고사로 남아 있다.28)

함흥역사박물관에 보관되어 있는 황초령 진흥왕순수비 보호각 현판에 적힌 '진흥북수고경眞興北狩古境'은 추사 김정희가 북청에서 귀양살이할 때 쓴 필적이다.
'제11회 유홍준 교수 기증 유물전'에서 전시했다(부여문화원. 2024.10.2.~11.2.).

김정희는 황초령과 마운령의 진흥왕순수비는 신라의 북계를 훨씬 넘어선 곳에 소재했지만, 그렇다고 이를 입증해주는 기록도 없으나 '아주 오래된 옛적의 일 千古之故事'을 알려준다고 평가했다. 김정희는 정사 밖의 기록을 의식해 유연하게 사고한 것이다. 유득공이나 김정희에 앞서 이계 홍양호(1723~1801)는 다음에서 보듯이 황초령과 마운령의 진흥왕순수비는 정사인 『삼국사기』와는 달리 야사에는 수록된 사실을 상기했다.

---

28) 『阮堂先生全集』 권1, 眞興二碑攷. "文獻備考曰 今考新羅本紀 眞興王十六年戊子冬十月 巡北漢山 拓定封疆 十二月 至自北漢山 所經州郡 復一年租 則戊子果眞興巡狩咸興之年 而八月定界 十月至北漢 十二月還都 八月事特逸於史耳 當三國鼎峙之時 新羅之地 不得過比列忽 比列忽今之安邊府也 逮三國統合之後 又不能過泉井 泉井今之德源府也 咸興在安邊之北二百餘里 端川在咸興之北三百六十里 而以巡狩碑觀之 端川以南 嘗折入於新羅者可知 此國史野乘所不著 而獨荒裔片石留作千古之故事矣"

e. 내가 어렸을 때 보았던 야사에서 이르기를, "신라 왕이 북쪽을 순수하여 철령을 지나 옥저에 이르러 경계를 정하고 비석을 세웠다"고 했다. 우리 목릉(穆陵 · 宣祖) 때 신립 장군이 북병사가 되어 이를 탁본하여 와서 세상에 전해졌다. 이에 나는 신씨(신립)의 후손들에게 두루 물어보았지만 아는 이가 없어서 심히 개탄하였다. 매번 북백(北伯 · 북병사)이 되어 새로 부임하는 이를 만날 때마다 탑본을 구해오기를 권했지만 끝내 얻을 수 없었다.

경술년(1790, 정조 14)에 유한돈이 함흥판관咸興判官으로 간다고 와서 고했다. 내가 시험삼아 그 일을 말했더니 겨우 한 해만에 군이 편지를 보내와서 이르기를, "조정에서 새로 설치한 장진부는 함흥과 갑산 사이에 있습니다. 중간에 황초령이 있는데, 함흥에서 거의 2백 리 떨어진 고개 위에 비가 있었는데 산 밑으로 엎어져서 넘어졌습니다. 위아래가 모두 부러졌고, 단지 허리 부분만 남았습니다. 그 글을 보니 곧 진흥왕이 북쪽을 순수한 비였습니다. 탁본하여 한 본을 보냅니다"고 했다. 내가 비석의 글자를 살펴보니 고아하고 질박하며 원숙하고 힘이 있었으나 문리가 끊어지고 결락되어 읽을 수가 없었다.[29]

마운령 진흥왕순수비 탑본

안정복은 정사에 보이지 않는다는 이유로 신라 진흥왕의 황초령과 마운령 순수를 수용하지 않았다. 신라 영역이 이곳까지 미치지 않았다고 단정했다. 그러나 홍양호는 자신이 소시少時에 읽었던 야사의 기록과 진흥왕순수비의 존

29) 『耳溪集』 권16, 題新羅眞興王北巡碑. "余少時 見野史云新羅王北巡過鐵嶺 至沃沮定界立石 我穆陵時 申將軍砬 爲北兵使 印來傳世 余於是 徧問申氏之後 無有知者 甚慨然 每逢北伯新赴者 勸之求來 終不得焉 歲庚戌 兪君漢敦通判咸興 來告行 余試言之 甫周歲 君書來云 朝廷新設長津府 在咸興甲山之間 中有黃草嶺 距咸幾二百里有碑在嶺上 顚仆山底 上下皆折 只存半腰 見其文 乃眞興王北巡碑也 印送一本 余按碑字 古質蒼勁 而文理斷缺不可讀"

재가 부합함을 언급하였다. 야사가 정사의 기록 누락을 극복한 것이다. 『삼국사기』에 보이지 않는다고 해 존재하지 않았던 일로 간주하면 안된다는 취지였다.

3. 정사의 한계와 보완재로서 야사

신라 당대의 금석문인 진흥왕순수비를 통해서도 『삼국사기』 증거력의 한계가 드러난다. 가령 "가을 8월, 왕이 돌아가셨다. 시호를 진흥이라고 하였다"[30]고 했다. 『삼국사기』에 따르면 '진흥眞興'은 시호인 것이다. 그러나 '… 眞興太王及衆臣等 巡狩△△之時記(「북한산 진흥왕순수비」)'와 '太昌元年歲次戊子△△卄一日△△△興太王 巡狩△△刊石銘記也(「마운령 진흥왕순수비」)'에 따르면, '태창 원년'인 568년(진흥왕 29)에 '진흥태왕'으로 일컬었다. 『삼국사기』에서 '시호를 진흥이라고

좌: 북한산 비봉에 세워졌던 북한산 진흥왕순수비(모형)
우: 국립중앙박물관에 전시된 북한산 진흥왕순수비(국보)

---

30) 『三國史記』 권4, 진흥왕 37년. "秋八月 王薨 諡曰眞興"

하였다'는 기록의 오류가 드러난다. 진흥왕은 시호가 아니라 재위 당시의 이름이었다.

이와 더불어 「광개토왕릉비문」의 전쟁 기사는 물론이고, 지금까지 발견된 영락永樂 · 대화大和 · 영강永康 · 연수延嘉 · 건흥建興 · 연수延壽 등의 고구려 연호는 『삼국사기』에서는 보이지 않는다.

그리고 「창왕사리감 명문」에서 "백제 창왕 13년은 태세가 정해인데, 누이인 형 공주가 공양한 사리 百濟昌王十三季太歲在/ 丁亥妹兄公主供養舍利"라는 문구에서 위덕왕의 생전 이름인 창왕 재위 13년째 간지를 '정해'라고 했다. 그런데 『삼국사기』에서 위덕왕 13년은 '병술丙戌'이고, 566년이었다. 정해년은 567년이고, 위덕왕 14년이다. 567년=정해丁亥=위덕왕 13년을 기준해 역산하면 백제 당시 위덕왕 즉위년(재위 원년)은 555년이었다. 관산성 패전으로 성왕이 사망한 554년 이듬해였다. 『삼국사기』 즉위년과는 달리 그 이듬 해가 백제 당시 위덕왕의 즉위년이었다.

부여 능산리에서 출토된 창왕명 사리감(국보)

이 사실은 『일본서기』를 통해서도 확인된다. 523년 5월 무녕왕의 사망을 "17년 여름 5월 백제 왕 무녕이 죽었다"[31]고 했다. 그리고 성왕의 즉위를 524년 정월에 "18년 봄 정월 백제 태자 명明이 즉위했다"[32]고 하였다. 『삼국사기』와는 달리 그 이듬해 정월부터가 신왕의 즉위 원년이었다. 기년법에 있어서 『일본서기』의 백제 왕 즉위년은 「창왕사리감 명문」과 부합했다. 반면 『삼국사기』에서는 선왕의 사망년을, 신왕 즉위년으로 잡은 즉위년칭원법卽位年稱元法이었다. 그러나

31) 『日本書紀』 권17, 繼體 17년. "夏五月 百濟王武寧薨"

32) 『日本書紀』 권17, 繼體 18년. "春正月 百濟太子明卽位"

백제 당시에는 선왕의 사망 이듬해를 신왕 즉위년으로 삼은 유년칭원법踰年稱元法을 사용했다.[33] 이렇듯 당대에 작성된 금석문 앞에서 정사의 표상인 『삼국사기』의 오류가 명백히 드러난다. 그 밖에 백제 제25대 무녕왕의 계보를 '모대왕牟大王(동성왕)의 둘째아들'이라고 했다. 그러나 무녕왕은 오히려 동성왕의 이모형異母兄으로 밝혀졌다.[34] 착란이 빚어지기 어려운 5세기대 왕실 계보의 오류였다. 따라서 정사라는 이름만으로 『삼국사기』의 증거력을 수용하기는 어렵다.

한편 안정복은 공산 전투에서 전사한 신숭겸의 시신을 찾았던 근거를 "죽었을 때는 그의 왼쪽 발에 북두칠성같은 검은 사마귀가 증거가 되어 그 시체를 찾아냈다"[35]고 했다. 정사에는 수록되어 있지 않았지만 『대동운부군옥』 등 선행 문헌을 원용한 것이다. 그리고 『삼국사기』에서는 후백제군의 포석정 기습에 대해 본기와 열전에서 각각 "왕은 비빈妃嬪 · 종척宗戚들과 포석정鮑石亭에 가서 잔

경주 포석정

---

33) 이도학, 「창왕 사리감명문을 통해 얻게 된 백제 기년법」, 『쟁점, 한국고대사 그 해답을 찾다』, 주류성, 2024, 256~257쪽.

34) 李道學, 「漢城末 · 熊津時代 百濟王系의 檢討」, 『韓國史研究』 45, 1984, 11~14쪽.

35) 『東史綱目』 권5下, [丁亥] 4년, 王金傅 원년. "及死驗其左足 黑子如七星 求得其屍"

치를 열고 노느라 적병이 이르는 것을 깨닫지 못하였다. 창졸 간이라 해야 할 바를 몰라 왕과 왕비는 달아나 후궁後宮에 들어갔다. 종척宗戚 및 공경대부와 부인들은 사방으로 흩어져 달아나 숨었다. 그들 가운데 적에게 사로잡힌 자들은 귀천을 가리지 않고 모두 놀라서 땀을 흘리며 땅을 기면서 종이 되겠다고 애걸했으나 (죽음을) 면하지 못하였다(경애왕 4년)"·"그때 왕은 부인夫人·빈嬪들과 포석정에 나가 놀면서 술자리를 벌여 즐기고 있었다. 적賊이 이르자 낭패하여 할 바를 몰라 부인과 함께 성 남쪽의 이궁離宮으로 갔고, 시종하던 많은 신료들과 궁녀와 악공樂工들은 모두 난병亂兵에게 함몰되었다(甄萱傳)"고 적혀 있다.

반면 『동사강목』에서는 "왕은 본래 병비兵備가 없었으므로 병풍으로 스스로를 지키며 광대 백여 인을 거느려 막았으나 대적할 수 없게 되자, 부인과 함께 성 남쪽 이궁으로 달아나 숨었으며, 시종하던 관원과 궁녀들은 모두 함몰되었다. … 왕은 매번 미인들과 함께 포석정에서 놀며 번화지국繁華之曲을 연주했는데, 그 가사歌詞에 이르기를 …"[36]라고 서술하였다. 안정복은 『삼국사기』와는 달리 후백제군의 기습 공격을 받은 경애왕의 구체적인 대응과 더불어 포석정에서 연주한 '번화지곡'까지 소개했다. 정사의 누락을 야사를 통해 보완한 것이다. 안정복 스스로 '그러나 정사에 보이지 않으므로, 지금 취하지 않고(b)'라는 주장을 무색하게 만들었다. 물론 『동사강목』에 수록된 야사 기록들은 마치 야담같은 느낌을 줄 수 있다. 그러나 필자는 평산 신씨들 왼쪽 발바닥 한복판에 난 검은 사마귀를 다수 보았다. 무시할 수 있는 기록이 아님을 반증한다.

정사 편중에 대한 우려는, 1520년(중종 15) 시강관 서후가 중국에서 야사가 보완재 역할을 하는 사례와 결부지어 "… 우리나라 국사에서 만약 그 사실이 누락된다면 후세에 어떻게 그것을 알겠는가?"[37]라면서 야사의 역할과 기능을 환기시킨 바 있다.

---

36) 『東史綱目』 권5下, [丁亥] 4년, 王金傅 원년. "王素無兵備 以屛風自衛 欒伶人百餘禦之不能敵 與夫人走匿城南離宮 從官宮女 皆被陷沒 … 王每與美人 遊鮑石亭 奏繁華之曲 其詞曰"

37) 『中宗實錄』 中宗 15년 10월 25일(己酉). "侍講官徐厚曰 中原則國史雖不備 文獻之人多在 故野史亦詳載矣 我國則國史若漏其實 後世何以知之"

III. 실록과 야사의 충돌

1. 실록의 증거력과 열람 문제

충무공 이순신의 친필 『난중일기』는, 1795년(정조 19) 윤행임이 왕명으로 편집 · 간행한 『이충무공전서』에 수록된 일기와 비교해 보면 상당한 차이가 발견되고 있다.[38] 『이충무공전서』의 편집자가 자신들의 주관적인 판단으로 『난중일기』의 많은 내용을 삭제한 것이다.[39] 필자가 일일이 대조한 바에 따르면 특히 원균에 대한 호칭 가운데 『난중일기』의 '흉인兇人(정유년 5월 6일, 5월 11일)'과 '원흉元兇(정유년 5월 8일)'이라는 멸칭을, 당상관堂上官(정3품 이상) 이상에게 부여하는 존칭인 '영공令公'으로 변개했다. 『이충무공전서』에는 '원영공元令公'으로 적혀있다.

그리고 『난중일기』에서 원균이 '술을 말할 수 없이 심히 방자하게 마셔 肆酒甚無謂'라는 구절을 『이충무공전서』에서는 '술기운을 빌려 호기를 부리다 使酒'로 고쳤다. 원균의 악행을 상당히 순화시켜 개변한 것이다. 『난중일기』에서 "원 수사의 흉악하고 속임은 참으로 형용할 수가 없었다 則元水伯之兇譎 無狀無狀(癸巳年 7월 28일)" · "말 가운데 원 수사의 흉하고 어그러진 일이 많았으니, 그 사실인양 꾸며서 남을 속이는 것을 말할 수가 없다 言論間 元水使多有凶悖之事 其爲誣罔 不可言(癸巳年 8월 19일)" · "(원균의) 바라는 바가 지극히 흉악했다 所向極兇(甲午年 4월 12일)"는 구절을 『이충무공전서』에서는 모두 삭제했다.

그 밖에 원균이 활 잘 쏘는 부하들을 데리고 왔다가 크게 지고는 돌아간 이야기(甲午年 6월 14일)와 10월 1일, 그리고 '원흉元凶의 함답緘答 … 극히 흉악하고 속였고 … 천지 간에 이 원元의 흉망兇妄함과 같은 것은 없었다(을미년 11월 1일)'도 삭제되었다. 원균에 대한 내용을 삭제한 글은 이 밖에도 임진년 5월 2일, 병신년 3

38) 김경수, 「이순신의 『난중일기』」, 『韓國史學史學報』 10, 2004, 45쪽.

39) 석오문화재단 한국역사연구원, 『신정역주 이충무공전서 2』, 태학사, 2023, 11쪽. 물론 "자기들의 주관적인 의견으로 많은 내용을 생략했기 때문이다"고 했지만, 원전의 내용이 繁多해서 줄인 게 아니었다. 『이충무공전서』 편집자가 일관된 의도를 가지고 생략이 아니라 삭제 · 편집한 것으로 보는 게 맞다.

월 12일 · 윤8월 24일, 정유년 5월 6일 · 5월 8일 · 5월 11일 · 5월 12일 · 5월 20일 · 5월 23일 · 5월 28일 · 6월 12일 · 6월 19일 · 7월 7일 · 7월 21일 등이다. 사기록私記錄인 『난중일기』가 관찬官撰을 통해 원형 변개가 이루어졌다. 정조는 이순신을 숭모하였기에 『이충무공전서』 편찬을 지시했지만, 편집자들은 오히려 앙숙인 원균을 경칭敬稱하거나 원균에게 불리한 구절을 삭제하였다. 『난중일기』의 분량이 많아서 생략한 게 아니었다. 저의를 가지고 원형을 변개한 것으로 보아야 한다.[40] 이순신이 유독 멸칭을 사용한 원균을 경칭으로 예우해 주었기 때문이다.

그럼에도 많은 논자들은 실록이 주는 권위에 압도되어 기록을 맹신하는 경향이 없지 않았다. 물론 극단적인 평가이기는 하지만, "대체로 후일에 실록을 편찬하는 자들은 모두 당시에 아첨하던 자이다"[41]는 인식도 존재하였다. 사실 정권의 정당성과 지속성의 근거를 밝혀주는 기제가 역사였다. 그러므로 이와 충돌하는 사안에 대해서는 왜곡이나 변형이 자행될 수 있었다.

조선왕조 개국의 명분으로 등장한 '가짜를 폐하고 진짜를 세운다 廢假立眞'도 사실 여부에 대해서는 회의적인 시각이 많다. 게다가 『선조수정실록』 등 두 벌짜리 실록의 존재가 무엇을 뜻하는지는 자명하다. 노론이 편찬한 『숙종실록』과

---

40) 이와 관련해 "『亂中日記』의 내용은 저본의 내용을 옮기는 과정에서 일부 삭제되기도 하였다. 이는 정조의 이순신 현창 의도를 가늠하고 이순신에 대한 기억의 재구성 양상을 조명할 수 있는 지표가 된다(민장원, 「정조의 '충신' 현창사업과 이순신에 대한 기억의 재구성」, 『조선시대사학보』 89, 2019, 171쪽)"고 했다. 그리고 "이순신이 조정을 비판하거나 상관(권율) 혹은 동료(원균)에 대한 원망, 부당한 처사에 대해 불만을 표하는 내용, 가족 · 개인적인 내용, 자신의 처절한 심경을 토로하는 구절 등이 삭제되었다. … 정조가 『이충무공전서』를 편찬함으로써 이순신을 '충신'의 표상으로 만들고자 했던 의도를 감안한다면, 조정에 대한 비판이나 상관 · 동료를 원망하는 내용을 삭제하는 것이 불가피했을 것으로 생각된다(민장원, 위의 논문, 175~176쪽)"고 하였다. 그러나 어떠한 善意로 포장되었든 정치적 의도에서 비롯한 『난중일기』의 일부 내용 삭제는 왜곡과 조작의 범주에 속하는 것은 부인할 수 없다. 단순 삭제에 국한되지 않았고 내용을 변개까지 했기 때문이다.

41) 『大東野乘』 海東野言3, 中宗上. "大抵後日修實錄者 皆當時從臾者 … [出陰崖日記]"

소론의 손을 거친 『숙종실록보궐정오肅宗實錄補闕正誤』의 관계도 재언이 필요 없다.[42] 그리고 "북인 정권하에 편찬된 『선조실록』은 서인에 대해 공정한 평가로 서술할 수 없었으며, 인조반정 이후 서인이 집권한 상황에서 『선조실록』의 수정은 필수적이었다. 따라서 『선조수정실록』에서는 서인에 대한 입장을 보완하고 수정하는 편찬 노선을 밟았다"[43]고 한다. 정파의 이익에 따라 실록 내용이 달라졌던 것이다. 실제 "『선조실록』을 개수하도록 명했다. 처음에 이항복 · 이정구 등이 『선조실록』을 꾸몄었는데, 이이첨이 용사를 하면서 이산해를 총재로 앉히고 초고는 다 뭉개버리고 다시 실록을 꾸미면서 시비를 전도해 놓았기 때문에 그렇게 명한 것이었다"[44]고 했다.

그 밖에 "결국 자신들이 세운 정권의 역사 사실을 기록한 『세조실록』은 물론, 이전 시기에 편찬된 실록까지 입맛에 맞는 내용으로 수정했던 것이다. 권력에 좌우되어 실록이 실록답지 못한 대표적인 사례의 하나가 『세조실록』이라고 할 수 있는 것이다"[45]는 주장도 제기되었다. 일례로 대간臺諫 등이 노산군의 처벌을 주청했으나 허락하지 않던 세조를 묘사한 바로 그날 "… 노산군이 이를 듣고 또한 스스로 목매어서 죽었으니, 예禮로써 장사지냈다"[46]고 단종의 자살과 예장禮葬을 언급했다. 그러나 이와는 달리 공초供招에서 사관史官 김일손金馹孫은 "사초史草에서 이르기를 '노산魯山의 시신을 숲속에 버리고 한 달이 돼도 염습斂襲하는 자가 없어 까마귀와 솔개가 와서 쪼았는데, 한 동자가 밤에 와서 시신을 짊어지고 달아났으니, 물에 던졌는지 불에 던졌는지 알 수가 없다'고 한 것은 최맹한崔孟漢에게 들었습니다. 신臣이 이 사실을 기록하고 이어서 쓰기를 …"[47]라고 했

---

42) 홍덕, 「『숙종실록』에 대한 서지학적 연구」, 『력사과학론문집』 18, 1995, 179~213쪽.

43) 김보림, 「『선조실록』과 『선조수정실록』을 통한 사료비교학습」, 『교육연구』 51, 2011, 105쪽.

44) 『國朝寶鑑』 권34, 仁祖 원년. "命改修宣祖實錄 初李恒福李廷龜等 撰定宣祖實錄 及李爾瞻用事 以李山海爲摠裁 盡剗初藁 改撰實錄 顚倒是非故 有是命"

45) 김경수, 「『세조실록』의 편찬과 세조 정권」, 『韓國史學史學報』 30, 2014, 115쪽.

46) 『世祖實錄』 世祖 3년 10월 21일(辛亥). "魯山聞之 亦自縊而卒 以禮葬之"

47) 『燕山君日記』 燕山君 4년 7월 13일(丁未). "史草所云 魯山屍身棄于林薄 旬月無斂

다. 동일한 실록과 실록의 초고인 사초史草에서 전혀 상이하게 적혀 있었다. 이 경우는 엄흥도嚴興道의 단종 시신 수습 사실과 사약賜藥을 받들고 내려온 금부도사 왕방연王邦衍의 사적에서 알 수 있듯이 『세조실록』이 허위였다.[48] 그러므로 실록에 대한 지나친 이상화나 과도한 의존은 경계해야 한다.

사례를 추가한다면 조선에서 천한 신분으로 태어나 후금에 귀의하여 끝내 조선에 파견된 칙사의 지위까지 오른 정명수는 아마도 한국사상 최악의 매국노이자 악한으로 기록되어 있다. 악한이 된 데는 실록이 기록물로서 주된 역할을 한 것이다. 그러나 『승정원일기』에 남아 있는 원 사료를 통해 이와는 반대되는 정명수의 모습을 찾을 수 있다고 한다. 그럼에도 악한으로서 정명수의 모습은 효종대의 정치적 의제 하에 만들어졌고 오늘날까지 재생산되었다. 정명수의 실제 모습과는 달랐지만, 실록은 역사적 사실들을 명백하게 나타낸다는 식으로 과도하게 이상화한 결과라고 한다.[49]

재언한다면 "이런 실록에 대한 과도한 믿음은 안타깝게도 실록의 객관화를 방해하고 역사가의 시각을 실록 안에 가두고 있다. … 물론 실록은 조선시대사 연구에 있어서 불가결한 자료이다. 하지만 실록의 한계와 문제점들을 넘어서기

者 烏鳶來喙 有一童行夜負屍而走 不知投諸水火 云者 聞諸崔孟漢 臣旣記此事 繼書曰"

48) 단종이 사망한 1457년에서 242년이 지난 1699년에 사망 진상이 구체적이며 공식적으로 밝혀졌다. 『肅宗實錄』 肅宗 25년 1월 2일(壬申). "… 而端宗大王避于寧越時 禁府都事王邦衍 到郡踧踖 不敢入 及其入侍庭中 端宗大王具冠服御堂中 問所以 邦衍無以爲答 彼以奉命之臣 猶且如此 而其時貢生之常侍於前者 乃請自當於所不忍處 便卽九竅流血而斃 …"
이 사실은 李廷馨(1549~1607)의 『知退堂集』 권7, 東閣雜記乾, 本朝璿源寶錄, 世祖條에 "丁丑十月 禁府都事王邦衍 以馹行下去于寧越地 魯山聞其來 具翼善冠袞龍袍 召邦衍問之曰 聞汝以公事到此 胡爲乎來哉 邦衍惶惑無以仰答 有一貢生常侍魯山者自當之 以一條弓絃 從坐後挽頸而縊之 春秋十七 …"라고 하여 이미 수록되어 있다. 물론 두 기록 사이에는 異同은 있지만 이정형의 글이 선행 문헌인 것은 분명하다. 따라서 야사에 근거해 단종의 사망 진상이 확인된 것이다.

49) 조일수, 「찬출(撰出)된 악한: 정명수와 인조실록의 개찬」, 『한국학연구』 66, 2022, 69~95쪽.

위한 비판적 시도도 반드시 필요할 것이다"[50]고 질타했다.

실록은 내용 유출이 가능했다. 가령 허균은 "국초의 명재상名宰相으로는 오직 황희와 허조를 일컫는다. 일찍이 『세종실록』을 살폈더니, (두 사람이) 특별히 윗사람(세종)에게 의견을 말한 것은 없었다. 임금이 조금 지나친 행동이 있더라도 반드시 자기 의견을 굳게 지키고 따르지 않았을 뿐이었다. …"[51]고 했듯이 실록을 읽었다. 허균은 1597년(선조 30) 봄에 사관으로서 직무를 보았던 적이 있었다.[52] 그리고 1666년(현종 7) 송시열은 "… 이상은 『해동야언별집』에 나오는데 실록 중에 실린 것이다"[53]고 했다. 허균이 지은 『해동야언별집』에 수록된 내용은 실록에서 나왔다는 것이다. 해당 실록의 기사를 읽지 않고서는 송시열이 말할 수 없는 대목이었다.[54] 송시열이 실록을 읽었음을 뜻한다. 남하정南夏正(1678~1751)이 지은 「남장군이전南將軍怡傳」에서도 "선조先朝 실록實錄에 장군의 일이 적혀 있는데, 지금 세상에 전해지는 것과는 사뭇 다르다[55]"고 했다. 남하정이 실록을 읽었음을 알려준다.

실록의 밑자료인 사초는 전임 사관史官들이 재임시 작성하여 가장家藏하고 있다가 정해진 기일 내에 실록청에 납입해야 했다.[56] 그러나 1641년(인조 19)에 "춘추관이 아뢰기를, '사리를 따져 억울함을 밝히려는 역사 편수는 막대한 일이니

50) 조일수, 「찬출(撰出)된 악한: 정명수와 인조실록의 개찬」, 『한국학연구』 66, 2022, 90쪽.

51) 『惺所覆瓿藁』 권23, 惺翁識小錄中. "國初名相 唯稱黃 許 嘗考世廟朝實錄 則別無建白 君上稍有過擧 則必堅執不從而已 … "

52) 『惺所覆瓿藁』 권22, 惺翁識小錄上. "余於甲午夏 薦史官而守制未應講 丁酉春 始入館"

53) 『宋子大全』 권61, 與閔持叔 丙午. "右出海東野言別集 而實祕史中所載者也"

54) 이상의 서술은 임미정, 「『해동야언별집(海東野言別集)』 현존본의 내용과 성격」, 『조선 야사(野史)의 계보와 전개 3』, 한양대학교 동아시아문화연구소 2024 여름학술대회, 2024, 39~52쪽.

55) 『桐巢先生遺稿』 권6, 雜著上, 南將軍怡傳. "先朝實錄書將軍事 與今俗所傳 頗不同"

56) 김경수, 「'仁祖實錄史草'에 대한 一考」, 『古文書研究』 16 · 17, 2000, 210쪽.

…' 팔도 감사에게 유시하여 각 고을에서 일찍이 사관을 지낸 사람들의 집에 소장되어 있는 사초와 야사를 거두어 올려보내도록 하였다"[57]는 기사를 주목한다. 이에 따르면 실록의 밑자료인 사초를 사관들이 실록청에 납입하지 않고 개인적으로 소장했음을 알 수 있다. 실록 내용이 유출될 수 있는 환경이었다. 다음은 실록을 열람한 일부 사례를 적어 보았다.

f-1. 비망기備忘記에서 대략 말하기를 "내가 성묘조成廟朝 폐비廢妃에 관한 실록을 보았는데 …" 비망기에서 대략 말하기를 "내가 춘추관이 고증해 온 실록을 보니, 성묘成廟에 폐비廢妃할 때도 …"[58]

f-2. 근래에 찬수撰修하는 일 때문에 혼조昏朝의 실록을 열람하였는데, 윤선도가 절조를 세운 것이 우뚝하였다.[59]

f-3. 이에 앞서 上이 사관에게 명하여 세손의 관례의를 태백산에 보관되어 있는 실록에서 상고해 보도록 하였는데, 열조列朝에 모두 이러한 예가 없었다.[60]

f-4. 지금 정해년의 실록을 상고해보니 … [61]

f-5. 성상께서 실록을 상고하러 간 사람이 돌아오기를 기다려 처리하겠다고 하셨습니다.[62]

f-6. 4월에 예조의 계사啓辭로 인해 명을 받들고 적상산으로 가서 실록을 상고해 보니 …[63]

---

57) 『仁祖實錄』 仁祖 19년 5월 7일(辛巳). "春秋館啓曰 辨誣修史 莫大之擧 … 諭八道監司 令收取各邑曾經史官人家藏史草及野史上送"

58) 『葛庵集 續集附錄』 권4, 己甲辛癸錄. "備忘記略曰 予觀成廟朝廢妃實錄 … 備忘記略曰 予觀春秋館考來實錄 成廟廢妃時 …"

59) 『孤山遺稿』 권4, 答人書 辛丑. "近因撰修 閱昏朝實錄 尹善道之立節特矣"

60) 『國朝寶鑑』 권65, 英祖 37년. "先是 上命史官 考世孫冠禮儀於太白山所藏實錄 則列朝俱無此禮"

61) 『國朝寶鑑』 권67, 英祖 45년. "今考丁亥實錄"

62) 『同春堂集』 권10, 答鄭相國[太和○庚子]. "答以當待實錄考來後處之"

63) 『同春堂集』 권13, 與閔持叔丙午. "命往赤裳考實錄"

f-7. … 그러니 예를 아는 여러 신하들에게 널리 물으시고, 또 실록을 상고하여 다시 더 참작하고 의논해서 지극히 합당하게 되기를 구하소서.[64]

f-8. 유세철柳世哲 상소 때 대감께서 말씀하셨던 바처럼 모든 실록과 일기日記를 참고했는데 쓸 만한 것이 없어, 삼가 대감께서 보여주신 데 따라 소장 속에 몇 마디 삽입하였습니다.[65]

f-9. 경진庚辰에 문집文集을 중간重刊했는데, 벼슬에 오른 뒤의 자취는 비로소 선조先朝 실록實錄에서 많이 나오므로 일일이 채집採輯하여 드디어 종류대로 덧붙였다.[66]

신라 말의 최치원은 당唐에서 『당태종실록』을 읽은 사실이 확인된다.[67] 주지하듯이 종계변무宗系辨誣 문제도 조선에서 『명태조실록』을 확인한 데서 빚어졌다. 그러므로 실록 열람의 기회와 가능성을 열어 두어야 한다.

2. 정여립과 김덕령 · 김천일 관련 기록

왕조시대의 역사 기록은 국가 권력의 전유물이다시피 했다. 왕조시대에는 역사 기록의 독점에 따라 목적 지향적인 사서가 얼마든지 편찬될 수 있었다. 그랬기에 이와 충돌하는 사안에 대해서는 왜곡이나 변형이 자행될 수 있었다.[68] 일례로 임진왜란사에 관한 공적 기록인 『선조실록』과 『선조수정실록』은, 사적 기록인 『징비록』이나 『난중일기』와 곳곳에서 충돌하고 있다.[69]

---

64) 『同春堂集續集 附錄4』 권9, 年譜. "… 惟願博詢於識禮諸臣 且考實錄 更加參商 以來至當之歸"

65) 『白湖全書』 권15, 答許領相. "柳世哲疏時 大監所陳 考諸實錄日記 未有可記者 謹依大監下示 揷入數語於狀中耳"

66) 『學圃先生文集』 권4, 附錄, 年譜. "庚辰文集重刊先生立朝事蹟 始多出於先朝實錄 故一一採輯 而逐類附之"

67) 『孤雲集』 권1, 遣宿衛學生首領等入朝狀[代新羅王作 下同]. "右臣伏覩太宗文武聖皇帝實錄 貞觀元年 宴羣臣 奏罷陣樂之曲 …"

68) 이도학, 「권력과 기록」, 『東아시아古代學』 48, 2017, 40~41쪽.

69) 박진철, 「역사 기록의 충돌, 그 선택과 배제 -징비록(懲毖錄)과 난중일기(亂中日記)

조선 선조대 발생한 정여립(1546~1589) 모반 사건과 임진왜란 때 의병장 김덕령(1567~1596)의 처형 사건은 기록의 진실성 차원에서 되새겨볼 필요가 있다. 다음은 정여립 사건과 관련한 언급이다.

g. 정여립 사건과 관련해, 사서에서는 짓지 아니한 죄를 거짓으로 꾸며서 법망에 걸려들게 한 데 혐의를 두는 게 주된 생각입니다. 또 당시의 현상賢相도 사실이 아니라고 했으니, 그 괴수에 대해서 의심스러운 것을 전하는 기록입니다. 두 개의 상반된 주장을 만들어냈기에 지금 그 역모의 진상을 밝힐 수는 없습니다. 그리고 사람들 사이에 전해지는 말에는 잘못이 많습니다. 이렇기에 그 일을 기록한 문서 하나를 얻고자 합니다. 역적 정여립의 글에는 "소장疏章을 올려서 율곡을 풀어주려고 했지만, 성상에게 버림받아 지방에 나가게 되었기 때문에 지체되었다"고 합니다. 정여립이 그 전에 무슨 일로 선조宣祖에게 비난을 받았습니까?[70]

h. 기축년(1589, 선조 22)에 옥안獄案을 주관했던 자를 소장에서 성명을 언급하지 않았다. 그러나 당시의 일을 갖추어 기재하면 곧 이 또한 야사가 되니, 반드시 그 이름을 쓰고자 하는데, 어떻게 생각하는가?[71]

신흠申欽 · 이정구李廷龜 · 장유張維와 함께 한문漢文 4대가大家의 한 명인 이식李植(1584~1647)은, 이순신 시장諡狀을 작성한 바 있다.[72] 택당 이식은 소위 정여립 모반 사건에 대해 상반된 주장이 존재한다는 것과(g), '그 역모의 진상을 밝힐 수는 없습니다'고 했다. 이식은 정여립 사건에 대한 조작설에 무게를 두면서 의문이 많다는 점을 피력하였다. 정여립 사건과 관련해 미수 허목許穆(1595~1682) 역시

를 중심으로-」, 『인문사회21』 제9권 5호, 2018, 867쪽.

70) 『澤堂先生別集』 권18, 別紙. "鄭汝立事 史以因嫌羅織爲主意 又以爲當時賢相以爲非實 竝其魁而傳疑之筆 作兩端說 今無盡狀其逆謀 而人間傳說多過實 以此欲得一紀事文字也 鄭賊書中 欲上章伸理栗谷 而以爲聖所棄外 故遲之云 汝立其前 以何事見非於宣祖也"

71) 『記言別集』 권6, 與權留守大運時會. "己丑 主獄者 狀中不言姓名 而具著當時事 則此亦野史 欲必書其人 未知如何"

72) 석오문화재단 한국역사연구원, 『신정역주 이충무공전서 3』, 태학사, 2023, 103쪽.

필요한 기록을 적시에 남기면 야사가 된다고 했다(h). 야사 역시 증거력이 유효한 사서로서 존중되었음을 뜻한다. 다음은 임진왜란 때 인물 김덕령과 김천일에 대한 평가 문제이다.

> i. 김덕령은 충성스럽고 용맹한 지사로 보인다. 그러나 공업功業은 희미하다. 전조前朝 때부터 말이 많았는데, "김덕령은 화의和議가 저지되었기에 뜻을 펴지 못했고, 또 시기하는 자들의 모함을 받아 참으로 원통하게 죽었다. 이로부터 의병이 일어나지 않았다. 정유년(1597, 선조 30)의 변란을 당했을 때 호남에서 의병으로 응하는 자가 없었던 것도 바로 이 때문이라고 말한다"고 했습니다. 더러는 말하기를 "어리석게 망동하였으니, 억울하게 죽은 것도 스스로 불러들인 것이다"고 합니다. 그러나 어찌 세상에서 사람이 마땅히 행해야할 도리와 관계 없다고 하겠습니까? 이 사람에 대해서는 시작과 끝에 대한 기록이 없는데, 사서에서도 반신반의하는 상태로 놓아두었습니다.[73]

> j. 서애 유성룡의 『징비록』에는 진주성이 함락된 것은, 전적으로 창의사 김천일의 실책에서 말미암았다고 하였고, 또 죽을 때 통곡하는 게 마치 죽음을 두려워하는 것 같았다 말합니다. 어떻게 된 것입니까? 사서에서는 김천일을 극구 칭찬하였는데, 외사外史에서는 도리어 이 같이 기록되어 있으니, 괴이하고도 괴이합니다.[74]

이식은 김덕령과 김천일에 대한 세론과 그 밖의 기록물에서는 정사와 다르게 적혀 있음을 지적했다. 당시 김덕령은 모함으로 원통하게 죽었다는 인식이 지배했음을 알려준다. 김천일의 진주성 싸움에 대해서도 외사外史인 『징비록』은 실록과 상이하게 진술했다고 한다. 외사는 '사관이 아닌 사람이 사사로이 찬술한 역사'를 가리킨다. 영의정 서애 유성룡의 저작도 야사 취급을 받은 것이다.

---

73) 『澤堂先生別集』 권18, 與安牛山. "金德齡 似是忠勇有志士也 而功業昧然 自前朝中 多言金爲和議所沮 不得展布 又爲忌者所中 其死極冤 自此義兵不起 丁酉之變湖南無應兵者 以此云 或曰 愚人妄動 枉死乃自取也 然豈不關於世道耶 此人首末無書之者 史則置之於疑信之間矣"

74) 『澤堂先生別集』 권18, 與安牛山. "西崖懲毖錄以爲晉州之陷 全由於金倡義失策 又謂死時痛哭若畏死者然 何耶 史則極贊之 而外史却如此 可怪可怪"

그러면 김천일 건을 살펴본다. 실록에서는 "좌우가 김천일을 부액해 일으켜서 피하기를 권유했으나, 천일은 일어나지 않고 꼿꼿이 앉아 둘러보며 '나는 마땅히 이곳에서 죽을 것이다'고 말하고는, 드디어 아들 김상건을 서로 껴안고서 강으로 뛰어들어 죽었다 左右扶起千鎰 勸使退避 千鎰堅坐不起 顧曰 我當死於此 遂與其子象乾 相抱投江而死"[75]고 했다. 반면 『징비록』에서는 "또 김천일이 거느린 군사는 모두 서울의 시정에서 불러 모은 무리들이었다. 김천일도 또한 병사兵事는 알지도 못했지만 자기 고집이 지나치게 심했으며, 또 평소 서례원을 미워하여 주인과 객客이 서로 시기하여, 호령이 어긋났으니 이 때문에 더욱 크게 패했다. … 김천일의 군사가 북쪽 문을 지키다가 성이 이미 함락되었다고 지레 짐작하고 가장 먼저 무너져버렸다. 적병이 산 위에 있다가 우리 군사들이 무너지는 것을 바라보고는 일제히 몰려와서 성에 오르자, 여러 군사들은 크게 요란해졌다. 김천일은 촉석루에 있다가 최경회 손을 끌고 통곡하면서 함께 강물로 뛰어들어 죽었다 千鎰在矗石樓 與崔慶會携手痛哭 赴江死. 군사와 백성 가운데 성안에서 빠져나온 사람은 몇 사람 뿐이었다. … 조정에서는 김천일이 의義를 위해 죽었다고 하여 벼슬을 높여 의정부 우찬성을 추증하였다"[76]고 했다.

김천일의 사망과 관련해 『선조실록』과 『징비록』의 기록은 사뭇 달랐다. 그리고 실록에서도 "진주성의 패배에, 황진이 먼저 죽자 호령이 산만하여 끝내 지킬 수 없었고, 김천일의 군대는 모두가 시정의 무뢰배였기에 북문을 지키다가 먼저 궤멸되었고, 이종인이 힘껏 싸웠지만 지탱하지 못하였습니다"[77]고 했다. 문제는 진주성을 탈출한 이가 수 명에 불과했는데, 곁에서 보지 않고서는 알 수 없는 김천일의 최후를 어떻게 생생하게 증언할 수 있었는지? 채록 과정이 미심한 기록들인 것이다. 풍문과 상상이 덧붙여졌을 가능성을 배제할 수 없다.

그러나 『징비록』은 현장을 빈틈없이 점검했던 당시 최고 권력자 영의정 유

---

75) 『宣祖實錄』 宣祖 26년 7월 16일(戊辰).

76) 『懲毖錄』 권2.

77) 『宣祖實錄』 宣祖 27년 7월 17일(癸巳). "晋城之敗 黃進旣死 號令散漫 終不能守 金千鎰之軍 皆市井無用之輩 故守北門而先潰 李宗仁力戰而不能支矣"

진주성 촉석루

진주성 야경

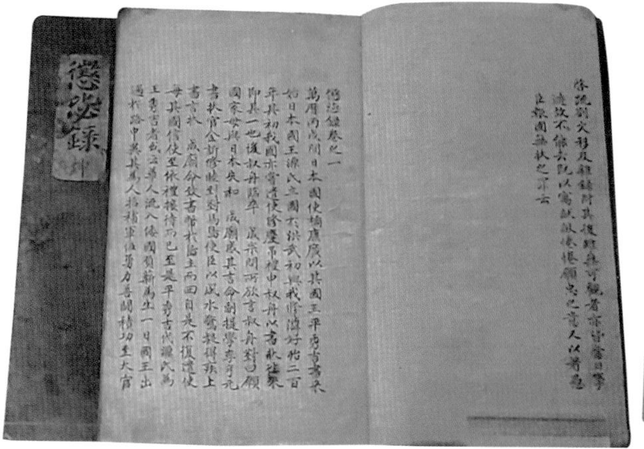

유성룡이 저술한 『징비록』

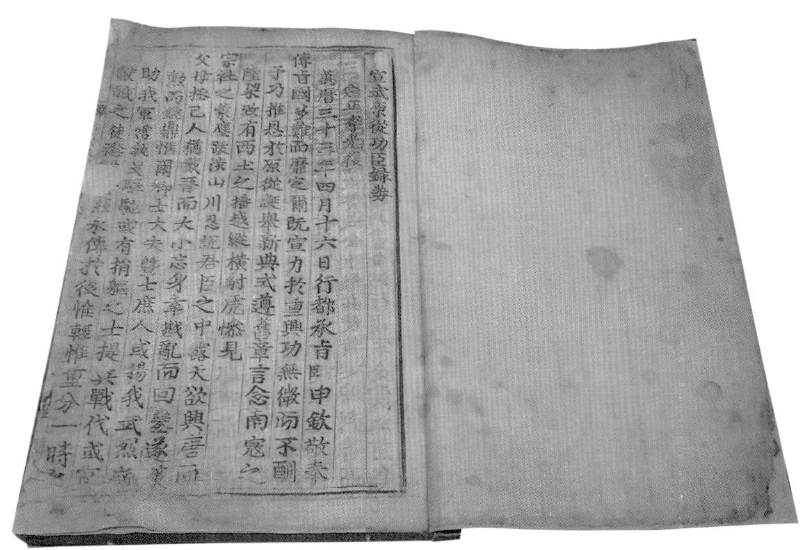

「宣武原從功臣錄券」
1605년(선조 38)에 작성하였는데, 임진왜란 때 공을 세운 신하들의 명단과 포상 규정을 수록했다.

성룡의 기록이다. 홍석주(1774~1842)는 『징비록』을 평가하면서 "… 그러나 유 상국이 몸소 군중에 있으면서 이것을 알았고, 겪은 것이 많았으니 상고하기에 믿을 만한 것 또한 적지 않다"[78]고 긍정했다. 김천일의 최후도 실록과 개인 기록인 『징비록』 간의 내용이 상이하였다. 그렇다고 수정실록까지 만들어진 『선조실록』에 일방적으로 좌단하기는 어려울 것 같다.

IV. 맺음말

정사와 야사의 외적 비중보다 중요한 것은 증거 능력이다. 일반적으로 정사에 대한 무한 신뢰를 보이고 있다. 이는 정사에 대한 고정관념을 뜻하는 것일 뿐 증거력에 대한 절대 우위의 지표는 될 수 없다. 이와 관련해 몇 가지 사례를 검토하였다.

사안에 따라 야사인 『삼국유사』의 증거 능력이 정사의 표상인 『삼국사기』보다 우월한 사례가 보였다. 그리고 정사인 『삼국사기』에 따르면 신라 진흥왕대 북계는 안변과 덕원을 넘지 못했다. 그러나 이보다 훨씬 북쪽인 황초령과 마운령에 순수비가 세워졌다. 게다가 『삼국사기』에서는 이들 진흥왕순수비에 대한 언급조차 없었다. 그러자 정사의 기록에 무게를 두어 순수비가 말하는 영역을 인정하지 않는 경향을 보였다. 그 연장선상에서 일제 관학자들은 황초령비 조작설 · 이치설移置說 등을 제기하였다. 그러나 이계 홍양호가 소시에 읽은 야사에서는 신라 왕이 지금의 함경도 관내인 옥저에 이르렀고 비석을 세운 사실이 적혀 있었다고 한다. 정사가 방기放棄한 진실을 야사가 담고 있었다.

『삼국사기』는 당대 금석문과 비교 · 검토해 보았을 때도 속절없이 신빙성이 무너져내렸다. 『삼국사기』는 현존 최고最古의 사서요, 김부식으로 대표되는 당대 최고의 지적 역량이 편찬한 권위 있는 문장임은 부인할 수 없다. 그렇지만 사

78) 『洪氏讀書錄』 史部, 稗史. "… 然柳相身在行間得之 經歷者爲多 其所可考信者亦未爲少也"

실에 대한 증거 능력이 현저하게 떨어지는 점이 보였다. 백제와 신라 초기 기사의 신빙성이 저례著例였다. 달리 대안이 없기 때문에 『삼국사기』에 의존하고 있지만, 늘상 비판적 검토가 전제되어야 한다는 사실을 일깨워주었다.

정사의 표상인 실록實錄이 지닌 무게감과 권위 또한 가위 절대적이었다. 그러나 실록의 열람閱覽과 기록 유출이 포착되었다. 그리고 정파政派의 득세에 따라 실록 수정이나 개수가 이루어졌다. 『선조수정실록』과 『경종수정실록』, 그리고 『현종개수실록』과 『숙종실록보궐정오肅宗實錄補闕正誤』의 존재가 웅변한다.

쟁론이 되고 있는 선조대의 인물인 정여립과 김덕령 · 김천일의 경우도 야사의 신빙성이 운위되고 있다. 특히 진주성 싸움에서 김천일의 사망과 관련해 유성룡의 『징비록』은 수정실록까지 편수된 『선조실록』보다 신뢰도가 높아 보였다. 그러므로 맹목적인 정사 만능주의에서 벗어나야 마땅했다.

이와 관련해 일반적으로 관찬서官撰書라면 권위 또한 부여된다. 그러나 필사본 『난중일기』를 옮겨 수록한 『이충무공전서』에서는 내용 삭제가 극심했다. 원균에 대한 이순신의 분노에 찬 소회를 삭제하거나 원균에 대한 멸칭을 오히려 경칭敬稱으로 변조까지했다. '충신 이순신 현양' 목적에서 거친 표현에 대한 순화와 삭제라고 하더라도 사기록私記錄에 대한 국가권력의 자의적인 조작에 속한다. 일반적으로 지니고 있는 관찬에 대한 신뢰와 권위를 짓밟는 행태였다. 정사나 관찬에 대한 과도한 신뢰에 경종을 울려주는 사례였다. 또 자료가 어떻게 변개 · 가공되는지를 보여주었다. 그러므로 형식과 편찬 주체에 대한 맹신에서 벗어나 냉정하게 기록을 검증하는 자세가 더욱 긴요해졌다.

제3부

야사野史와 정사正史의 경계

남이南怡 옥사獄事

Ⅰ. 머리말 - 정사의 한계와 보완재 이상의 야사

국어사전에서 정사는 "사실에 근거하여 정확하게 기술된 역사. 기전체로 기술된 중국 역대의 역사. 약사略史나 패사稗史따위에 상대하여 정통적인 역사체계에 의하여 서술된 역사를 이르는 말"이라고 정의한다. 예시로 "『삼국사기』는 고려 시대에 김부식에 의해 쓰여진 정사의 기록이다. 이 책은 정사로서 그 가치가 매우 뛰어난 역사책이라고 할 수 있다"고 하였다. 국어사전에 따르면 정사는 사실의 정확성은 물론이고 '정통적인' 서술 체계를 지녀야 했다.

국어사전과는 달리 정사는 "동아시아제국에서, 주로 국가에 의해 공식으로 편찬된 현재 왕조 이전의 역사서를 말한다. 중국의 24사史가 대표적인 것으로 들 수 있다. 한적漢籍의 4부四部 분류에는 '사부정사류史部正史類'로 분류된다(Wikipedia)"고 정의했다. 정사는 국가에서 편찬했거나 국가 권력이 인정해 준 사서를 가리킨다. 반면 야사는 개인이 민간에서 사적으로 저술한 사서였다. 정사와 야사의 분류 기준점은 국가였던 것이다.

우리나라의 대표적인 정사와 야사는 『삼국사기』와 『삼국유사』였다. 양 사서는 서로 보완재 역할을 하고 있다. 이러한 양 사서의 사료 가치와 관련해 신라 진

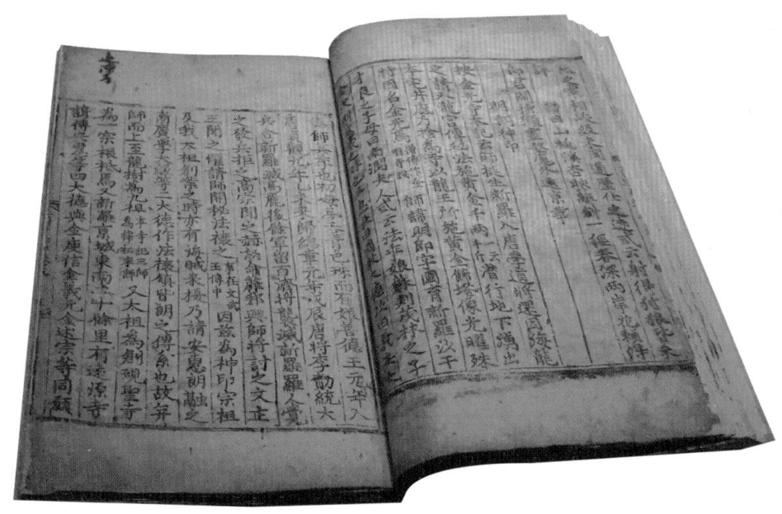

야사의 표상인 『삼국유사』

지왕의 퇴위 배경을 제시해 본다. 순암 안정복은 "『삼국사기』에는 '왕이 즉위한 지 4년에 훙하였다'고 하였고, 『삼국유사』에는 '왕이 나라를 다스린 지 4년에 정사가 어지러워지고 황음하므로 국인이 그를 폐위시켰다'고 했다. 이것은 정사에 나오지 않으므로 취하지 않는다"[1]고 단언했다. 안정복은 진지왕의 퇴위와 관련해 사망 기록만 존재한 『삼국사기』와, 폐출 기록이 적힌 『삼국유사』가 상충하자 정사인 『삼국사기』를 취하였다. 안정복은 『삼국유사』를 증거력이 떨어지는 야사로만 간주한 것이다. 그러나 현재 연구서에서는 "진흥왕의 뒤를 이어 즉위한 진지왕(576~579)이 품행이 좋지 않음을 이유로 재위 4년 만에 상대등 거칠부를 의장으로하는 골품귀족들의 회의체인 화백의 결의에 의해서 퇴위당한 것은 그 단적인 예가 된다"[2]고 하면서 『삼국유사』 기록을 취했다. 야사인 『삼국유사』의 증거력이 입증된 사례이다.

정사가 중심이 될 수밖에 없지만, 그렇다고 사료가 부족한 상황에서 야사의

1) 『東史綱目』 附錄 上卷(上), 眞智王.

2) 이기백 · 이기동, 『한국사강좌—고대편』, 일조각, 1982, 186쪽.

비중도 홀시할 수 없었다.[3] 다산 정약용은 "궐내에다 별도 아문을 세워서 사국史局으로 하는 것이 마땅하다. 단지 시정時政만 기록할 뿐이 아니라, 무릇 동국의 옛 역사도 모두 기존의 잘못된 것을 고쳐서 바로 잡고, 국조國朝의 야사도 두루 찾아서 간직하는 것도, 모두 그 직무이다"[4]고 하면서 야사의 위상을 환기시켰다. 매천 황현은 "직필은 야사 통해 전하려 하였네"[5]라고 했다. 국가가 편찬한 정사에서 언급하지 못한 진실을 야사 매체를 통해 전할 수 있음을 알렸다. 황현은 야사의 증거력을 헤아렸던 것이다.

야사보다 신빙성이 떨어지는 기록물로는 "뜻을 잃고 초야에 있는 무리들이 책을 써서 야승野乘이라고 이름한 것들은 어두운 방에서 몰래 쓰인 것들로 응당 못하는 말이 없을 것이니, 어찌 이보다 더한 것이 없을 줄 알겠습니까?"[6]라고 한 야승이 존재한다. 그리고 "역사를 연의演義한 글이 나와 정사의 사적事蹟을 어지럽히고 있으니"[7]라고 한 역사소설 연의衍義가 보인다. 소설 형식이기에 흥미를 유발해 가독성은 높지만, 창작 요소가 가미되었기에 '정사의 사적을 어지럽히고'라는 평을 받았다. 중국의 『삼국연의』가 대표적이다.

지금까지 소개한 바에 따르면 기록물의 증거력은 정사 → 야사 → 야승 → 연의 순이었다. 그런데 야사는 정사의 보완재 역을 넘어 진실을 담보하거나 오류를 수정해 주는 역을 하였다. 야사라고 해 정사보다 증거력이 떨어지는 기록으로 단정할 수는 없다. 공신력을 지닌 정사가 전반적으로 야사보다 우위에 있는 것은 분명하지만, 때로는 시비가 교차하는 민감한 정치적 사안에 대해서는 공적 기록보다는 사적 기록이 진실을 보장한 경우도 있다.

---

3) 야사의 정의와 조선시대 야사의 전반적인 분석으로는 권석창, 『야사총서와 『대동패림』의 문헌학적 고찰』, 민속원, 2024, 25~80쪽이 크게 기여한다.

4) 『經世遺表』 春官禮曹, 제3, 太史院[卽春秋館].

5) 『梅泉集』 권4, 竹川 拜安牛山墓.

6) 『梅山集』 권11, 與金正宅己卯五月.

7) 『陶谷集』 권27, 雲陽漫錄[五十八則].
이의현의 作法 思考에 대해서는 민복기, 「도곡 이의현의 반의고적 산문비평」, 『東洋漢文學研究』 25, 2007, 103~139쪽이 참고된다.

본고에서는 조선의 정치 사건 가운데 당대와 후대, 그리고 공적 기록과 사적 기록이 어긋난 남이의 옥사에 대해 살펴 보고자 했다. 남이는 역모죄에 얽혀 처형되었지만, 조선 후기에 이르러 복권이 이루어졌다. 복권이 이루어진 근거는 야사였다. 정사를 극복한 야사인 것이다. 그런데 현재 연구자들의 경우 이 사안에 대해 정사를 취신하는 경우가 많았다. 가령 최영호는 "… 우리가 사료의 신빙성을 두고 이야기하더라도 실록이 야사에 비해 월등히 믿을 만한 것이다. 실록의 서술이 비록 남이를 난신亂臣으로 판결하여 처단한 인물들의 손에 의해 기록되었기 때문에 남이에 대한 공정성을 잃었다고 할 수 있겠으나 그래도 우리에게는 실록이 조선왕조 전기에 대한 가장 중요하고 신용할만한 사료인 것이다"[8]고 했다. 공식 기록인 실록에 대한 무한 신뢰를 읽을 수 있다.

그러나 더도 말고 덜도 말고 해당 실록에 대해 "남이를 난신으로 판결하여 처단한 인물들의 손에 의해 기록되었기 때문에 남이에 대한 공정성을 잃었다고 할 수 있겠으나"라는 최영호의 서술이 해답이다. 최영호는 최소한 남이 옥사에 대한 기록은 공정성이 흔들린다는 것을 자인했다. 실제 우의정이었던 남공철南公轍이 1818년(순조 18)에 신원을 상소하기를, "'옛 영의정인 강순과 병조판서 남이는 모두 그 원통함을 곧게 펴고 씻게 하시고, 그 벼슬을 회복시켜 주소서'하자, 그대로 따랐다"[9]는 것이다. 이때 남이 등에 대한 신원은 의미가 적지 않은데 "시詩에 쓰인 말을 가지고 짓지 아니한 죄를 거짓으로 꾸며서 법망에 걸려들게 하여 그를 죽였는데, 야사에 그 사건이 많이 실려 있습니다"고 했다. 남공철은 야사에 근거해 남이의 신원을 이룬 것이다.

그런데 논자들은, 실록에서 남이의 북정시北征詩에 대한 언급이 없기 때문에 역모에 가담한 게 맞다는 주장을 하고는 했다. 그러나 당시 예종이나 유자광을 비롯한 한명회 등의 훈구대신들은 남이 제거라는 결론을 내려놓고 있었다. 그렇기 때문에 싯구 조작은 남이의 억울함을 뜻하는 징표였고, 또 유자광 자신들의 음모를 알리는 결정적 근거였기에 실록에서 굳이 거론할 이유가 없었다. 이와

---

8) 崔永浩, 「'南怡(1441~1468)의 獄' 再考」, 『歷史와 人間의 對應』, 한울, 1984, 369쪽.

9) 『純祖實錄』 純祖 18년 3월 10일(丁未).

관련해 "정사가 미처 기술하지 못한, 혹은 의도적으로 기록하지 않은 역사의 공백을 보완하려는 의식에서 시작되었다"[10]고 했듯이, 야사의 집필 동기가 존재하지 않았던가? 물론 본서 머리말에서 언급했듯이 북정시의 관련 싯구는 남이의 억울함을 증빙하는 근거로서 생겨났을 수 있다.

남공철이 상소해서 복권된 남이의 경우는 절대 권위를 지닌 정사인 실록 기록과 야사 기록 중에서 종국적으로 야사 기록이 공감을 얻은 것이다. 이 과정에는 유자광에 대한 환멸이라는 세론과 더불어, 악인에 의한 남이의 희생이라는 동정 섞인 감성적인 측면도 배제할 수 없다. 그렇더라도 남이의 옥사는 고문은 물론이고 악행 낙인찍기 등의 무리한 측면이 많았다는 점도 부인할 수 없다. 그랬기에 이 점을 짚어가면서, 측면 자료정도로만 간주했던 야사의 증거 능력으로써 사안의 진상에 접근하고자 했다. 이렇듯 증거력을 갖춘 야사의 사례는 실록에 적힌 남이 옥사의 진상을 밝히는데 일조할 것으로 본다.

II. 남이 역모 사건의 타진

1. 남이의 복권과 싯구

조선 전기 무장 남이(1443~1468)에 대한 인지도는 높다. 26세에 단명했지만[11]

---

10) 안예선, 「송대(宋代) 문인의 야사(野史) 편찬 배경 고찰」, 『중국어문논총』 46, 2010, 275쪽.

11) 남이의 생몰 연대는 1441~1468년으로 알려져 있다. 남이는 28세에 사망한 것이다. 근거는 『연려실기술』에서 인용한 문헌들이었다. 그러나 이와는 다르게 받아들여야 할 유력한 기록이 있다. 親鞫 때 남이는 "나 같은 것은 나이가 겨우 스물 여섯인데 (죽기에는) 정말로 아깝다"고 했다. 「南將軍諡狀」에서도 "세종 25년 계해(1443년)에 장군이 태어났다"고 하였다. 남이가 말한 자신의 연령은 가문에서 의뢰해 許傳이 지은 「남장군시장」 기록과 부합하고 있다. 그리고 「남장군시장」에는 "오래지 않아 병조판서에 발탁되었다. 나이 26세 묘령의 장군이 큰 공에 무거운 이름을 짊어졌다"고 했다. 남이가 병조판서에 임명되는 1468년은 그의 沒年이다. 이때 남이를 26세라고 했다. 따라서 26세 기록을 취신하는 게 온당하다. 다만 1697년에 南九萬이

1467년(세조 13) 여름, 함경도 호족 이시애의 반란을 진압하는 데 혁혁한 무공을 세웠고, 그 직후 평안도 만포에서 압록강을 건너 건주위建州衛 여진의 이만주 부자를 참살하고 승전한 공로로 병조판서를 제수받았다. 이러한 남이의 조모는 태종의 넷째딸인 공주였고,[12] 장인은 세조 즉위에 공을 세운 유명한 권람(1416~1465)이었다. 권람은 조선 개국공신 권근의 손자였다. 이처럼 화려한 문벌을 자랑하던 남이는 역모죄에 걸려 비극적으로 생을 마감했다.

불세출의 용장 남이의 비극성과 맞물려 항간의 전설은 늘어만 갔다. 게다가 희대의 요간妖奸으로 치부된 유자광(1439~1512)에 의해 죽임을 당하자 시간이 흐름에 따라 남이에 대한 세론은 동정론이 지배했다. 이러한 사회 분위기에 힘입어 1818년(순조 18) 남이의 방계 후손이자 우의정이었던 남공철은 남이에 대한 신원을 상소하였다.

> 우의정 남공철이 아뢰기를 … 또 아뢰기를, "강순과 남이는 죽은 지 3백 년이 넘었는데 이름이 죄인의 명부에 남아 있음으로 인해 그 자손들이 영락해졌습니다. 또 오래되어 지금까지 원통함을 곧게 펴고 씻지 못하고 있으므로 나라 사람들이 이를 원통해 합니다. 강순과 남이는 모두 유자광의 무고에 얽혀져 죄도 없이 화를 입었습니다. 그리고 남이는 또 효용이 매우 특출나게 뛰어나서 여러 번 빼어난 공을 세웠으나 유자광이 심히 미워하게 되어, 시詩에 쓰인 말을 가지고 짓지 아니한 죄를 거짓으로 꾸며서 법망에 걸려들게 하여 그를 죽였는데, 야사에 그 사건이 많이 실려 있습니다. 과거에 앞의 정사에서 연신筵臣이 그 억울함을 주장하자, 교를 내리기를 '이러한 일들은 후일을 기다려서 덕행을 쌓는 아름다운 일로 삼으면 몹시 좋겠다'고 하였습니다. 성명하신 임금께서 위에 계시니 억울함을 펴지 아니한 바가 없었습니다. 그러나 해야 할 일을 못하고 있다가 마치 오늘을 기다린 것 같습니다. 청컨대 고 영의정인 강순과 병조판서

서문을 지은 『宜寧南氏族譜』에는 병조판서에 이르렀다가 27세에 유자광의 무고로 살해되었다고 적혀 있다.

12) 곽정식, 「<南怡將軍實記>의 창작 방법과 작자의식」, 『새국어교육』 85, 2010, 596쪽.
『性齋先生文集』 권32, 南將軍諡狀.
「南將軍諡狀」은 세종 25년 主簿 份과 南陽 洪氏 사이에서 남이가 출생하기까지의 世系를 자세히 밝혀 놓았다.

남이는 모두 그 원통함을 곧게 펴고 씻게 하시고, 그 벼슬을 회복시켜 주소서"하자, 그대로 따랐다.[13]

대한제국이 문닫기 열흘도 남지 않았던 1910년 양력 8월 20일 정약용과 박지원을 비롯한 26명이 시호를 받았다. 남이는 "옛 병조판서 남이는 충무 … 시호를 추증했다"[14]고 하였다. 무려 442년만에 남이는 온전하게 명예를 회복한 것이다. 남이가 무고를 입게된 원인은, 앞서 인용한 남공철의 상소에서 '시어로 짓지 아니한 죄를 거짓으로 꾸며서 법망에 걸려들게 하였는데'라고 한 바 있다. 북정시로 일컬어진 다음의 시를 가리킨다.[15]

백두산 돌은 칼 갈아 없애고 / 白頭山石磨刀盡
두만강 물은 말 먹여 없애리라 / 豆滿江水飮馬無
남아 이십에 나라 평정 못 한다면 / 男兒二十未平國
후세에 누가 대장부라 일컫겠는가 / 後世誰稱大丈夫

북정시에 대해 1593년 허균은 당대의 시를 공시적인 관점에서 평가한 시평집 「학산초담」에서 '남정南征'이라는 절구絶句로 소개했다. 허균은 남이에 대한 생평을 "남이는 의령인이다. 무과에 급제하여 병조판서를 지냈다. 의산위 남휘의 손자이고 익평 권람의 사위로 유자광의 무고에 의해 살해되었다"[16]고 했다. 허균은 남이의 시를 높게 평가하였고, 무고에 의해 살해되었다고 단언하였다. 이와 관련해 허균은 "단간공端簡公 정효鄭曉의 『오학편吾學編』에 우리나라가 여진 이만주를 정벌한 일의 본말이 아주 자상히 실려 있는데, 강순 · 어유소 · 남이의 이름을 대서특필하였다. 이 세 사람은 진실로 장군감으로 국사國史에 그 이름이 드

13) 『純祖實錄』 純祖 18년 3월 10일(丁未).

14) 『純宗實錄』 純宗 3년 8월 20일.

15) 대한민국임시정부 자료인 『倍達公論』 創刊號, '題曰 敬次南怡將軍北征詩寄家人' 에서도 '北征詩'로 적혀 있지만 '北征歌'로도 표기한다.

16) 『惺所覆瓿藁』 권26, 鶴山樵談40.

러났으니 이보다 큰 영광이 무엇이겠는가?"라고 했다. 허균은 광해군 때 천추사로 명의 북경에 가던 길에 구입한 형부상서 정효(1499~1566)의 『오학편』에 수록된 남이 등의 용명을 언급한 것이다.[17] 허균이 언급한 '국사'는 『세조실록』을 가리킨다.

그런데 남공철은 위의 싯구 중 '男兒二十未平國' 구절이 사단을 일으켰다고 했다. 유자광이 '남아 이십에 나라를 얻지 못 한다면 男兒二十未得國'으로 변조했다는 것이다. 그러면서 28자 절구와 28세 수명이 부합하는 것도 기연奇緣이라고 했다.[18] 그리고 "… 그가 본래부터 반역의 뜻이 있었다고 모함하여 그만 애매 원통하게 죄에 몰려 죽게 하였다. 이것은 싯구 하나가 말썽이 되어 사람의 생명까지 빼앗은 것이다"[19]고 하였다.[20] 일찍이 정조는 "유자광이 그의 싯구詩句 중의 한마디를 가지고 올가미를 씌워 죽였는데, 나라 사람들이 모두 슬퍼하였다"[21]고 언급한 바 있다.

그렇지만 결과를 놓고 이유를 찾는 확증편향 성향을 지닌 경우가 보인다. 대표적으로 이수광(1563~1628)은 "말 뜻이 함부로 휘둘러 날뛰어 평온한 기상이 없으니 (화를) 면하기 어려웠다"[22]고 단언했다. 그러나 이 싯구에 대해 영·정조대 저작인 『소대기년昭代紀年』에서는 "그 기개가 이와 같았다 其軒輊如是"고 긍정하였다. 1758년(영조 34)에 "임금(영조)이 또 남이 시를 읊조리면서 말하기를, '칼을 갈고, 말을 먹인다는 구절에서, 그 빼어나고 또 씩씩함을 알 수 있다'고 했다. 조명정은 '그 시를 읽어 보면 그 사람을 알 수 있습니다'고 말했다. 임금은 '매번 석 자 칼 머리 시를 외면서 태조의 기상을 보게 된다'고 말하였다. 조명정이 말하기를 '위화도에 한번 가서 홍업의 기틀을 마련하셨으니 이 시는 지금도 위풍이 있습

17) 『光海君日記』 광해군 6년 10월 10일(己丑).

18) 車相瓚, 「偉業은 靑春에 잇다, 東西偉人의 靑春時代, 二十六歲 陸軍大將으로 滿洲를 드리친, 南怡 將軍의 靑春時代」, 『別乾坤』 21, 1929, 14~15쪽.

19) 一筆生, 「하나가 말성 부리어 큰일 저질은 이야기」, 『別乾坤』 59, 1932, 52쪽.

20) 「南將軍謚狀」에서는 문제의 구절을 '未平賊'으로 고쳐 놓았다. '國'을 '賊'으로 고친 것이다. 그리고 '豆滿江水'는 '豆滿江波'로 적었다.

21) 『弘齋全書』 권170, 日得錄10, 政事5.

22) 『芝峯類說』 권13, 文章部6.

니다'"[23]고 했다.

영조가 말한 태조의 싯구절은 고려의 무장이었을 때 지은 '석 자 칼 끝으로 사직을 편하게 하고 / 三尺劍頭安社稷'를 말한다. 중요한 사실은 영조는 남이의 시를 외우고 있었을 뿐 아니라, 태조와 견주어 그 시격을 높이 평가했다는 것이다. 영조가 남이를 난신으로 간주했다면 나오기 어려운 정서였다.

그 밖에 남이의 시조 4수首가 전해오고 있다. 이 중 다음의 3수가 명확한 남이의 작시였다. 『청구영언』 진본에 수록된 첫 번째 시조가 가장 유명하다.

> 長劍을 쌔혀 들고 백두산에 올라 보니
> 大明 天地에 腥塵이 잠겨셰라
> 언제나 南北風塵을 헤쳐 볼고 ᄒᆞ노라(『靑丘永言』 珍本).[24]

> 烏騅馬 우는 곳에 七尺長劍 빗겻ᄂᆞᆫ듸
> 百二函關이 뉘 싸이 되단 말고
> 鴻門宴 三擧不應을 못ᄂᆡ 슬허 ᄒᆞ노라(甁歌)[25]

> 赤兔馬 살지게 먹여 豆滿江에 싯겨 셰고
> 龍泉劍 드는 칼을 선뜻 쎄쳐 두러메고
> 丈夫의 立身揚名을 試驗ᄒᆞᆯ사 ᄒᆞ노라(歌曲源流)[26]

그러면 다시금 앞으로 돌아와 남공철의 상소에서 "옛적에 선조 때 연신筵臣이 그의 억울함을 말하였는데"라는 구절을 본다. 여기서 '연신'은 임금에게 경전을 강의하는 벼슬아치를 이르던 말이었다. 이로 볼 때 경연經筵에서 연신이 남이와

---

23) 『承政院日記』 1154책, 英祖 34년 3월 11일(丁酉).

24) 沈載完, 『校本 歷代時調全書(時調의 文獻的硏究)』, 世宗文化社, 1972, 896쪽.
鄭鉒東 · 兪昌植, 『珍本靑丘永言校註』, 新生文化社, 1957, 180쪽.
朴乙洙, 『韓國時調大事典』, 亞細亞文化社, 1992, 966쪽.

25) 沈載完, 『校本 歷代時調全書(時調의 文獻的硏究)』, 世宗文化社, 1972, 743쪽.

26) 朴乙洙, 『韓國時調大事典』, 亞細亞文化社, 1992, 989쪽.

강순의 억울함을 제기하였고, 즉각 복권은 추진하지 않았지만 국왕도 수용하는 입장이었다. 그리고 1818년 시점에서 '옛적에'라고 했으므로, 시간이 흘렀음을 헤아릴 수 있다. 남이에 대한 신원이 순조 때 갑자기 제기된 게 아님을 알려준다. 다음에서 보듯이 남이에 대한 신원은 정조 때 제기되었다.

> 연신 중에 남이의 원통함을 하소연하며 그 원통함을 씻어 주고 관작을 회복시켜 주기를 청하는 이가 있었다. 이에 하교하기를, "남이는 옛날의 명장이다. 유자광이 그의 싯구 중의 한마디를 가지고 올가미를 씌워 죽였는데, 나라 사람들이 모두 슬퍼하였다. 그러나 이러한 음덕을 끼치는 좋은 일은 그대로 남겨 두어 훗날 처리하도록 하여도 안될 것이 없다"고 하였다.[27)]

남이의 관작 회복을 정조에게 요청한 연신의 이름은 알려져 있지 않다. 1797년(정조 21) 당시 이 사실을 기록한 이는 원임직각原任直閣 남공철이었다. 남공철은 남이 건을 염두에 두고 있다가 이로부터 21년이 흐른 시점에서, 이제는 우의정이 된 본인이 건의한 것이다. 이때 남공철은 "야사에 그 사실이 대부분 기재되어 있습니다"고 했다. '그 사실'은 남이가 억울하게 처형된 내용이 야사에 존재한다는 것이다. 실록에서 남이는 난신이자 적신賊臣으로 처형되었지만, 야사에는 이와는 달리 억울함을 호소하고 있다는 뜻이었다. 정사인 실록에 대응해서 남공철은 야사 기록을 제시한 것이다. 그러면 실록에서 남이의 옥사를 어떻게 기록했는지를 살펴보는 일이 남았다.

2. 『예종실록』 남이의 옥사 분석

1) 남이의 심경 변화와 자복 배경

남이의 옥사 장면은 『예종실록』에 상세하게 수록되었다. 본고 서술에서는 『예종실록』 즉위년 조의 기사를 월 · 일만 기재하여 가독성을 높이고자 했다.

---

27) 『弘齋全書』 권170, 日得錄10, 政事5.

『예종실록』에서 남이는 불복하다가 고문에 못 이기고 또 심경의 변화를 일으켜 자백한 것으로 적혀 있다. 문제는 자백의 진실성 여부이다. 남이가 자백한 이유로는 "또 신과 강순은 모두 일등공신이니, 원컨대 원방에 유배하든지 아니면 죽음을 내리소서(10월 27일)"라는 구절을 곱씹을 수 있다. 자신과 강순의 공적을 헤아려 목숨만은 부지해 달라는 거였다. 남이가 생에 대한 애착과 미련 때문에 자백했을 수 있다. 체념한 남이가 당신이 원하는대로 모두 말해 주었으니 봐 달라는 애원이었다.

남이의 자백을 받아들인다면 모반 사건은 사실이 된다. 그러면 모반의 동기를 찾아야 한다. 예종은 9월 7일에 남이를 세조대와 동일하게 병조판서에 임명했다. 그 직후 중추부지사 한계희가 "남이의 사람됨은 병마를 맡기에는 적합하지 않다 怡之爲人 不宜典兵"고 예종에게 아뢰었고, 그 즉시 철회되어 겸사복장兼司僕將으로 좌천되었다.[28] 이로 인해 남이는 예종과 더불어 한명회·한계희를 비롯한 훈구대신들에 대한 원한을 품을 수 있었다. 남이로서는 약관의 예종을 농락하는 한명회 등을 제거하려고 생각했을 수는 있다. 윤필상도 하루아침에 병조판서가 되었던 남이가 자리에서 나와 직책을 잃었기에 앙심을 품고 있다가 역모를 일으켰다고 진단했다.[29]

유자광이 처음 고변한 내용도 남이의 거사 동기를 "세조 사망 후 간신이 난을 만들면 세조의 은총을 입었던 남이와 유자광은 죽는다. 전횡과 재물을 탐하는 김국광 등을 제거해야 한다(10월 24일)"는 데 두었다. 그리고 "남이가 말하기를, '내가 병조판서에 제수되었는데, 김국광·노사신·한계희가 주상께 아뢰어 이곳(겸사복장)으로 옮겼다. 저 사람들은 재물을 탐하여 본디 나와 더불어 좋지 아니한 자이다'고 하였습니다. 신은 단지 이 말만 들었습니다(10월 25일)"는 측근의 진술이다. 그 밖에 "'남이가 말하기를, 성변星變이 바야흐로 나타나니, 반드시 간신이 난을 꾀하는 자가 있을 것이다'하기에, 내가 간신이 누구냐고 물으니, 남이가 말하기를, '한명회이다. 그러나 그 자세한 것을 모르기 때문에 감히 계달하지 못

28) 『睿宗實錄』 睿宗 즉위년 9월 7일(癸亥).

29) 『成宗實錄』 成宗 12년 2월 3일(丁未).

한다. 너도 떠들지 말고 서서히 그 형세를 보라'고 하더라고 했습니다(10월 26일)"는 것이다.

남이는 "이제 성변이 있어 야인이 반드시 일어날 것인데, 내가 마땅히 쳐서 평정시키겠다(10월 25일)"고 했을 뿐이다. 겸사복 문효량의 자백에서 10월 7일 입직 때 일을 말하기를 "신에게 이르기를, '이제 천변이 이와 같으니 반드시 간신이 난을 꾀하는 자가 있을 것이다'하기에, 신이 간신이 누구냐고 물으니 남이가 대답하지 아니하므로, 신이 억지로 물어보니, 남이가 말하기를 '한명회가 어린 임금을 끼고 권세를 오로지 하려고 한다'하고, 인하여 탄식하기를 '내가 나라의 은혜를 후하게 입었고 너도 해외 사람으로 겸사복에 이르렀으니, 나라의 은혜를 갚기를 도모할 마음이 없겠는가?'하기에, 신이 대답하기를, '내가 본래 공이 없는데도 겸사복이 되었으니, 은혜를 갚기를 도모할 마음이 어찌 우연하겠는가?'하고는, 묻기를 '이는 작은 일이 아닌데, 누구와 더불어 하려는가?'하니, 남이가 대답하기를, "강순이 말하기를 '우리들이 나라의 후한 은혜를 받았으나 나는 늙었고 자네는 바야흐로 굳세고 씩씩하니, 난을 평정하는 일은 자네가 마땅히 맡아야 한다'고 하더라"고 하였는데, 신의 생각으로는 강순이 반드시 참여해 안다고 생각합니다(10월 26일)"고 자백했다.

『예종실록』에서는 남이의 예종 제거 관련 내용은 없었다. 더욱이 10월 19일에 김국광이 병조판서에서 파면된 소식을 듣고 남이는 "주상의 성명하심은 천재일우이다"며 쾌재를 불렀다고 한다(10월 26일). 남이가 예종에게 기대를 걸 수 있고 차후 발탁에 대한 희망을 걸 수 있는 정황이었다.

실제 병조판서에서 내려온 남이는, 겸사복장으로 있으면서 입직했을 때 겸사복 문치빈에게 "남이가 상소의 초안을 가지고 신에게 교정하기를 청하였습니다. 그 글에 있기를, '정병正兵은 모두 절을 짓는 역사에 나가서 병위兵衛가 허술하다'고 하였고, 또 '석씨釋氏의 일은 그 영묘함을 알지 못하겠다'고 하여 불공한 말이 많아서 신이 옳지 못하다고 생각하고 장차 고치고자 하였는데, 미처 이루지 못하였습니다 怡以疏草 請臣斤正 其文有云 正兵悉赴造寺之役 兵衛虧疎 且云 釋氏之事 未知其靈 語多不恭 臣以爲不可 將欲修改 未及就耳(10월 25일)"고 한 바 있었다. 남이는 군대를 불사佛寺에 투입함으로써 국방이 소홀해질 뿐 아니라 불교 자체에 대한 문제까지 논파한 상소를 올리고자 했다. 역모를 구상하는 자의 행위로서는 납득이 어렵다.

『예종실록』에 따르면 남이는 유자광의 밀고가 있던 10월 24일 밤부터 10월 27일에 환열轘裂과 효수에 이르기까지 만 3일이 소요되지 않았다. 전광석화처럼 일사천리로 처리되었다. 그럼에도 남이의 옥사가 정사인 실록에 구체적으로 기술되었다는 점을 거론하며 사실로 받아들이는 경향이 많았다.

사건의 발단인 유자광의 밀고는, 성변이라는 흉변에 대응해서 간신을 제거하자는 남이의 심중을 발설한 것이다. 그 말을 들은 예종은 판단을 내리지 못하고 "그렇다면 어떻게 처리할 것인가(10월 24일)?"라고 유자광에게 반문했다. 남이의 거사 계획은 의중을 내비쳐 유자광을 포섭하려는 탐색 단계에 불과하였다. 그랬기에 연루자들은 고문에 못 이겨 자백 아닌 자백을 했을 수 있다. 특히 첩기 탁문아의 진술 가운데 "또 5, 6일에 내가 계집종 막덕과 더불어 측간에 가서 말하기를 '요즈음 너의 주인 행동이 이상하다'고 하니, 막덕이 말하기를 '국상 때에 어찌 작첩作妾하는 일이겠소? 난을 도모하는 일이 아닐까요?'하였습니다. 내가 말하기를 '이 말은 단지 나와 너만 말하고 여러 종들에게는 말하지 말라'고 했습니다. 24일 밤에 사내종 타내가 '명패命牌가 왔다'고 급히 고하니, 남이가 놀라 일어나서 … (10월 26일)"라는 구절의, 남이 여종에게 들었다는 작난作亂 발언은 조작이 분명하다. 남이에 대해 앙심을 품고 있던 탁문아의 위증으로 보인다. 구체적인 정황 설명없이 '난을 도모하는 일이 아닐까요?'라고 말했기 때문이다. 어디까지나 상상에 불과한 추측이었다. 그리고 그녀의 진술에서 "또 10여 일 전 밤에 남이가 내게 말하기를 '네가 어째서 나를 멸시하느냐?'"고 따졌다고 한다. 두 사람 간의 앙금을 읽을 수 있다. 탁문아의 입에서 객관적인 증언이 나오기 어려운 정황이었다.

2) 도덕성 문제

한 인간을 매도하기 가장 쉬운 방법은 도덕적인 하자를 극대화하는 것이다. 인간망종을 만들면 공분의 대상이 될 수 있다. 그러면 정치적 사안에 대한 시비는 묻히고 만다. 가령 정여립의 잔혹한 성정과 관련해, 7~8세 때 까치새끼를 잡아 주둥이에서 발까지 뼈를 부러뜨리고 살을 찢은 사실을 정여립 애비에게 고한 여종의 딸을, 혼자 있을 때 배를 갈라 죽였고, 술수를 써서 과부를 강간하고 첩을 삼은 사건 등을 거론했다.[30] 남이에게는 상복으로 갈아 입는 상례喪禮 전에 육식을 했다는 사실과 어미와의 상피를 짚고 있다. 다음은 육식 건이다.

또 탁문아에게 물으니, 남이가 국상國喪의 성복成服 전에 육식한 일을 다 말하였다. 남이가 처음 붙잡힐 때에 쇠고기 수십 근이 부엌에 있었는데, 남이에게 묻기를, "네가 비로소 고기를 먹은 것이 어느 날이냐?"고 하자, 대답하기를 "신이 병이 있어 국상 7일 뒤에 어미의 명으로 먹었습니다"고 하였다(10월 25일).

그리고 다음은 국상 중의 육식 건과 더불어 남이와 그 어미 간의 상피 건에 대해 남이 역모에 공을 세운 대신들이 건의한 내용이라고 한다.

"남이의 어미는 국상 성복 전에 고기를 먹었고 그 아들이 대역大逆을 범하였으며, 또 천지 간에 용납할 수 없는 죄가 있으니, 청컨대 극형에 처하소서"하니, 명하여 저자에서 환열하게 하고, 3일 동안 효수하게 했으니 남이가 어미를 증烝해서이다(10월 28일).[31]

남이의 어미는 남이가 처형된 10월 27일 다음 날에 동일한 방법으로 처형되었다. 성복 전에 고기를 먹었고, 또 아들에게도 먹게 했다는 것과 더불어 상피 건이 보태졌다. 그런데 남이가 처형되는 10월 27일까지 국문 과정에서 상피 건은 거론되지 않았다. 그럼에도 이 건으로 남이의 어미가 처형된 것은 이해하기 어렵다. 남이의 어미가 처형된 지 4일이 지나 다음에 보이는 국문에서 상피 사실이 드러났기 때문이다.

남희南嬉는 남이의 친척이었는데, 남이와 더불어 계契를 만들어 서로 좋게 지냈다. 남희가 그때 아비의 상喪을 당하여 양주楊州에 있으니, 임금이 명하여 잡아 와서 국문하

---

30) 『燃藜室記述』 권14, 宣祖朝故事本末, 己丑鄭汝立之獄.

31) 『睿宗實錄』 睿宗 즉위년 10월 28일(甲寅).

였다. 남희가 대답하기를, "신이 지난해에 아버지의 상을 당하였고, 또 처모妻母의 상을 당하였는데, 어느 겨를에 남이의 모의에 따랐겠습니까? 또 남이의 규문閨門에 더러운 소문이 있었으므로, 신이 그와 더불어 단교한 지가 오래됩니다"고 하였다. 임금이 말하기를 "이른바 더러운 소문이란 어떤 일인가?"하니, 대답하기를 "남이의 처부妻父가 신에게 이르기를, '남이가 어떤 사람인가 하면, 사람으로서 하지 못할짓을 하는데, 금수와 무엇이 다른가?'하므로, 신이 그 사건을 물으니, 말하기를 '남이가 그 어미를 간통하였다. 더러운 소문이 파다한데 사람이 누군들 모르겠는가?'고 하였습니다. 신이 그것을 듣고는 다시 가서 보지 않았습니다"고 하니, 임금이 명하여 그를 석방했다(11월 2일).32)

남이의 친척 남희가 남이의 장인에게 들은 이야기라고 한다. 남이의 장인이 격노해서 한 말이 된다. 예종은 남이와 그 어미와의 상피를 이때 처음 안 것이다. 그럼에도 이보다 4일 전에 남이 어미를 처형할 때 죄목으로 상피를 거론하였다. 즉 남이의 어미는 성복 전의 육식과 '천지 간에 용납할 수 없는 죄'라고 한 것을 볼 때 상피를 가리키는 것 같다. 실제 "남이가 어미를 증蒸해서이다"라고 하였다. 그런데 남이의 상피 건은 그 어미가 처형되고 4일 후에 등장했다.

이와 관련해 남이 어미의 성정을 살필 수 있는 기록이 다음과 같이 실록에 한 줄 남아 있다.

남이 어미는 성정이 악독하여 며느리로 하여금 동침同枕을 못하게 하였다. 당시 의논이 분분했는데, 연유를 몰랐다(세조 14년 5월 25일).33)

남이 어미는 아들과 며느리의 잠자리를 방해하였다. 남이의 후처 고성 이씨가 친정 어머니에게 하소연했기에, 사정을 깊이 알게 된 친정 아버지가 분개하여 남희에게 말한 것으로 볼 수 있다. 그런데 1468년(세조 14) 2월 "공조판서 남이의

32) 『睿宗實錄』 睿宗 즉위년 11월 2일(戊午).

33) 『世祖實錄』 世祖 14년 5월 25일(甲申).

어미가 서울에 있어, 남이가 뵙기를 청하자, 역마를 지급해 보냈다"[34]는 기사가 있다. 남이는 세조를 호종해 온양에서 낙생역(현재 성남시 수정구 시흥동)으로 이동한 후 어미를 만나러 상경한 것이다. 당시 공조판서였던 남이는 한양 도성에 거주하였다. 이때 그 어미와 한 집에 거주했다면, 남이가 굳이 어미를 만나러 상경한 것은 조금 이해되지 않는다. 이 기록에 의한 정황상 남이는 어미와 함께 거주하지 않은 게 된다. 남편과 일찍 사별한 후 지방에 거주한 어미가 어떤 일로 상경했다는 기별을 받고 남이가 만나러 간 정황이다. 이 사실은 이들 모자가 한 집에 거주하지 않았다는 반증이 된다. 나아가 남이 어미가 며느리로 하여금 남이와 동침을 못하게 한 기록의 신뢰를 떨어뜨린다. 이러한 점에 비추어 볼 때 남이와 어미와의 상피 건은 분변이 어렵다. 단정을 유예하는 게 합당하다고 본다.

더욱이 남이 어미에 대한 죄목 건의는 '공신들이 … 또 아뢰기를 功臣等 … 又啓曰'이라고 했을 뿐, 그 사안을 아뢴 신하 이름을 특정하지 않았다. 이 같은 모호한 기록의 양태 역시 남이와 그 어미 간의 상피 건을 받아들이기 어렵게 한다. 게다가 관련 건은 남이 어미가 처형된 후 4일만에 국문鞫問을 통해 드러났기 때문이다. 4일 전의 '천지 간에 용납할 수 없는 죄'는 소급된 기록이 아니라면 처형한 후 증거 확보 차원에서 남희를 국문해 허위 진술을 받아낸 것일 수 있다. 어떻든 남이 어미는 그 건으로 소급 처벌된 것이 되므로 정황상 어색하다. 이 경우 아들 남이의 역모 건으로 그 어미를 환열하는 극형은 심하다는 여론을 야기할 수 있었다. 이 역시 남이 어미를 악녀로 만들어 공분으로써, 동정 여론을 잠재우려는 기획일 수 있다.

3) 강순의 역모 가담 여부

남이 친국 막판에 강순은 역모자로 몰려 환열형에 처해졌다. 그러면 강순의 가담 여부를 살펴 보도록 한다. 남이는 10월 26일 국문에서 강순이 모역에 가담했다고 밝혔다. 예종은 즉각 강순의 목에 항쇄를 씌웠다. 그러자 강순은 울면서 일개 갑사에서 벼슬이 가장 높이 올랐고, 또 공신까지 되었는데 무엇이 부족해

---

34) 『世祖實錄』 世祖 14년 2월 8일(己亥).

서 모반하겠냐고 했다. 예종이 들어 보니 말인 즉 틀리지 않았기에 항쇄를 풀어 주고 술을 내려주며 의심하지 않으니 두려워 말라고 위로했다.

그 즉시 남이는 자신이 반역을 도모했다고 실토한 후 유자광과 나눈 말도 모두 맞다고 했다. 이때 남이는 강순을 돌아 보며 자신과 한 패거리라고 자세히 밝혔다. 순간 강순은 화들짝 놀라며 부인하였다. 79세 고령의 강순은 그러나 곤장을 이기지 못하고 남이 말이 사실이라며 자백했다. 강순은 범죄 사실을 시인하여 적는 취초取招를 명받았지만 붓을 당겨 이름을 쓰지 않았다. 강순은 남이를 바라보고는 "내가 어떻게 너와 모의를 했다는 것인가?"고 성을 내어 꾸짖었다. 어렸을 때부터도 곤장을 맞아 본 적이 없다던 강순은 무수한 매질을 이기지 못하고 모역을 자백했다.

강순은 매질 때문에 자백 아닌 자백을 했지만 하지 않은 일을 수용할 수는 없었다. 남이도 지지 않았다. "영공令公이 말하지 아니하였다고 하는가? 나와 같이 죽는 것이 옳다. 또 영공은 이미 정승이 되었고 나이도 늙었으니 죽어도 후회가 없을 것이지만, 나 같은 것은 나이가 겨우 스물 여섯인데 (죽기에는) 정말로 아깝다"고 하였다. 강순은 길게 탄식한 후 문초에 굴복해서 죄상을 시인하는 복초服招를 작성했다. 패거리를 묻자, 강순은 "없다"고 하였다. 말 떨어지기가 바쁘게 매질을 하려고 하자, 강순은 "신이 어찌 매질을 참을 수 있겠습니까? 만약 좌우의 신하를 다 들어서 패거리라고 하여도 믿겠습니까?"라고 반문했다.

강순은 매질을 견디지 못하고 모역을 자백한 것이다. 허위 자백이었기에 패거리가 있을 리 없었다. 남이가 지목한 강순의 패거리도 추측과 상상에 불과한 허구였다. 그러면 남이가 강순을 끌어들인 이유와 관련해 다음의 야사를 살펴 본다.

> 남이가 국문을 당할 때에 강순이 영의정의 직책으로서 들어와 참관하였는데 남이가 "강순도 이 모의에 간여했습니다"고 하였다. 강순이 말하기를 "신은 본래 평민으로서 밝으신 임금을 만나 벼슬이 정승에까지 이르렀는데 또 무엇을 구하려고 남이의 역모에 간여했겠습니까"하니, 임금은 그렇게 여기었다.
>
> 남이가 다시 아뢰기를 "전하께서 그의 숨기는 말을 믿으시고 죄를 면해 주신다면 어찌 죄인을 찾아 낼 수 있겠습니까"라고 하였다. 임금이 강순도 국문케 하니 강순은 나이 이미 80세였으므로 고문을 견뎌 내지 못하고 자복하여 남이와 함께 죽었다.

그가 부르짖기를 "남이야, 네가 나에게 무슨 원한이 있기에 나를 무함하느냐?"고 하였다. 남이는 "원통한 것은 나와 네가 매한가지다. 네가 영의정이 되어 나의 원통한 것을 알고도 말 한 마디 없이 구원해 주지 않았으니 원통히 죽는 것이 당연하다"고 하였다. 강순은 입을 다문 채 대답하지 못하였다. 고발한 자와 추관들을 모두 훈공에 녹하고 그 자손들도 이익을 누렸다. 그러나 남이가 죽은 것은 지금까지도 그 죄명이 참인지 거짓인지 분변하지 못한 채이다(『부계기문』).[35]

이때 남이가 심한 형벌로 다리뼈가 부러지자, "강순이 나를 시켰다"고 하였다. 그는 웃으면서 강순에게 말하기를, "내가 자복하지 않은 것은 뒷날에 공을 세울 것을 바랐던 때문인데 지금 다리뼈가 부러져 쓸모 없는 병신 몸이 되었으니 살아 있은들 또한 무엇을 하리요. 나 같은 젊은 자도 오히려 죽은 것이 아깝지 않은데 머리털이 허옇게 센 늙은 놈은 죽는 것이 진실로 마땅하다. 그래서 내가 고의로 너를 끌어댄 것이다"고 하였다. 임금은 "병조판서 허종許琮도 역모를 아느냐?"고 물었다. 이때 허종이 입시했다가 황송하여 땅에 엎드렸다. 남이는 "허종은 충신이므로 이것을 알지 못하오니 원컨대, 이 사람은 쓰시고 의심하지 마옵소서"하였다. 형을 당할 적에 강순이 남이를 돌아보면서, "젊은애와 잘 지낸 때문에 이런 화를 당하는구나"고 하였다. 지금도 남이의 옛 집터가 남아 있는데 사람들이 감히 살지 못하고 채소밭이 되었다. 대개 숫범과 같은 바탕이 있었다고 한다(『기재잡기』).[36]

남이가 강순을 연루시킨 것은, 예종 곁에 앉아 있었고 지위가 정승이었기에 자신의 억울함을 충분히 직언해 줄 수 있었음에도 방관한 데 대한 자포자기 심리에서 나온 보복으로 보인다. 강순 뿐 아니라 많은 대신들은 누구도 공이 많은 남이를 변호해 주지 않았다. 그 이유를 「남장군시장」에서 "한 해 동안에 뛰어서 판서 자리까지 이르렀으니 그를 미워하는 사람들이 많았다. … 국문을 당하던 그날 조정에서는 원통하게 여기는 이가 많았으나, 요직에 있는 자들이 모두 그를 시기하였다. 도와서 구해주려는 이가 한 사람도 없었다. 혹은 위급한 상황에 놓인 사람을 보고 구해 주기는커녕 더욱 곤경에 빠뜨리는 자를 비유한 말로 쓰

35) 『大東野乘』 권72, 涪溪記聞.

36) 『寄齋雜記』 권1, 歷朝舊聞1, 睿宗.

이는 하석자가 '남이는 사람을 많이 죽였고, 또 반역의 형상이 있으니 지금 베지 않으면 반드시 후환이 있습니다'"[37]고 했다. 당시 국문의 분위기를 전한다. 「남장군시장」에 따르면 건주위 여진 정벌 당시 어유소(1434~ 1489)도 남이의 용맹과 지략을 시기하였다.

남이가 처형된 직후 남이의 집과 재물은 유자광에게 돌아갔다. 그로부터 38년이 흐른 1506년(중종 1)에 유자광은 그 사실을 상기시켰다.[38] 1612년(광해군 4)에도 영부사 기자헌이 "신이 일찍이 듣건대 남이의 집이 오래도록 그대로 남아 있다 하기에 그 터를 보니 지금까지 파손된 곳이 없었습니다"[39]고 했다. 이로 볼 때 유자광은 자신이 밀고해서 죽게 한 남이의 집을 상賞으로 받았지만 입주하지 못했고, 또 누구도 들어가 살지 못한 것 같다. 남이가 처형된 지 144년이 지났지만 집이 남아 있었다는 것은 흉가였음을 뜻한다. 이후에도 여전히 사람이 거주하지 않았기에 집은 없어졌고 그 터는 채소밭이 되었다고 한다. 1767년(영조 43)에는 "남이의 집 : 동부 □방에 있었는데, 사람이 감히 살지 못했기 때문에 드디어 없어져서 채소밭이 되었다. 뜰에 반송盤松이 있는데 비길 데 없이 커서, 32개의 기둥으로 떠 받쳤다. 애송愛松이라 부른다. 이 소나무는 바로 영종 정해년에 부사府使 조진세가 심은 것이라 한다"[40]고 했듯이 집터에 반송을 심었다. 남이의 집터는 계속 반추되었던 것이다.

4) 남이 역모 사건의 그림

남이 역모 사건의 전말을 이해하기 쉽게 정리해 본다. 정사인 『예종실록』과 야사인 『부계기문』·『기재잡기』 간의 상충된 기록을 대비해 보았다. 『부계기문』은 김시양金時讓(1581~1643)이 1612년(광해군 4) 함경북도 종성에서 귀양살이 하는 동안 집필한 문견수필집聞見隨筆集이다. 부계는 종성의 다른 이름이었다. 김시양

37) 『性齋先生文集』 권32, 南將軍諡狀.

38) 『中宗實錄』 中宗 원년 10월 17일(壬戌).

39) 『光海君日記』 光海君 4년 7월 6일(戊戌).

40) 『東國輿地備考』 권2, 漢城府.

은 어려서부터 문장이 뛰어나고 박식하여 이름이 높았다. 인조 때 이조판서 · 병조판서 · 4도의 관찰사를 역임했으며, 사후에 청백리로 선록選錄되고, 시호는 충익忠翼이다.

김시양은 천성이 청렴결백하고 언행이 엄정하며 강직하였다. 그는 잘못은 비판하고 잘한 것은 찬양하여 어느 누구도 두둔하지 않았고 또 어느 누구도 잘못하는 것을 묵인하지도 않았다는 평가를 받았다. 『부계기문』은 많은 인물들에 대한 이야기를 하면서 당쟁의 이면사가 드러나 사화의 참모습도 알게 하고, 당시 정치인들의 생태와 국운의 성쇠도 엿보게 한다.

그리고 정사에서 볼 수 없는 내용을 『부계기문』에서 발견하는 경우가 많다. 김시양은 저명한 우리나라 학자들까지도 자국 역사를 경시하는 경향을 개탄하였다. 또 그는 이야기를 정확하게 하기 위하여 매우 애썼고, 단순한 어느 한 토막의 괴이한 이야기를 할 때에도 반드시 어느 때 누구에게 들었다고 밝혔다. 그랬기에 『부계기문』은 엄격한 역사의 증언으로 평가받고 있다.[41] 박태순朴泰淳(1653~1704)은 김시양의 저술에 대해 다음과 같은 평가를 내렸다.

> 하담야승은 김 상서尙書 시양時讓이 저술한 것이다. 공公의 자字는 자중子中으로 재간과 지략에 잘 기억했기에 칭송을 받았다. 인조仁祖 때 나가서는 군문軍門(병조판서)을 맡게 되었고, 내직에 들어와서는 호조戶曹(호조판서)를 맡았다. 무척 힘을 썼기에 뚜렷하게 (업적이) 드러났다. 지은 것으로는 자해필담 · 하담파적록 · 부계기문이 있다. 이들을 합하여 하담야승荷潭野乘으로 이름했다. 지금 그 글을 보면 옳음과 거짓, 기리거나 떨어뜨리는 게 하나하나 맞는 지는 알 수 없지만, 그러나 적힌 말은 사실에 근거한 게 많았다. 겉만 화려하고 과장되게 쓴 병통은 없었다. 광해군으로부터 인조 말년에 이르기까지 그 당시 사회에 일어난 일과 세상에서 일어나는 큰 사고나 재난의 대체를 알아 볼 수 있다. 나라의 고실故實이나 관례 · 예악 따위를 관장하는 벼슬아치들이 빠뜨릴 수 없는 것을 기록하였다고 한다.[42]

---

41) 南晩星, 「『부계기문』 해제」, 『국역 대동야승(18)』, 민족문화추진회, 1975, 503~504쪽.

42) 『東溪集』 권7, 題辭, 題荷潭野乘. "荷潭野乘 金尙書時讓之所著也 公字子中 以幹略強記見稱 於長陵時 出制戎閫 入判度支 勞勩實著 所撰有紫海筆談 荷潭破寂錄 涪溪記聞 捴名之曰荷潭野乘 今觀其書 是非褒貶 固未知一一得中 然語多摭實 無

이와 더불어 『기재잡기』는 '어릴 적부터 총명하고 재주와 도량이 있었다'[43]는 평을 받은 박동량(1569~1635)의 저술이다. 그는 정치적 사안과 맞물려 유배를 가는 등 기복이 없지 않았지만, 저서인 『기재잡기』와 『기재사초』는 역사 기록으로서도 매우 소중한 자료로 평가받고 있다.[44] 특히 자포자기한 남이가 강순을 끌어당기는 기록은 너무나 생생해서 마치 곁에서 지켜 본 것 같은 생동감을 준다.

이들 야사에 보이는 강순의 자백은 고문에 의한 게 분명하다. 그러므로 남이와 엮어진 강순 공모론도 모두 허위가 된다. 남이도 처음에는 완강히 부인하다가 '매 맞는 데 장사 없다'고 했듯이 고문을 이기지 못하고 자백한 것이다. 남이 역모 사건의 공범인 강순의 자백 또한 고문의 결과였다. 남이도 처음 실마리가 된 유자광의 고변에서 보듯이, 자신을 병조판서에서 좌천시킨 한계희를 비롯해 한명회 등을 제거하는 선에서 머물렀던 것 같다. 남이는 예종을 제거하는 생각은 당초부터 품지 않았다고 본다. 자신의 정치적 진출에 방해자요 장애물인 한계희 등을 제거하는 선까지였던 것 같다. 그랬기에 남이는 한명회 등을 제거할 요량으로 전우이기도 한 유자광에게 의중을 비친 것이다. 문제는 유자광이 즉각 예종에게 고변하였고, 그날 밤 남이가 체포되는 바람에 일사천리로 일이 진행되었다. 사건도 눈덩이처럼 불어난 것으로 보인다. 『기재잡기』에서는 "도대체 역적이란 것이 어떤 죄명인데, 이렇게 희롱을 한 것일까 夫逆賊是何等罪名 而乃相戲耶" 라고 개탄했다.

이 사건은 좌천에 불만을 품은 남이의 개인적인 복수심에서 심중을 비친 데 불과하다. 그렇다고 준비에 착수한 것도 아니었다. 그럼에도 일을 키운 사람은 예종이었다. 실록에서는 예종을 다음과 같이 평가했다.

> 성품이 영명과단英明果斷하고 공검연묵恭儉淵默하며, 서책에 뜻을 두어 시학자侍學者로 하여금 날마다 세 번씩 진강進講하게 하고, 비록 몹시 춥거나 더울 때라고 하더라

浮誇之病 自光海時至仁廟末季 時事世變之大者 可以槩見 掌故氏所不可遺者 玆錄之云"

43) 『仁祖實錄』 仁祖 13년 2월 5일(丙戌).

44) 金鍾五, 「『기재잡기』 해제」, 『국역 대동야승(14)』, 민족문화추진회, 1971, 76쪽.

도 정지하지 아니하였다. 그러므로 덕업이 일찍 이루어지고 여망이 날마다 높아졌다 (『예종실록』 총서).

그러나 이와는 달리 야사에서는 "(남이의) 용맹이 특별히 뛰어나서 이시애와 건주위를 정벌할 때에 선두에서 힘껏 싸웠으므로 1등 공으로 책정되고, 세조가 벼슬 등급을 뛰어 병조판서로 임명하였더니, 당시 세자이던 예종은 그를 몹시 꺼렸다"[45]고 했다. 그러면 다음에 열거된 남이 역모 진압에 공을 세웠다는 익대공신을 살펴보자.

이조吏曹에 전지하여 참지參知 유자광 · 고령군 신숙주 · 상당군 한명회 · 환관 신운 · 우부승지 한계순을 1등으로 삼고, 밀성군 이침 · 덕원군 이서 · 영순군 이부 · 귀성군 이준 · 영사 심회 · 우의정 박원형 · 하성군 정현조 · 거평군 이복 · 좌승지 이극증 · 겸사복 박지번을 2등으로 삼고, 하동군 정인지 · 봉원군 정창손 · 창녕군 조석문 · 청천군 한백륜 · 호조판서 노사신 · 병조판서 박중선 · 동지사 홍응 · 신천군 강곤 · 파산군 조득림 · 병조참판 신승선 · 도승지 권감 · 우승지 어세겸 · 우부승지 윤계겸 · 동부승지 정효상 · 첨정 권찬 · 주서 조익정 · 환관 안중경 · 서경생 · 김효강 · 이존명 · 유한을 3등으로 삼고, 그 포상하는 모든 일은 좌익공신의 예에 의하게 하였다. 지사知事 한계희는 집이 성 밖에 있어서 성문을 닫음으로 인하여 들어오지 못하였다가 이날에 와서 알현하니, 임금이 불러서 보고 3등 공신에 기록하도록 명하였다. 권찬은 의술로써 세조에게 지우知遇를 받아 은혜와 사랑이 보통과 달랐는데, 임금이 즉위하자 사랑과 대우가 더욱 융성하였다. 공신들이 아뢰기를 "신 등은 별로 공로가 없었는데 외람되게 은혜를 받으니 마음에 진실로 미안합니다."(10월 28일)

익대공신들의 숫자는 많았지만 이들이 남이 역모를 적발하는데 어떤 역할을 했는지는 적혀 있지 않았다. 위의 인용에서처럼 익대공신 자신들이 '신 등은 별로 공로가 없었는데 외람되게 은혜를 받으니 마음에 진실로 미안합니다'고 하였다. 예종은 남이 제거와 관련해 훈구대신들을 익대공신이라는 이름으로 남이 사건 공훈과 연계해 자신과 합치시켰다. 예종 자신의 행위에 대한 공동의 보증으

45) 『燃藜室記述』 권6, 睿宗朝故事本末, 南怡之獄.

로 삼은 것이다. 결국 예종은 남이 사건을, 자신을 시해하려고 한 역모 사건으로 몰아 작심하고 일을 키웠다. 일이 이렇게까지 커진 데는 청년 왕 예종의 자격지심과 피해의식도 한몫했다고 본다. 그는 부왕인 세조대의 사육신 사건을 숙지하고 있었기 때문이다. 따라서 예종은 유약하지 않은 강인한 군왕의 모습을 보이려고 했던 것 같다. 예종이 군신들을 다잡으려는 정치적 기획의 표출이자 희생양이 남이였다.

III. 맺음말

남이의 옥사는 두루 잘 알려진 사건이었다. 1964년에 상영된 영화 '남이 장군(안현철 감독)'에 등장하는 주연인 신영균(남이)과 악역 전문 배우 이예춘(유자광) 역의 선악 대비는 지극히 선명하였다. 조선 후기~현대에 이르기까지 남이는 유자광의 모함으로 인해 처형된 비운의 장군 이미지였다. 그런데 정사인 『예종실록』에 따르면 남이에 대한 구체적인 역모 사실이 드러난다. 적어도 기록에 따르면 남이 본인이 자백을 한 것이다. 이 사실을 확인한 연구자들에 의해 남이 역모는 무고가 아니라 존재했던 사실로 반전되었다. 현재 역사학계와 고전문학계에서는 남이의 역모를 실재한 사실로 받아들이는 견해가 지배하고 있다. 그러나 이 사실은 당시의 정치적 역학관계를 비롯해 예종 개인의 성정이 복합적으로 얽혀서 빚어진 참극이었다. 공교롭게 예종이 즉위한 9월 한 달 동안에만 혜성이 무려 21회나 나타나 민심이 흉흉하였다. 마침 유자광의 고변을 접수한 예종은 남이에게 역모죄를 뒤집어 씌워 민심을 다잡으려고 계산한 것 같다. 그러므로 이 사건은 꼼꼼히 되짚어 볼 여지가 많은 정치적 사건이었다.

본고의 주된 논의 대상인 남이의 옥사에 대해서는 정사와는 다른 가능성을 타진해 보고자 했다. 20대 중반에 초고속으로 공조판서와 병조판서까지 승진한 남이가 역모한다는 것은 정황상 수용이 쉽지 않다. 태종의 외증손이며 세조의 극진한 사랑을 받았던 로열패밀리인 그가 노릴 수 있는 권좌는 하나밖에 없었다. 왕조 교체라는 엄청난 정변의 단행이었다. 『고려사』와 『강목』을 읽었을 정도의 안목을 갖춘 그가 고도의 정치력과 민심을 전제로 한 정변을 밀어붙인다는 생각은 품기 어려웠다고 본다. 특히 자신이 진압한 이시애의 난을 통해 연좌제가 붙는 역모자의 처참한 말로를 누구보다 잘 알고 있었다. 단순히 예종 한 사람을 제거한다고 해결될 일은 아니었다.

다만 남이가 조정에 불만을 품을 수 있는 요인은 존재하였다. 예종 즉위와 동시에 겸사복장으로 좌천되었기 때문이다. 남이로서는 예종에게 자신의 좌천을 건의한 한계희를 비롯해 한명회 등 훈구대신들에 대한 반감을 가졌을 수 있다. 이들 제거에 대한 심중을 전우인 유자광에게 간보기 식으로 은밀히 던져 본 말이 밀고되어 역모죄로 비화한 것으로 보였다. 예종이 유자광의 밀고를 덥썩 문 것은 평소 남이를 꺼렸던 개인적인 성정이 작동한 것이다. 게다가 잦은 혜성 출현으로 인해 흉흉해진 민심을 다잡으려는 목적을 지니고 있었다. 남이는 이러한 정국에서 표적으로 걸려든 것이다. 예종이 부왕인 세조대에 있었던 친국을 즉위와 동시에 단행한 것은 위기의식의 발로였다. 사건 자체가 당초 이렇게까지 크게 키울 성질은 아니었지만, 청년 왕의 피해의식과 자격지심이 결부되어 큰 사변으로 변질한 것이다.

남이가 자백한 것은 고문의 결과였다. 특히 몸이 부서져 무인으로서 수명이 끝났다고 생각하자 자포자기 심리가 작동한 것 같다. 그의 심리를 엿보여주는 사례가 예종과 나란히 앉아 있던 재상 강순을 엮은 것이다. 고락을 함께 한 전우로서 함경도 이시애 난과 압록강 건너 건주위 이만주 여진 정벌을 함께 했던 강순이 외면하고 있어서였다. 남이로서는 자신의 억울함을 예종에게 얼마든지 상신할 수 있는 위치였음에도 외면하자 이판사판 심정으로 강순을 물고 간 것이다. 이러한 정황은 남이 스스로 억울하다고 여겼기에 한 줄기 구명줄로 여겼던 강순의 외면에 큰 앙심을 품은 결과였다. 강순뿐 아니라 그 누구도 초고속 승진을 한 남이 편을 들어주지 않았다. 20대 중반에 판서까지 승진한 남이에 대한 질투심이 복합되었기 때문이다.

남이의 옥사에 공을 세운 익대공신 숫자가 실록에 40명 가깝게 즐비하게 열거되었다. 그런데 이들 공신들의 구체적인 공적이 보이지 않았다. 익대공신 자신들도 "신 등은 별로 공로가 없었는데 외람되게 은혜를 받으니 마음에 진실로 미안합니다"고 실토하였다. 예종은 남이를 죽인 옥사와 관련해 자신의 정치적 부담을 분담하기 위해 공도 없는 익대공신을 남발했다. 그랬기에 익대공신 스스로도 어리둥절해 하였던 것이다. 이 사실은 남이 옥사의 실마리는 유자광이 제공했지만 일을 키우고 만든 장본인은 예종이었음을 반증한다. 예종은 왕권 확립 차원에서 남이 옥사를 주도하였고, 또 정치적으로 이용한 것이다.

한 인간을 매도하는 데 있어서 비난 요인을 만들어 낸다면 단죄의 부담은 한층 덜어지게 마련이다. 진위 분변이 어려운 사건일수록 도덕성을 내밀어 상황을 반전시키는 경우가 많았다. 가령 지금도 논란이 많은 정여립 사건의 경우 어렸을 때 종의 어린 딸을 잔혹하게 죽여 보복한 사건을 기록에 남겼다. 남이의 경우는 성복成服 전의 육식과 '천지 간에 용납할 수 없는 죄'로 어미와의 상피를 제기했다. 그런데 남이의 어미가 아들과 며느리의 동침을 막았다고 하는데, 기본적으로 남이는 어미와 한 집에서 살지 않은 사실이 드러났다. 그러므로 그 어미가 아들 부부의 동침을 막는 일은 당초부터 성립이 어려운 사안이었다. 나아가 남이와 어미 간의 상피도 고려하기 어렵다. 게다가 남이와 어미와의 상피는 그 어미가 처형된지 4일 후에 드러났다. 그럼에도 그 어미의 처형 이유로서 '천지 간에 용납할 수 없는 죄'는 그 전에 이미 제기되었다. 그리고 처형 죄목을 제기한 인물을 밝히지 않고 막연히 '공신들이 … 또 아뢰기를 功臣等 … 又啓曰'이라고만 했다. 기록의 신뢰성을 떨어뜨리는 문자였다.

이와 연동해 1593년 허균은 유자광의 무고로 남이가 살해되었다고 단언했다. 남이의 억울함을 조선 지식인 사회에서 공유했던 것 같다. 1758년 영조가 남이의 북정시北征詩를 읊조리면서 기상을 높게 평가했다. 영조가 남이를 난신으로 간주했다면 나올 수 없는 소회였다. 1797년 정조도 남이의 벼슬 회복 건의를 받자 긍정적으로 수용했다. 이때 현장을 기록했던 남공철이 1818년(순조 18) 우의정이었을 때 상소하여 관철시켰고, 대한제국 멸망 직전에 충무 시호까지 추증되었다. 이로써 남이에 대한 명예는 완료된 것이다.

남공철이 제기한 남이 복권의 근거는 야사였다. 실제 남이 관련 기록을 수록한 대표적 야사인 『부계기문』과 『기재잡기』 등은 공정한 기록물로 높은 평가를 받았다. 조선 후기인들도 이와 동일한 정서를 지녔기에 남공철이 야사를 근거로 제시한 것이다.

지금까지의 서술을 통해 정사 만능주의에서 벗어나 정사의 빈 구석이나 오류를 메울 수 있는 사료로서 야사의 비중을 재인식하기를 바랬다. 그러한 차원에서 남이 옥사를 중심으로 살펴 본 것이다.

본고는 『예종실록』에 수록된 남이 옥사의 진상 구명과 분변에 목적을 두고 작성한 것은 아니었다. 다양한 가능성의 상존과 더불어, 야사가 지닌 나름의 증거력을 인정하여 좀더 유연한 사실 접근을 유도하고자 한 것이다. 사실 남이의 옥사도 기존의 전개와 정반대로 전개할 수도 있다. 가령 "어떤 사람이 그가 공주(남이 어미)와 상피했다고 고발하여 감옥에 가두고는 모반으로 끌어당겨 그를 베었다(『涪溪記聞』 "人或告其烝於公主下獄 因以謀叛按誅之")"고 했다. 지금까지 알고 있던 내용과는 전혀 다른 사건 전개인 것이다. 이렇듯 남이 옥사는 남겨진 문헌만으로는 진상 구명이 어렵다. 다만 다양한 가능성을 열어두고 탄력적으로 살펴야 한다는 취지로 작성했다.

이도학, 「野史와 正史의 경계 : 南怡 獄事」, 『溫知論叢』 80, 2024.

<부록>

『예종실록』의 남이 옥사 관련 기록

『예종실록』에 보이는 남이의 옥사 과정을 발단에서부터 처형까지를 시간 순서대로 다음과 같이 서술해 보았다. 상당히 지루하지만 사건 공유 차원에서 실록 내용을 축약해 옮겨왔다.

1468년 10월 24일 밤 :

유자광이 승정원 승지 이극증 등에게 요청해 예종과 대면해서, 남이의 말을 전했다. 즉 세조 사망 후 간신이 난을 만들면 세조의 은총을 입었던 남이와 유자광은 죽는다. 전횡과 재물을 탐하는 김국광 등을 제거해야 한다. 그러면서 오늘 저녁에 남이가 신의 집에 달려와서 말하기를 "혜성이 이제까지 없어지지 아니하는데, 너도 보았느냐?" 하기에 신이 보지 못하였다고 하니, 남이가 말하기를 "… 희기 때문에 쉽게 볼 수 없다"고 했다. 유자광이 『강목綱目』을 가져와 보이며 "광망光芒이 희면 장군이 반역을 한다"고 하자, 남이가 탄식하기를 "이것 역시 반드시 응함이 있을 것이다"며 동감했다는 것이다. 남이는 예종을 경복궁으로 옮기게 한 후 거사하겠다고 했다. 이어서 남이는 … 인하여 말하기를 "이런 말을 내가 홀로 너와 더불어 말하였으니, 네가 비록 고할지라도 내가 숨기면 네가 반드시 죽을 것이고, 내가 비록 고할지라도 네가 숨기면 내가 죽을 것이므로, 이같은 말은 세 사람이 모여도 말할 수 없다"고 하였다. 유자광의 밀고를 들은 예종은 … 하니, 임금이 말하기를 "그렇다면 어떻게 처리할 것인가?"하니, 유자광이 대답하기를 "밤을 타서 가서 잡으면 혹시 도망해 숨을까 두려우니, 날이 밝기를 기다려서 …"라고 대화했다.

체포된 남이를 예종이 친국할 때 "'또 유자광의 집에 가서 이야기하다가 곁에 있는 책상에서 『강목』을 가져다가 혜성이 나타난 한 구절만 보았을 뿐이고 다른 의논한 것은 없습니다'고 하였다. 여러 재상에게 명하여 국문鞫問하게 하였으나 실정을 다 말하지 아니하였다. 임금이 유자광과 남이를 면질面質하도록 명하니, 유자광이 남이를 불러서 남이가 말한 것을 갖추 말하였다. 남이가 비로소 유자광이 와서 계달한 것을 알고 놀라, 머리로 땅을 치며 말하기를 "유자광이 본래 신에게 불평을 가졌기 때문에 신을 무고한 것입니다. 신은 충의한 무사로 평생에 악비岳飛로 자처하였는데, 어찌 이러한 일이 있겠습니까?'"라고 답했다.

예종은 남이 집에서 함께 붙잡은 첩기妾妓를 비롯해 남이가 유자광 집에 찾아오기 전에 만났던 이들을 불러 문초했지만 특이점은 없었다. 한결같이 북방 야인 방비에 관한 내용만 나누었다는 것이다. 예종은 남이의 서삼촌을 불러 문초했지만 역시 특이점이 없었다. 다만 그는 남이 집에 갔더니 먼저 온 사람들과 "서로 바둑도 두고 작은 과녁에 활을 쏘았으며, 다른 것은 들은 것이 없습니다"고 답했다. 그러자 예종은 남이 서삼촌에게 곤장 20대를 때렸지만 불복하자, 혐의점을 찾지 못한 예종은 "네가 어찌하여 졸곡卒哭 전에 활을 쏘고 바둑을 두었느냐?"고 트집을 잡았다. 그러자 남이는 "신은 무인이므로 궁력弓力이 장차 줄어질까 두려워하여 김창손 · 박자하 · 이중순의 무리들과 더불어 활을 쏘았고, 또 조영달 · 강이경과 더불어 활을 쏘았습니다"고 답했다.

예종은 유자광의 말을 염두에 두고 "드디어 경복궁으로 옮기겠다는 등의 말은 무엇을 이르는 것이냐"고 물으니, 대답하기를 "소신이 어찌 능히 주상을 경복궁으로 옮기게 하겠습니까?"하므로, "곤장을 치도록 명하였으나 그래도 불복하자 …"라는 구절이 보인다.

10월 25일 :

예종이 장계지에게 물으니, 대답하기를 "남이가 일찍이 신에게 묻기를 '용력이 있는 이가 누구냐?'고 하기에 신이 모른다고 대답하였고, 남이가 또 말하기를, '이제 성변星變이 있어 야인이 반드시 일어날 것인데, 내가 마땅히 쳐서 평정시키겠다'고 하였습니다. 오직 이 말뿐이었습니다'"는 답변 뿐이었다. 그리고 예종이 이중순에게 물으니, 대답하기를 "남이가 말하기를 '내가 병조판서에 제수되었는데, 김국광 · 노사신 · 한계희가 주상께 아뢰어 이곳(겸사복장으로) 옮겼다.

저 사람들은 재물을 탐하여 본디 나와 더불어 좋지 아니한 자이다'고 하였습니다. 신은 단지 이 말만 들었습니다"는 답변 정도였다.

그리고 "이침 · 이부 · 신숙주 · 한명회 · 조석문 · 박원형 · 이극증 및 형조판서 강희맹이 의금부 · 대간臺諫과 같이 잡치雜治하였으나, 남이 등이 그래도 승복하지 아니하였다"고 했다.

예종은 남이 측근들 문초했지만 역모 흔적이 드러나지 않았다.

10월 26일 :

문효량이 붓을 잡고 한참 있다가 말하기를 "요즈음 나라에 일이 있으니 아직 천천히 하라"고 하기에, 신이 무슨 일이냐고 물으니, 대답하기를 "남이가 말하기를, 성변이 바야흐로 나타나니, 반드시 간신이 난을 꾀하는 자가 있을 것이다"고 하기에, 내가 "간신이 누구냐"고 물으니 남이가 말하기를 "한명회이다. 그러나 그 자세한 것을 모르기 때문에 감히 계달하지 못한다. 너도 떠들지 말고 서서히 그 형세를 보라고 하더라"고 했다는 것이다. …

문효량이 오히려 남이를 돕고자 하여 말이 바르지 아니함이 많으니, 곧 곤장 50대를 때리자 이에 말하기를 "남이가 말하기를, '산릉에 나아갈 때에 중로에서 먼저 두목격인 장상將相 한명회 등을 없애고, 다음으로 영순군 · 구성군에게 미치며, 다음에는 승여乘輿에 미쳐서, 스스로 임금의 자리에 서려고 한다'고 했습니다"고 하였다. 재상 중에 더불어 도모한 자는 누구냐고 물으니 "강순입니다"고 대답했다.

임금이 곧 명하여 강순을 항쇄하게 하여 물으니, 강순이 울며 대답하기를, "신이 처음에 갑사甲士로서 외람되게 성은을 입어 벼슬이 극품極品에 이르렀으며 또 공신이 되었는데, 무엇이 부족해서 모반하겠습니까?"하니, 명하여 항쇄를 풀고 다시 앉게 하고, 인하여 술을 내려주며 말하기를, "내가 어찌 경을 의심하겠는가? 경은 두려워하지 말라"고 했다는 것이다.

위의 문효량 자백에서 남이는 성변이 예기하는 간신의 발호와 관련해 한명회를 지목했다. 이어 고문을 당한 문효량은 거사 주체와 시기 및 목적을 구체적으로 실토하였다. 남이의 왕위 찬탈과 동조자로서 강순을 지목했다. 이 기록에 따른다면 강순은 남이의 실토나 고문이 아니라 남이 패거리에 의해 공모자로 지목된 것이다.

10월 27일 :

남이가 대답하기를 "신은 어려서부터 궁마弓馬를 업業으로 삼아, 만일 변경에 일이 있으면 먼저 공을 세워 국가를 돕는 것이 신의 뜻입니다. 신은 본래 충의한 무사입니다"고하니, 임금이 말하기를 "네가 '충의한 무사'라고 일컬으면서 어찌하여 성복成服 전에 고기를 먹었느냐?"하니, 대답하기를 "병이 들었기 때문에 먹었습니다"고 하였다. 임금이 반역한 이유를 묻게 하니, 남이가 사실대로 대답하지 아니하므로, 이에 곤장을 때렸더니 남이가 큰 소리로 말하기를, "원컨대 우선 천천히 하소서. 신의 꾀한 일을 말하자면 깁니다. 원컨대 한 잔 술을 주시고 또 묶은 끈을 늦추어 주면 하나하나 진달하겠습니다"고 하므로, 명하여 술을 내려주고 묶은 끈을 늦추게 하니, 남이가 말하기를 "신이 과연 반역을 꾀하고자 하였습니다. 유자광과 더불어 이야기한 말이 모두 옳습니다"하고, 강순을 돌아보며 말하기를 "저 사람은 바로 신의 당류입니다. 지난 9월에 세조께서 승하한 뒤에 마침 성변이 있었고 강순이 밀성군과 더불어 도총부都摠府에 입직하였는데, 신이 가서 보았더니 곧 밀성군은 안으로 들어가고 강순이 신의 손을 잡고 말하기를 '바야흐로 이제 어린 임금이 왕위를 이었는데 성변이 이와 같으니 간신이 반드시 때를 타서 난을 일으킬 것이다. 만약 그렇게 되면 우리들은 세조의 은혜를 받아 장군이라 이름하였으므로 반드시 먼저 화禍를 입을 것이니, 장차 어떻게 할 것인가?'하기에, 신이 응답하기를 '약한 자가 선수先手함이 가하겠는가?'하니, 강순이 옳게 여겼습니다.

다른 날에 강순과 더불어 같은 날 입직하였는데, 강순이 신의 숙직하는 곳에 이르러 서로 더불어 『고려사』를 열람하다가 인하여 강조가 그 임금 용誦(목종)을 시해하고 순詢(현종)을 세운 것을 논하기를, '그때는 잘못이라고 하였으나 후세에서는 잘했다고 하니, 지금으로 보면 형세는 달라도 일은 같다'고 하였습니다. 신이 말하기를 '계책이 이제 이미 정하여졌다. 장차 우리가 임금으로 삼을 이는 누구일까?'하고, 인하여 영순군을 들자, 강순이 말하기를, '영순군과 구성군은 한

몸뿐이고 그 후사後嗣가 미소微少하다. 내가 일찍이 보성군과 더불어 국가의 일을 말하였는데 보성군이 탄식하지 아니함이 없었고, 그 아들 춘양군이 세 번 우리 집에 왔다가 갔으므로 이도 또한 마음에 없는 것이 아니니, 우리들의 계책으로는 이만한 것이 없다. 그 뒤에 우리들이 공을 이루고 물러가 쉬면 사람들 가운데 누가 옳지 못하다고 하겠는가?'라고 하였습니다. 다른 날에 강순이 다시 말하기를 '성상께서 일찍이 여러 재상을 인견하고 산릉山陵의 길흉을 물었는데, 내가 천어天語의 정녕丁寧함을 들으니 참으로 명철한 임금이다. 어떤 간신이 있어 그 사이에 틈을 내겠는가? 우리 무리는 마땅히 마음을 달리하지 말고 힘써 도울 뿐이다'고 하였습니다. 또 먼젓날 성상께서 풍양豐壤에 거둥하여 산릉 터를 보고 종친 · 재추들과 더불어 길흉을 논할 때에 강순이 신에게 눈짓하여 말하기를 '내가 일찍이 말하지 아니하던가? 너도 천어天語를 들었느냐?'라고 하였습니다"하고, 장차 또 말을 하려는 듯하더니 유자광이 뒤에 있는 것을 보고 마침내 다시 말을 하지 않았다. 강순에게 물으니, 강순이 숨기므로, 곤장을 때렸더니 강순이 말하기를 "신이 어려서부터 곤장을 맞지 아니 하였습니다. 어찌 참을 수 있겠습니까? 남이의 말과 같습니다"고 하였다.

취초取招하도록 명하니, 강순이 붓을 당겨 즉시 이름을 쓰지 아니하고 남이를 돌아보며 꾸짖기를 "내가 어찌 너와 더불어 모의하였느냐?"하니, 남이가 말하기를 "영공令公이 말하지 아니하였다고 하는가? 나와 같이 죽는 것이 옳다. 또 영공은 이미 정승이 되었고 나이도 늙었으니 죽어도 후회가 없을 것이나, 나 같은 것은 나이가 겨우 스물 여섯인데 진실로 애석하다"하고, 한탄하기를 "영웅의 재주를 잘못 썼구나!"고 하였다. 강순이 곧 복초服招하였고, 또 당여를 물으니 강순이 없다고 말하였다. 장신杖訊하기를 명하자 강순이 말하기를 "신이 어찌 매질을 참을 수 있겠습니까? 만약 좌우의 신하를 다 들어서 당여라고 하여도 믿겠습니까?"하므로, 남이에게 강순의 당여를 물으니, 대답하기를 "신도 알지 못합니다. 다만 강순이 일찍이 말하기를, '홍윤성은 기개가 활달하여 더불어 일을 의논할 만한 자라'하고는 말을 하려고 하다가 말하지 아니하였습니다. 강순이 또 말하기를, '본향 보령의 군사 가운데 당번으로 서울에 있는 자가 1백여 인인데, 만약 때에 임하여 말하면 반드시 따를 것이다'라고 하였습니다"고 하였다. 여기서 보듯이 강순의 자백은 매질로 인해 일관성이 없었다.

또 남이에게 난을 일으킬 계획을 물으니, 대답하기를 "창덕궁 · 수강궁 두 궁은 얕아서 겉으로 드러나 거사할 때에 바깥 사람이 알기가 쉽기 때문에 산릉에 나아갈 때 사람을 시켜 두 궁을 불지르게 하고 성상이 경복궁으로 돌아오기를 기다려서, 12월 사이에 신이 강순과 더불어 일시에 입직하기를 약속하여, 신은 입직하는 겸사복兼司僕을 거느리고, 강순은 입직하는 군사를 거느리고 거사하려고 하였습니다"고 하였다. 또 당여를 물으니, 남이가 민서 · 변영수 · 변자의 · 문효량 · 고복노 · 오치권 · 박자하 · 조경치 등을 하나하나 들어서 헤아리고, 모의에 참여시키려고 하다가 미처 말하지 못한 자가 20여 인이라고 하였다. 조경치를 나치拿致하도록 명하여 곤장 30여 대를 내려 고신栲訊하여도 불복하였다. 다시 남이에게 물으니, 남이가 말하기를 "신이 만약 말을 하고 조경치가 다만 '저 말이 옳다'고 하면 믿을 것이 못되고, 조경치가 스스로 말하여 신의 말과 같은 뒤에야 믿을 수가 있습니다"고 하므로, 다시 조경치를 매질하니, 그 말하는 바가 과연 남이의 말과 같았다.

남이가 말하기를 "주상께서 성명하신데 신이 복福이 적어서 이 지경에 이르렀습니다. 또 신과 강순은 모두 일등공신이니, 원컨대 원방遠方에 유배하든지 아니면 죽음을 내리소서"하니, 임금이 말하기를 "네가 이와 같을 것을 알지 못하고 모반하였느냐?"고 하고, 곧 백관을 모으도록 명하여, 강순 · 남이 · 조경치 · 변영수 · 변자의 · 문효량 · 고복로 · 오치권 · 박자하를 저자에서 환렬轘裂하고 7일 동안 효수하게 하였다.

제3부

「남장군시장南將軍諡狀」의 성격

Ⅰ. 머리말

주지하듯이 시호諡號는 왕王 즉 국가로부터 공적이 지대한 인물에게 부여하는 명예로운 호칭이었다. 조선에서는 신하의 생전 행적을 기려 시호를 내려주었으며, 그 후손들은 국가로부터 사후의 이름을 받는 것을 큰 영광으로 여겼다. 그러기 위한 절차로서 먼저 사망한 증시贈諡 대상자의 집안에서 행장行狀을 제출한다. 행장이란 어떤 인물의 사후에 짓는 것으로 인적 사항과 생전의 행적을 세세하게 남기는 글이다. 시호를 받기 위한 목적의 행장을 시장諡狀이라고 한다. 예조와 봉상시에서 차례로 이 시장을 검토하고, 다시 홍문관에서 사망자의 행적을 살펴 시호 삼망三望을 결정한다. 결정된 삼망이 의정부의 서경署經을 통과하면 다시 시장과 함께 보고하여 국왕의 재가를 받았다.[1)]

---

1) 김현지, 「17세기 諡狀의 출현과 의미」, 『大丘史學』 146, 2022, 1쪽.
위의 논문 제목과 관련해 '출현'의 사전적 의미는 '나타나거나 또는 나타나서 보임'의 뜻이다. 또는 '1. 없던 것이나 숨겨져 있던 것이 나타나 드러남 2. 없거나 숨겨져 있다가 나타나 드러나다'는 의미를 지녔다. 주로 과학 문명의 발전이나 자연 현상을 가리키는 경우에 사용한다. 그러므로 새로운 제도의 제정과 관련한 용례로서는 적합하지 않아 보인다.

시호를 요청하기 위해 작성한 시장의 대표적인 사례로는 우복 정경세(1563~1633)에게 1663년(현종 4)에 '문숙文肅'이라는 시호가 내려질 때까지 작성된 「우복선생시장」이 유명하다. 이 시장은 1659(효종 10)~1663년(현종 4)까지인 4년간에 걸쳐 제작되었다. 송시열이 집필한 시장은 1659년 예조에 올려져 4년간의 행정 절차를 거친 후 1663년에 시호가 결정되었다.[2)]

본고에서 분석하게 될 「남장군시장」은 조선 전기 무장 남이(1443~1468)가 시호를 받도록 올린 일종의 공적문서功績文書이다.[3)] 주지하듯이 남이는 역모죄로 1468년(예종 즉위년)에 처형되었다. 그로부터 350년이 지난 1818년(순조 18)에 우의정이었던 남공철南公轍이 신원伸冤을 상소하기를 "'옛 영의정인 강순과 병조판서 남이는 모두 그 원통함을 곧게 펴고 씻게 하시고, 그 벼슬을 회복시켜 주소서'하자, 그대로 따랐다"[4)]는 것이다. 또 그로부터 92년이 지나 대한제국이 문닫기 열흘도 남지 않았던 1910년 양력 8월 20일 박지원(1737~1805)과 정약용(1762~1836)을 비롯한 무려 26명이 일괄 시호를 받았다. 이때 '옛 병조판서 남이는 충무 … 시호를 추증했다'[5)]고 하였다.

남이의 경우 신원에서 92년이 지나 시호를 받았다. 이와 관련해 「남장군시장」을 작성한 허전許傳(1797~1886)의 생존 시점을 고려할 때 「남장군시장」은 최소한 1886년 이전에 완성된 것이다. 1886년에 완성되었다고 하더라도 시호가 내려지기까지는 24년이 소요된 것이다. 그러나 이 문제는 정약용이나 박지원의 몰년을 고려해 볼 때 남이만의 문제가 아니라 다른 이유로 지체된 것으로 보였다. 참고로 충무공 이순신은 1598년에 사망한 후 45년이 지난 1643년(인조 21)에 시호가 내려졌다. 이순신 시장은 1641~1643년 사이에 작성된 것으로 추정된다.[6)]

본고에서는 허전이 작성한 「남장군시장」은 전기 작품으로서는 빼어날 뿐 아

---

2) 金鶴洙, 「鄭經世의 「愚伏先生諡狀」」, 『古文書硏究』 20, 2022, 1~37쪽.

3) 『性齋先生文集』 권32, 南將軍諡狀.

4) 『純祖實錄』 純祖 18년 3월 10일(丁未).

5) 『純宗實錄』 純宗 3년 8월 20일.

6) 석오문화재단 한국역사연구원, 『신정역주 이충무공전서 3』, 태학사, 2023, 103쪽.

니라 일관된 주제가 있었다. 물론 「남장군시장」은 남하정南夏正(1678~1751)이 지은 「남장군이전南將軍怡傳」을 저본으로 한 일종의 약본略本 성격을 지녔다. 그럼에도 신빙성이 의심되는 허구적이거나 지극히 주관적인 내용도 포함된 데 주목했다. 허전은 정범조丁範祖(1723~1801)가 지은 「남장군이전南將軍怡傳」이나 남구만(1630~1711)이 지은 「제남장군휘이묘문祭南將軍諱怡墓文」을 음미하면서 「남장군시장」을 지을 때 각별히 의식한 바가 있었다고 본다.

본고에서는 다른 시장에서는 좀처럼 보이지 않는 「남장군시장」만의 특유한 문학성을 주목했다. 이와 관련해 시대적 환경과 의령 남씨 가문의 역할을 결부지어 살펴보았다. 아울러 문화 콘텐츠 자원 활용 차원에서도 「남장군시장」에 접근하였다.

Ⅱ. 「남장군시장」의 저자와 체재

「남장군시장」을 지은 허전은 경기도 포천 출신으로, 이익 → 안정복 → 황덕기黃德起로 이어지는 근기近畿 남인南人 학통이었다. 그는 1835년(39세) 문과에 급제해 홍문관 대제학과 김해부사 그리고 형조판서와 이조판서를 역임했다. 그는 경의經義와 관련해 항상 실심實心과 실정實政을 강조하였고, 민란 해결 방책으로 '삼정책三政策'을 제시했다. 저술로는 45권 23책의 『성재집性齋集』·『종요록宗堯錄』·『철명편哲命編』·『사의士儀』 등이 있다.[7] 그리고 허전은 적지 않은 시장을 저술했다. 다음에서 보듯이 「남장군시장」을 포함해 모두 15건의 시장이 『성재선생문집性齋先生文集』에 수록되어 있다.

이름	시장
李瀷(1681~1763)	星湖李先生諡狀
李象靖(1711~1781)	大山李先生諡狀

7) 허전의 일대기는 金麟燮이 지은 行狀에 아주 상세하게 전한다(최석기 外, 「강우 지역의 문풍을 일으키다」, 『19세기 경상우도 학자들 上』, 보고사, 2012, 30~81쪽).

이름	시장
趙性教(1818~1876)	禮曹判書韶亭趙公諡狀
權克禮(1531~1590)	吏曹判書贈左參贊權公諡狀
李明迪(1795~1872)	吏曹判書華陰李公諡狀
李文馨(1510~1582)	吏曹判書拙翁李公諡狀
申涌(1560~1631)	贈吏曹判書霞隱申公諡狀
吳祥(1512~1573)	負暄堂吳公諡狀
李顯稷(1797~1876)	工曹判書李公諡狀
金沔(1541~1593)	松庵金先生諡狀
許積(1610~1680)	大匡輔國崇祿大夫議政府領議政兼領經筵弘文館藝文館春秋館觀象監事世子師許公諡狀
金德遠(1634~1704)	大匡輔國崇祿大夫議政府右議政兼領經筵事監春秋館事休谷金公諡狀
南怡(1443~1468)	南將軍諡狀
許得良(1597~1637)	尙武軒許公諡狀
李栽(1392~1464)	禮曹判書月坡李公諡狀

위의 목록에서 보듯이 허전은 총 15건의 시장을 작성했다. 이와 관련해 시호를 청한 사람들이 예조의 조회를 거쳐 봉상시에 제출한 시장을 모아 수록한 책이 『태상시장록太常諡狀錄』이었다. 이에 따르면 김류金瑬가 찬술한 호성공신 2등 심충겸沈忠謙(1545~1594)의 시장을 시작으로 대개 17세기 초반부터 작성된 시장을 수록하였고, 마지막으로는 이유원李裕元(1814~1888)이 찬술한 의정부 좌참찬을 지낸 이성규李聖圭(1732~1799)의 시장까지 수록되었다.[8] 위의 시장 목록 가운데 조성교와 이명적은 시호가 수여되었다. 남이의 경우는 대한제국 종말기였기에 『태상시장록』에 누락된 것이다. 허전이 작성한 그 밖의 12명은 신청하지 않았거나 예조의 검토 과정에서 수용되지 않은 것 같다. 허전이 요청한 시장의 채택 사례가 많지 않았음을 알려준다.

「남장군시장」은 비록 시주諡注는 다르지만 동일한 충무공忠武公이요 무신인 이순신의 시장과 비교 가능하다. 양자는 이름/ 가문 내력/ 출생/ 성장 과정/ 경력/ 사망 상황/ 추모/ 후손 · 묘소/ 집필 자료의 순이었다. 그런데 이순신의 경우

8) 한국학중앙연구원, 『太常諡狀錄』, 디지털장서각.

는 후손 · 묘소에 관한 언급이 없다.[9] 그 이유는 절손絶孫에, 묘소가 한동안 관리되지 못한 남이와는 달리 이순신은 모두 갖추고 있어서였을 것이다. 허전이 「남장군시장」을 집필하게 된 동기는 맨 마지막에 다음과 같이 적혀 있다.

> a. 익권의 아들 병원이 그 집안 사람인 헌모와 더불어 내게 그 행장을 청하므로, 감당할 사람이 아님을 들어 사양하니, 갔다가 다시 오기를 다섯 번이나 거듭했다. 그가 "그대의 글을 얻지 못하면 멈추지 않겠다"고 하므로, 어쩔 수 없이 삼가 동소공桐巢公 남하정南夏正(1678~1751) 씨가 만든 전傳으로 지었으니, 시호를 내려줄[節惠] 붓을 잡은 군자가 채택하기를 기다린다.

허전은 자신이 짓는 글이 시호를 받기 위한 목적임을 밝혔다. 당대 저명한 문장가이자 의령 남씨인 남하정이 지은 「남장군이전」을[10] 토대로 「남장군시장」을 저술했다는 의미였다. 그 밖에 허전이 참조했을 문헌으로는 정범조의 「남장군이전」이나 남구만의 「제남장군휘이묘문」이 존재한다. 물론 「남장군시장」에는 이들 문헌에 없는 가문의 기원이 적힌 보첩譜牒의 내용이 모두에 수록되었다.

「남장군시장」(이후 「시장」으로 약기한다)은 가문의 내력을 필두로 부모를 언급했다. 이후 남이의 행적인데, 6세 때의 신괴한 용력에 관한 일화, 13세 때 도적들을 제압해 사람과 재물을 구출한 일화, 15세 때 권람의 사위가 된 일화와 준마를 얻게 된 일화, 17세에 무과에 급제했고 도성민들에게 해를 끼친 호랑이를 잡아 세조의 눈에 든 이야기, 이시애의 반란을 진압하여 대공을 세운 이야기, 압록강을 건너가 여진족 추장 이만주 부자를 참살하고 개선한 이야기, 회군하면서 백두산에 올라 지은 시詩 이야기, 길주의 파보坡堡에서 요괴를 철퇴로 박살낸 이야기, 병조판서를 제수받은 이야기, 대신들의 시기심이 작동했고 유자광의 무고로 억울하게 처형된 이야기, 세전世傳을 통해 비굴하지 않고 당당한 모습을 보여 준 남이의 최후 모습, 남구만이 무덤을 수리했고, 제문에서 남이가 국가에 충성을 다한

9) 석오문화재단 한국역사연구원, 「諡狀」, 『신정역주 이충무공전서 3』, 태학사, 2023, 103~118쪽.

10) 『桐巢遺稿』 권6, 雜著, 南將軍怡傳.

사실을 환기시킨 이야기, 남이 동생의 후손을 통해 제사지내게 한 사실, 허전이 시장을 작성하게 된 내력으로 마무리되었다.

국가적으로 시호를 부여할만한 인물임을 강조하기 위해서라도 그의 비운의 삶과 영웅적인 기개와 비범성을 최대한 극적이면서 다양한 방식으로 전달하려고 했다. 이 점은 이순신의 조카인 이분李芬(1566~1619)과 승지 최유해崔有海(1588~1641)가 지은 이순신 행장에 각각 보이는 행적이 「시장」에는 수록되지 않은 경우와 비교된다.[11]

가령 훈련원 별과 시험 중 달리던 말이 거꾸러지면서 다리뼈가 부러졌지만 버드나무를 꺾어 껍질을 벗겨 다리를 싸맨 이야기, 과거에 급제한 후 선영에 성묘하러 갔을 때 무덤 앞에 넘어진 석인을 수십 명이 일으키지 못했지만 홀로 금방 일으켜 세워서 사람들을 놀라게 했다는 일화, 좌수사 성박이 관아 뜰에 있는 오동나무를 베어 거문고를 만들려는 것을 막은 일화 등이다. 이순신의 장한 기개와 용력 그리고 곧은 성정을 알려주는 사례였다. 이 경우 이순신은 자료가 넘쳐서 생략했을 수 있다. 반면 남이는 「시장」 작성 시점에서는 행적에 관한 자료가 많지 않았기에 기존의 전기 등에 수록된 내용을 최대한 살리고자 한 것으로 보였다.

III. 「남장군시장」의 내용과 기록상의 위치

1. 남이의 출생년과 가문의 내력

남이의 생몰 연대와 관련해 사전류에는 1441~1468년으로 적혀 있다. 남이는 28세에 사망한 것이다. 근거는 『연려실기술』에서 "남이가 반역을 꾀한다고 몰래 아뢰어 옥사가 일어났고 연루돼 죽었으니, 이때 나이는 28세였다[『국조기사』

---

11) 석오문화재단 한국역사연구원, 「行錄(1)」·「行狀」·「諡狀」, 『신정역주 이충무공전서 3』, 태학사, 2023, 12~71쪽, 80~118쪽.

『동각잡기』]”[12)]라는 기록이었다. 또 『연려실기술』에는 「부계기문」을 인용해 “28세가 되어 병조판서로 있다가 죽임을 당했다”[13)]고 하였다.

그러나 이와는 다르게 받아들여야 할 유력한 기록이 있다. 친국 때 남이는 “나 같은 것은 나이가 겨우 스물 여섯인데 (죽기에는) 정말로 아깝다”[14)]고 했다. 「시장」에서도 “세종 25년 계해(1443)에 장군이 태어났다”고 구체적으로 적시하였다. 남이가 말한 자신의 연령은 가문에서 의뢰하여 만든 「시장」 기록과 부합하고 있다.[15)] 그리고 「시장」에는 “오래지 않아 병조판서에 발탁되었다. 나이 26세 묘령의 장군이 큰 공에 무거운 이름을 짊어졌다”고 했다. 남이가 병조판서에 임명되는 1468년은 그의 몰년이다. 이때 남이를 26세라고 했다. 그 밖에 『동국여지지 東國輿地志』에서도 “유자광이 모반한다고 무고해 죄를 받아 베임을 당했으니 그 때 나이 26이었다”[16)]고 하였다. 따라서 26세 기록을 취신하는 게 온당하다.

처형되는 1468년에서 우리나이 26세를 소급하면 남이는 1443년(세종 25) 출생이다. 남이는 1467년(세조 13) 12월에 공조판서에 임명되었다.[17)] 그리고 1468년(세조 14) 8월에 병조판서에 임명되기까지 했다.[18)] 남이는 우리나이 25세에 공조판서가 되었고, 이듬해인 26세에 병조판서가 되었다.

---

12) 『燃藜室記述』 권6, 南怡之獄. “密啓怡謀反 獄成坐誅 時年二十八 [『國朝記事』『東閣雜記』]”

13) 『燃藜室記述』 권6, 南怡之獄. “遇二十八 以兵判被誅 … [涪溪記問]”

14) 『睿宗實錄』 예종 즉위년 10월 27일(癸丑). “如我則年纔二十六 誠可惜也”

15) 남이의 큰아우 招가 작성했다는 「郡守公遺書」에서도 “襲奉宜山君 時年二十六”라고 하였다.
그런데 1697년에 南九萬이 서문을 지은 『宜寧南氏族譜』에서 남이는 병조판서에 이르렀다가 27세에 유자광의 무고로 살해되었다고 적혀 있다. 朴義成이 1897년에 지은 『紀年便攷』에서는 남이를 ‘世宗壬戌生’ 즉 세종 24년 임술년(1442) 출생으로 적었다.

16) 『東國輿地志』 권1, 京都, 人物 本朝. “柳子光誣以謀叛 坐誅 時年二十六”

17) 『世祖實錄』 世祖 13년 12월 27일(己未). “以南怡爲工曹判書 李淑琦吏曹參判 韓致亨戶曹參判 盧德基工曹參議”

18) 『世祖實錄』 世祖 14년 8월 23일(庚戌). “以尹子雲爲八道軍籍使 南怡兵曹判書 金禮蒙工曹判書 …”

「시장」 가운데 가문의 구체적인 내력(b)은 다른 자료에서는 보이지 않는다. 정범조와 남하정이 지은 「남장군이전」에서는 모두 남이의 조부부터 언급되었다. 허전은 기존 문헌에 수록되지 않은 가문 내력을 문중으로부터 보첩을 구해서 수록한 것이다. 다음은 남이 가문의 내력이다.

> b. 시조 이름은 민본敏本이고 성은 김金이었다. 처음 이름은 충忠이었고, 중국 봉양부인鳳陽府人이었다. 당唐 천보중天寶中에 안렴사로 일본에 사신으로 갔다가 표류하여 신라 예주禮州에 이르렀다. 예주는 지금 영해寧海이다. 머물러 살기를 원하자 신라 경덕왕이 남씨南氏 성을 내려주었다. 이름을 민敏으로 고쳤고, 의영공毅英公에 봉해졌다. 식읍은 영양현英陽縣이었다. 8세조의 이름은 군보인데, 고려 추밀직부사였고, 의령군宜寧君에 봉해졌다. 처음으로 의령을 관향으로 삼았다.

의령 남씨 가승家乘에서는 보다 구체적인 기록이 보인다. 천보 14년(755) 안록산의 난 때 당 현종을 수행하던 신하 김충을 일본에 보냈는데 신라에 표착하자, 신라 경덕왕은 이들이 여남인汝南人이거나 남쪽에서 왔기에 남씨 성을 내려주었다고 한다.[19] 『약천집』의 저자 남구만이 1697년에 지은 「의령남씨족보서宜寧南氏族譜序」에서도 응당 "그들은 중국 여남인이었기에 남씨 성을 내려주었다"[20]고 했다. 물론 천보 연간(742~756)과 경덕왕 재위(702~737) 기간은 부합하지 않는다.

---

19) 『藥泉集』 권24, 家乘. "南氏得姓 始自新羅 傳以爲唐天寶十四載 玄宗幸蜀 從臣金公諱忠 以按廉使奉使日本 漂到新羅禮州 卽今之寧海也 公曰中外一天下 莫非王土 願居之 景德王奏天子 許其攸居之願 以其中國汝南人 賜姓南 改名敏 封英毅公卜居英陽 仍受籍云"
『時庵先生文集』 권12, 跋, 謹書追遠志後. "我鼻祖英毅公其世若年 與宗元之士師相上下 而奉使漂海 錫姓胙土之事 惟譜氏傳之 唐羅二史皆不載 雖若可恨 然當是時 明皇狩蜀 百度廢弛 羅政朴陋 史法未備 無恠其或然爾 按譜曰公本姓金 唐天寶十四載 以吏部尙書奉使日東 還遇颶風 漂泊于新羅有鄰之丑山島 景德王以其自南來姓之 而錫采英陽 有鄰卽今慶尙路寧海府也 丑山島在治東二十里 有吏部洞 · 通使洞 · 望鄉臺 · 望祭壇 又有節鉞塚 千年舊迹 蒼然不泯 英陽縣之道項洞 有歲祭之壇俎豆之院 夫跡實也 史文也"

20) 『宜寧南氏族譜』 序. "其中國汝南人 賜姓南"

2. 유년 시절의 용력과 소년 장군의 등장

남이의 유년 시절 신괴한 일화는[21] 신빙성이 의심되는 내용이지만 허전이 수록했을 때는 그럴만한 이유가 있었을 것 같다. 전체 「시장」에서 의미를 지닌 내용으로 보인다. 정범조도 이 기록을 접했지만 신빙성이 의심되었기에 「남장군이전」에서 남이는 '힘이 남보다 뛰어나게 세었다'와 '땅 수십 척을 뛰어 넘었다'로 표현한 것 같다. 이 일화는 남하정의 「남장군이전」에서 "五六歲時 遊戲堦庭 族黨家女奴來候母夫人 傍柱而坐 將軍逶巡擧柱 攝其裙幅於柱下 女奴辭退欲起 旋仆驚顧愐惶 以爲有神怪"라고 서술한 대목이다. 이 역시 「시장」과 대동소이한 내용이지만, "5~6세 때 (남이가) 뜨락에서 놀고 있었는데, 집안의 여종이 모부인을 문안하러 와서 기둥 곁에 앉아 있었다. 장군이 다가와 (기둥을) 돌다가 기둥을 들어 기둥 밑에 치마폭을 붙잡았기에 (여종이) 일어나려고자 했지만 도리어 엎어졌다. 놀라 돌아보며 허둥대고 당황하게 했으니 신괴하였다. …"고 했다. 반면 「시장」에서는 "여섯 살 때 뜨락에서 놀았는데, 집안 여종이 모부인을 문안하려고 와서 (마루) 기둥 곁에 앉아 있었는데, 장군이 기둥을 들어 치맛자락을 눌러 놓았기에 여종이 일어나려고 해도 일어나지 못했다. 그 신괴함을 의아해 했더니 …"라고 적었다. 두 문장을 비교해 보면 「시장」이 훨씬 간결함을 알 수 있다.

신괴한 용력을 지닌 남이의 유년 시절 일화는 초능력을 구비한 영웅의 탄생을 암시한다. 그러면서 전국적으로 널려 퍼져 있는 아기 장수 설화에 해당하고 있다. 가령 "크면 장차 역적이 되어 집안을 망칠 것이라고 해서 돌로 눌러 죽였다"는 아기 장수 설화에 해당한다. 유년 시절 남이의 신괴한 용력 일화는 양면성을 지녔다.

아기 장수에서 소년 장수로 성장한 이야기가 「시장」에 보인다.[22] 정범조 「남

---

21) 『性齋先生文集』 권32, 南將軍諡狀. "六歲遊戲階庭 族家女奴來候母夫人 傍柱而坐 將軍擧柱揷裙幅 奴辭退欲起 疑其神怪 夫人笑曰兒戲耳 叱令擧柱釋之"

22) 『性齋先生文集』 권32, 南將軍諡狀. "將軍少孤 產業剝落 無以爲家 有臧獲在湖南 豪悍不服役 將軍自往刷之 時年十三 奴輩易之 及覩其威儀 莫敢違令 收得綿布屨

장군이전」에서 “일찍 아버지를 여의고 생활이 가난하여 동자 때 먼곳에 있는 노비를 찾아 와서 (재물을) 가득 싣고 돌아왔다”로 시작하는 이야기는 「시장」에 적혀 있다. 그런데 동일한 내용이지만 정범조 「남장군이전」에서는 위험에 빠진 남이를 구출해 준 아가씨 이야기는 없다. 물론 남하정의 「남장군이전」에서는 아가씨 이야기는 물론이고 「시장」보다 상세하게 적혀 있다.

「시장」에서는 남이의 13세 때 행적으로 소개하였다. 즉 “이에 장군은 당상에 앉아 그 무리들을 모두 불렀다. 소행을 캐물어 그 중 가장 불량해 부질없는 자는 모두 베었다. 협박에 따라왔는 지를 듣고는 스스로 돌아가게 했다. 양갓집 여자들도 집으로 돌아가게 하였다. 그 창고를 열어 금백錦帛 · 전곡錢穀 · 우마牛馬 · 군기軍器를 문서로 일일이 기록하고는 빼앗아 현縣의 관청에 들였다. (자신은) 다만 가인家人과 말과 행장만 거두어 돌아갔다. 이로 인해 이름이 한 나라에 진동했다. 부녀와 어린애들도 모두 남장군이라고 일컬었다”는 것이다. 동자 때 도적 무리를 퇴치해서 사람과 재물을 되찾아 돌려준 이야기는, 영웅 서사 체계에 등장하는 구원자 이미지였다.

百匹 載而帰 日暮失路 四顧無人家 忽見一童子自林間出曰有村不遠 我爲先路 將軍從 行六七里 山回谷轉 有大屋如官府 堂上坐魁傑老夫 傍列美女 庭多徒御 延客欵接如舊識 數數流眄 頗有猜嫉之意 旣擧燭 令童子引而置之別舍 臨臥有少女以主人之言來侍 夜深女泫然呑聲 附耳語曰我乃良家子 爲強暴所掠到此 此主人卽大賊 聚徒屢百 據此洞 鉤入過客行商 盡殺之奪其財 脅其從者爲黨 今郞僕從 已被毒酒 囚在地牢 行槖盡入樓庫 禍且至矣 或俟客睡熟絞之 或饋酒酖之 或雜燒毒草砒礵 穴壁熏入 每令小女伺候之 小女怯於強令 爲此者有年矣 而未得一遇好客 忍而至今矣 俄者窃聞老賊亟稱郞君英兒可惜 小女始認郞君爲人傑 是以告之 惟郞君圖之 今夜當用火熏 曰第多將冷水來 卽裂衣苴其鞋 使不搖 耳塞絮口含水 屛息假寐 小女旣出 旋有煙熏羃室 令人氣悶 終亦無恙 天將曉 一賊謂已死 開戶而入 將軍以鞋尖蹴之 又入者又蹴之 連殺三賊 賊大駭發喊 老賊驚起 將軍直入堂中 拳毆老賊仆之 賊徒大噪 如墻而進 將軍手格殺數十人 衆賊慴伏 莫敢復起 於是將軍坐堂上 盡召其衆 究問行止 其尤無良不可令者 皆斬之 脅從者聽其自帰 良家女各令還家 閱其庫藏 錦帛錢穀牛馬軍器 一一錄籍 沒入縣官 只收所帶人馬行李以歸 由是名動一國 婦孺皆稱南將軍”

3. 요괴 퇴치 일화

「시장」에는 요괴와 맹수를 퇴치한 이야기가 등장한다. 혼인담(c)과 호환虎患의 퇴치,[23] 그리고 백성들을 괴롭혀 온 길주 요괴의 퇴치가[24] 여기에 속한다. 일반적으로 요괴는 비인간이면서 기괴하고 인간 세계에 해를 끼치다가 퇴치되는 존재로 묘사되었다. 그러한 요괴는 신성神性과 마성魔性이라는 양면성을 지녔고, 기괴한 형상을 지녔다.[25] 그리고 사람과 가축을 해치는 호랑이도 요괴 범주에 포함시킬 수 있다. 「시장」에서는 남이가 모두 격퇴시킨 영웅으로 묘사되었다. 남이 설화의 기본 모티브가 된 것이다.

먼저 남이와 권람의 딸과의 혼인담은 정범조 「남장군이전」에서 "남이 나이 14~5세였을 때 총각 머리를 하고 있을 때 길가에서 용맹을 뽐내고 있기에 익평공 권람이 보고는 그를 기이하게 여겨 딸을 아내로 삼게 했다"[26]고 간략하게 적었다. 그러나 「시장」에서는 다음과 같이 상세하게 수록하였다.

> c. 15세에 총각으로 길가에 나와 놀다가 한 어린 계집종이 대나무 상자를 이고 가는 것을 보았는데, 상자 위에는 얼굴에 분을 바른 여자 귀신이 앉아 있었다. 이를 괴이하게 여겨 그 가는 곳을 따라가 보니 동네 남쪽 큰 집으로 들어 갔다. 조금 지나 늙은 하인이 소리내어 슬피 울며 나와서 말하기를, 주인집 넷째 낭자가 어떤 집에서 보내 온

---

23) 『性齋先生文集』 권32, 南將軍諡狀. "世祖五年 年十七登武科 拜宣傳官 時有虎翼而飛入城市 殺傷民物 無可奈何 上患之 問誰可捕者 僉曰南怡十許歲殺大賊 驍勇善騎射 非此人莫可 上曰唯 於是命大張軍容 設帳殿於山巓 使衡鹿跡之 虎方隱於終南外麓 將軍騎赤馬馳入虎前 一箭射中後股 虎略不動 又以一箭射中腰脅 虎吼聲振陵谷 張牙露爪 直向將軍 將軍故盤馬却走 稍稍引至帳殿下 翻身背射 箭從虎口入 洞貫腹尾 虎愈怒作氣咆哮 將軍更以丈許之矛 刺而殪之 諸軍色奪 觀者辟易 上大奇之 特命不次超擢"

24) 『性齋先生文集』 권32, 南將軍諡狀. "次吉州某坡堡 堡西石崖矗立數十丈 吏云石中有妖魔能禍福人 大爲民患 將軍手鐵椎碎之 魔遂絶 因號其堡爲將軍坡"

25) 이후남, 『한국 고전소설의 요괴』, 한국학중앙연구원출판부, 2022, 41쪽, 45쪽.

26) 『海左先生文集』 권39, 傳, 南將軍怡傳. "怡年十四五 猶丱角 賈勇街道上 翼平公權擥 見而奇之 妻以女"

홍시를 얼른 먹고는 갑자기 죽었다. 장군은 "내가 들어가서 보면 살릴 수 있다"고 말했다. 그 집에서는 믿지 않다가 한참지나 좋다고 허락했다. 장군이 들어가 보니 얼굴에 분 바른 귀신이 가슴에 걸터 앉아 있었다. 장군을 보자 달아나 숨었고, 떠나가면 낭자는 깨어났다. 장군이 나가면 낭자는 다시 죽었다. 이 같이 세 번하였다.

주인은 곧 익평공翼平公 권람權擥인데, 맞아들여 앉게 해서 까닭을 물었다. 장군은 소견대로 모두 답변했다. 드디어 사악을 금하는 여러 처방을 써서 그녀를 치료했더니 끝내 문제가 없었다. 권람이 드디어 그 딸을 남이가 아내로 삼게 했다.

남하정의 「남장군이전」에서는 권람이 점쟁이에게 두 남녀의 수명을 물어 보고 결혼시키는 일화까지 덧붙여졌다. 즉 "점쟁이에게 명하여 장군의 수명을 점치게 했다. 점쟁이가 말하기를 '이 사람은 수명이 극귀하고, 이름은 천하에 들립니다. 다만 아쉽게도 끝이 좋지는 않습니다.' 다시 점을 치기를 원하자 넷째딸의 수명을 점 치고는 말하기를, '수명이 몹시 짧고 또 아들도 없으니 마땅히 그 복록만을 누리지만 화禍는 없으니 혼인하기로 정해도 됩니다.' 익평(권람)이 이에 넷째 딸을 그에게 시집 보냈다"[27]는 내용이다. 그런데 「시장」에서는 이 구절은 수록하지 않았다. 지극히 사적인 운명 이야기라서 「시장」의 취지에는 맞지 않다고 간주한 것 같다. 이와 관련한 남이의 혼인담을 단명에 비추어 만들어낸 이야기로 간주하는 견해가 많았다. 그러나 풍수학 훈도 최연원이 남이의 수명을 점쳐 본 후 그에게 말하기를 "그대의 목숨은 끝이 좋지 않다. 또 지금 혜성이 몹시 염려된다"[28]고 한 사실이 보인다. 따라서 사실로 받아들여도 무방할 듯하다.

남이가 권람의 딸과 혼인한 이야기는 신라 말 거타지 설화를 연상시킨다. 당唐에 가던 중 곡도에서 풍랑을 만나 섬에 홀로 남겨진 거타지가 서해 신의 요청

---

27) 『桐巢先生遺稿』 권6, 雜著(上), 南將軍怡傳. "命卜者筮將軍年命 卜者曰 此命極貴名聞天下 但欠不克終 願更筮 四娘命筮之曰 命甚促且無子 當亨其祿 而不與其禍可定親 翼平乃以四娘歸之"
「郡守公遺書」에서 "兄嫂權氏生一女而早世 繼兄嫂李氏當此變自死無"라고 했듯이 남이 아우 招가 자신을 중심으로 기술하여 '형수 권씨는 딸 하나만 낳고 일찍 죽었다'고 했다. 그녀가 권람의 넷째딸인 것이다.

28) 『睿宗實錄』 睿宗 즉위년 11월 15일(辛未). "汝命不善終 且今慧星尤可慮也"

을 받아 늙은 여우를 죽이자 보답으로 딸을 아내로 삼게 했다는 것이다.[29] 영웅에 의한 대표적인 요괴 퇴치 설화 유형에 속한다. 영웅이 나타나 요괴를 퇴치하고 보은으로 혼인하는 것이다. 구해준 처녀와 혼인한 남이 이야기도 이와 동일한 구도에 속한다.

4. 장군과 명마 이야기

장군과 명마는 긴밀히 연계되었기에 "장군 나면 용마 나고, 용마 나면 장군 난다"는 말이 있다. 이렇듯 장군과 용마는 긴밀히 연결된 모티브였다. 청도 용각산의 장군과 용마에 얽힌 전설을 비롯해 임진왜란 때 명장 상주 정기룡 장군의 용마가 저명하다. 그리고 문경시 가은읍 아차 마을의 유래와 관련해 백제를 부활시킨 진훤은 어린시절 마을 뒷산의 큰 바위 밑의 굴에 살고 있는 난폭한 백마를 낚아채서 자신의 말로 만들었다. 진훤은 날마다 백마를 타고 다니면서 길을 들여 명마를 만들었다고 한다. 문경시 농암면 연천리의 개천 가에는 말에 스친 자국이라 해서 '말바우'라는 암석이 남아 있다. 말바위 밑의 물이 고여 있는 시퍼런 쏘에서 말 한 마리가 나와서 놀다가 사람이 곁에 가면 물 속으로 쏙 들어가는 바람에 잡지 못했다고 한다. 진훤이 꾀를 내어 냇가에 세워 둔 허수아비 뒤에 숨어 있다가 물 밖으로 나온 말을 붙잡아 키웠다는 것이다. 한 날은 진훤이 산꼭대기에 있는 소나무를 향하여 활시위를 당김과 동시에 부리나케 말을 몰아 갔다. 그런데 소나무에는 화살이 박혀 있었던 것이다. 자신의 말이 화살보다 늦었다고 생각한 진훤은 칼을 뽑아 백마의 목을 후려쳤다. 순간 쉬익 소리와 함께 화살 하나가 날아와 소나무에 박혔다. 순간 진훤은 '아차' 소리를 내 뱉었다. 소나무에 박혀 있던 화살은 진훤이 전날 연습할 때 쏘았던 화살이었다고 한다. 이러한 연유로 진훤이 출생한 동리는 '아차'로 불리게 되었다는 것이다.[30]

「시장」에는 남이가 준마를 얻는 일화가 보인다. 즉 "양성陽城 길에서 소금 파

---

29) 『三國遺事』 권2, 紀異, 眞聖女大王 居陀知.

30) 聞慶市, 『甄萱의 出生과 遺蹟』 1996, 94~95쪽.

는 이를 만났는데, 적마赤馬가 파리하고 부스럼이 났는데, 비싼 값에 이를 샀다"고 한다. 그런데 이 적마는 "환난이 있을 때마다 번번이 느리거나 급하게 한번 울고 두 번 울고 세 번 울어 깨우치게 했다"[31]는 신마神馬였다. 남하정의 「남장군이전」(이후 「남장군이전」은 남하정의 저술에만 한정한다)에서는 좀더 구체적으로 "장군이 붙잡히게 된 저녁에 말이 또 세 번 울었는데, 장군이 자면서 꿈을 꾸고 있어 인지하지 못하자 다시 울면서 섬겼다"고 했다.

소금 싣고 가는 이가 부리는 보잘 것 없는 말이었고, 게다가 '파리하고 부스럼이 났다'는 볼품 없는 말이었다. 그렇지만 남이는 비싼 값에 이 말을 구입했는데, 신마를 감별하는 안목을 지녔음을 뜻한다. 명장 재목인 남이가 명마와 짝을 이루는 순간이었다. 한유韓愈의 「잡설雜說」에서 천리마는 백락伯樂을 만나서야 비로소 자기의 타고난 자질을 발휘할 수 있게 되었다는 사실을[32] 상기할 수 있다.

이 일화는 온달이 명마를 얻게 된 기사를 연상시킨다. 공주는 "결코 시장 사람들의 말은 사지 말고 반드시 국마國馬를 택하되, 병들고 파리해서 내다 파는 것을 보거든 이것을 살펴서 사도록 하세요!"[33]라고 당부하였다. 이 구절의 국마는 온달의 특징을 비유한 것이다. 겉 보기에는 형편 없지만 본 바탕이 뛰어난 온달을 국마로 묘사했다. 그리고 "공주가 말을 부지런히 기르고 먹였더니, 말이 날로 살찌고 또 웅대해졌다"는 구절은 무장으로서 온달의 성장을 기막히게 비유한 것이다.[34]

명마를 얻게 된 남이가 무공을 세운 이야기가 이어진다. 남이가 도성 안에 출몰하며 백성과 가축을 살해하는 호랑이를 죽이는 이야기는 가위 눈부신 무용담

---

31) 『性齋先生文集』 권32, 南將軍諡狀. "後於陽城路 逢販塩者赤馬瘦而瘡 以重直買之 每有患難 馬輒隨其緩急 一鳴再鳴三鳴以警之"

32) 鄭珉, 「고전문장 이론상의 篇章句法으로 본 텍스트 분석」, 『텍스트언어학』 9, 2000, 29쪽.

33) 『三國史記』 권45, 溫達傳. "初買馬 公主語溫達曰 愼勿買市人馬 須擇國馬病瘦而見放者 而侯換之 溫達如其言"

34) 온달전에 대한 精緻한 분석적인 논고로는 鄭珉, 「고전문장 이론상의 篇章句法으로 본 텍스트 분석」, 『텍스트언어학』 9, 2000, 15~38쪽을 참조하기 바란다.

이다. 도성 안의 호환과 관련해 “장군은 적마를 타고 호랑이 앞에 달려들어가 한 살을 쏴서 뒤쪽 넓적다리를 맞혔다. … 장군은 말을 돌려 달아나다가 차츰차츰 당겨서 장전帳殿 밑에 이르자 몸을 돌려 등에서 쏘았다. 화살은 호랑이 입을 따라 들어가 뱃속 꼬리를 관통했다. 호랑이가 노하면서 기운을 내 울부짖었다. 장군이 다시금 한 장丈 남짓의 창으로 찌르자 호랑이는 쓰러졌다. 군사들은 모두 놀랐고, 보는 사람들도 기세에 눌려 뒷걸음을 쳤다. 임금께서 대단히 기이하게 여기셨다. 특명으로 차례를 밟지 않고 발탁하게 했다”[35]고 하였듯이 적마를 타고 사나운 호랑이를 왕의 면전에서 제압했다. 남이는 세조를 대면한 현장에서 발탁되었다.

「남장군이전」에서는 “호랑이가 도성에 들어와 사람을 잡아 먹자, 사람들이 감히 다가가지도 못했다. 남이의 용력을 듣고 임금이 면전에 불러 호랑이를 잡도록 했다. 임금이 친히 와서 구경했다. 남이가 말을 달려 호랑이에게 다가가 이를 쏘았다. 호랑이가 남이에게 날쌔게 달려왔다. 남이가 짐짓 말을 돌려서 나가고 물러나고 하다가 호랑이를 임금 앞으로 끌어들여 드디어 쏘았다. 화살은 호랑이 입으로 들어가 그 등으로 나왔다. 드디어 말에서 내려 손으로 때려 넘어뜨려 죽였다. 온 군대가 크게 기뻐했고, 임금도 크게 기뻐하셨다. 이로 말미암아 서열에 구애되지 않고 발탁되었다”고 했다.

두 기록 가운데 「남장군시장」이 손에 땀을 쥐게 하는 박진감 넘치고 극적으로 묘사하였다. 온달의 경우도 “이에 온달도 기른 말을 타고 따라 갔는데, 그 달리는 게 언제나 앞에 있고, 얻은 것도 역시 많아서, 다른 이들이 좇을 자가 없었다. 왕이 불러와서 그 성명을 묻고는 놀라고, 또 이것을 기이하게 여겼다”[36]고 했다. 모티브상에서 양자의 유사성이 보인다.

---

35) 『性齋先生文集』 권32, 南將軍諡狀. “將軍騎赤馬馳入虎前 一箭射中後股 虎略不動 又以一箭射中腰脅 虎吼聲振陵谷 張牙露爪 直向將軍 將軍故盤馬却走 稍稍引至帳殿下 翻身背射 箭從虎口入 洞貫腹尾 虎愈怒作氣咆哮 將軍更以丈許之矛 刺而殪之 諸軍色奪 觀者辟易 上大奇之 特命不次超擢”

36) 『三國史記』 권45, 溫達傳. “於是溫達以所養之馬隨行 其馳騁常在前 所獲亦多 他無若者 王召來問姓名 驚且異之”

『삼국사기』 온달전에서 "왕이 군사를 거느리고 나가 이산肄山의 들에서 역전逆戰할 때, 온달이 선봉이 되어 날쌔게 싸워 수십여 명을 베자, 제군諸軍이 승세를 타고 분발하여 쳐서 크게 이겼다. 공을 논할 때에 온달을 제일로 삼지 않는 이가 없었다. 왕이 이를 가상히 여기고 칭찬하여 말하기를 '이는 나의 사위다'하고, 예를 갖추어 그를 맞이하고, 벼슬을 내려 대형을 삼았다. 이로 말미암아 은총과 영화가 더욱 두터워졌고, 위엄과 권세가 날로 성하였다"[37]고 했다. 이 상황은 남이가 임금의 면전에서 호랑이를 죽였고, 그 공으로 발탁된 사실과 연결된다. 그리고 '온달을 제일로 삼지 않는 이가 없었다'고 했는데, 군신들 모두가 호랑이 잡는 용사로 남이를 추천했다고 한다. 타의 추종을 불허하는 일등 무장의 존재로 부각시켰다.

「시장」에서는 호랑이를 잡은 장소를 종남終南 즉 남산이라고 하였고, 잡는 상황을 곁에서 본 것처럼 생동감 넘치게 묘사했다. 남이는 한양 도성민의 우환인 호환을 해결한 영웅으로 일약 부각되었다. 사적인 공적만 세웠던 남이가 이제 국가를 위한 공적을 세운 것이다. 세조대에도 호환에 관한 기록이 적지 않게 보인다. 그러나 남이가 호랑이를 잡은 사건은 실록에 보이지 않는다. 그렇다고 지어낸 이야기로는 생각되지 않는다. 이 사건은 온달이 고구려에 쳐 들어온 후주後周 무주武帝의 군대를 격파해 국가적 위기를 막은 사건을 연상시킨다. 고구려와 후주의 전쟁도 다른 문헌에는 보이지 않고 온달전에만 수록되었기 때문이다.

5. 남이의 대공

남이 생애에서 가장 큰 공적 2건 가운데 하나가 1467년 이시애의 난 진압이었다. 「시장」에서는 "장군의 공이 많았다. 싸움에 이긴 것을 아뢰자 임금께서 손수 쓴 편지를 (구성군) 준浚에게 내렸는데, '너희가 이미 대공을 이루었으니, 너희만이

---

37) 『三國史記』 권45, 溫達傳. "王領軍逆戰於肄山之野 溫達爲先鋒 疾鬪斬數十餘級 諸軍乘勝奮擊大克 及論功 無不以溫達爲第一 王嘉歎之曰 是吾女壻也 備禮迎之 賜爵爲大兄 由此寵榮尤渥 威權日盛"

북방을 진압한 게 아니고, 남이가 가장 뛰어나게 용감했다고 들었다’”[38]고 평가했다. 남이의 공이 가장 컸음을 밝혔다.

이시애의 난 진압 후 “그로 하여금 군대 1천으로 종성과 온성 · 경흥에 주둔하게 했다. 경원慶源 제읍諸邑이 모두 속했다”고 하였다. 이에 대해 「남장군이전」에서는 “그에게 북방에 머무르며 지키게 했다. 제장諸將들이 나누어 진치며 지켰다. 남이가 가장 용감했다. 특별히 관위는 통정자通政資로 올려줬고 옷의 겉감과 안찝을 내려주었다. 남이에게 1천 병력을 거느리고 종성에 주둔하게 했다. 아울러 온성 · 경흥 · 경원을 살피며 제읍을 방수했다”고 적었다. 「시장」보다는 「남장군이전」이 자세하게 적혀 있다.

남이의 또 다른 대공이 건주위 여진 정벌이었다. 이때의 전쟁과 관련해 「남장군이전」에서는 “바야흐로 대군이 건주建州에 이르러 야숙野宿을 했는데, 하늘에 구름도 없고 달이 밝았다. 남이가 군중에 영을 내려 갈대를 엮어 나무를 쌓았다. 사람들이 그 까닭을 묻자 남이가 말하기를, 내일 반드시 큰 눈이 내릴 것이다. 대비를 안할 수가 없다. 무리들은 이를 믿지 않았는데, 새벽에 과연 눈 깊이가 1장 남짓이나 되었다. 군중에 명령하여 갈대를 엮어 바람과 눈을 막게 했다. 장작불을 피워 추위에서 벗어났다. 제 군영이 모두 와서 불을 쪼였다. 무리들이 이에 모두 탄복했다. 남이가 책훈 1등을 차지하였다. 승지 벼슬을 내려주고 의산군宜山君에 봉했다”[39]고 하였다.

이에 반해 「시장」에서는 “이 전쟁에서 전군이 영營을 연결해서 노숙했는데 하늘에 구름도 없었고, 은하수가 매우 밝았다. 장군이 군중에 명령하여 갈대를 베어 담처럼 만들었다. 장작과 섶을 많이 쌓아놓고는 말하기를, 내일 큰 눈이 내린다고 하였다. 어유소魚有沼는 이것을 믿지 않았다. 새벽에 눈이 소눈牛目에 미칠

38) 『性齋先生文集』 권32, 南將軍諡狀. “上手書賜浚曰 汝旣成大功 汝不可獨鎭北方 聞南怡最現勇敢 特陞堂上 以勵諸將”

39) 『桐巢先生遺稿』 권6, 雜著(上), 南將軍怡傳. “方大軍赴建州 嘗野宿 天無雲月明 怡下令軍中 編蘆葦積薪樵 人問其故 怡曰 明日必大雪 不可無備 衆未之信 曉果雪深丈餘 令軍中用編葦遮風雪 爇薪以捄寒 諸營軍皆來附火 衆廼皆服 策勳怡居第一 拜承旨 封宜山君”

정도로 깊이 쌓였다. 군중이 추위를 면하도록 대비를 했었기에 부원수의 군대는 모두 와서 붙어 살게 되었다. (부원수인) 어유소가 깊이 탄복했으나 속으로는 그를 질투했다"[40]고 하였다. 「시장」에서는 함께 종군했던 부원수 어유소 이름을 적시하면서 질투한 사실을 거명했다.

남이가 친국당하는 상황과 관련해 「남장군이전」에서는 "조정의 신하들은 그가 억울하다는 이들이 많았지만, 유자광을 무서워해서 감히 말을 하지 못했고, 유자광의 뜻에 맞추었다. 또 근거없이 떠도는 말로 이르기를, 남이는 모반할 상相이니 베지 않으면 후환이 있다"[41]고 했다. 이 사실을 적시하지 않은 「시장」과는 달리 유자광의 위세에 굴복하는 비겁한 조정 신하들의 모습을 그렸다.

지금까지 살펴본 바에 따르면 「시장」은 시간의 흐름상으로 기록하였다. 크게 보아 가문의 내력을 통해 조선 개국공신 가문이었고, 남이의 조모는 태종의 딸이었으므로 왕실과도 연결고리가 있었다는 사실, 어린 시절 용력에 관한 일화부터 도적 소굴을 뒤엎은 남이의 용맹성과 정의로운 일화, 비범한 행위를 통한 권람의 사위가 된 혼인담까지가 사적 일화였다.

남이가 17세에 등과한 이후부터는 공적인 업적이었다. 먼저 한양 도성의 호환을 없앤 무용을 통해 명성을 얻었고, 또 세조에게 발탁된 일화, 25세 때 이시애의 반란 진압에 혁혁한 전공을 세운 공적, 명明 황제의 명을 받고 압록강을 건너가 명군明軍보다 일찍 도착해 건주위 여진을 정벌하고 이만주 부자를 모두 베임으로써 국위를 선양한 공적을 수록했다. 이와 관련해 선발대로 먼저 적지敵地에 들어 갔을 때 예지 능력을 발휘해 대설 한파에 대비한 지혜까지가 화려한 일생의 장면이었다.

6. 재앙의 배태

남이가 회군하면서부터 화근의 싹이 튼 것으로 묘사되었다. 남이가 백두산

---

40) 『性齋先生文集』 권32, 南將軍諡狀. "… 有沼深加嘆服 然內實忌之"

41) 『桐巢先生遺稿』 권6, 雜著(上), 南將軍怡傳. "廷臣多寃之者 而畏子光不敢言 希子光旨者 又蜚語謂怡有叛相 不誅有後患 又陰囑推官使速殺"

을 지나면서 지은 시詩와 길주吉州에 도달했을 때 백성들을 괴롭히는 요마가 깃든 절벽을 때려부순 일화가 그것이다. 「시장」에서는 "백두산을 지나다가 산 꼭대기에서 시를 지었는데 '백두산 돌은 칼 갈아 다 없애고, 두만강 물결은 말 먹여 없애고, 남아 이십에 적을 평정하지 못하면, 후세에 누가 대장부라 일컫겠는가'"[42]라고 했다. 이 구절을 「남장군이전」에서는 "백두산을 지나가다 장군은 정상에 올라 개연히 시를 지었는데 가로대… 行過白頭山 將軍登絶頂 蓋然題詩曰…"라고 하였다. 남이가 백두산을 등정했음을 알렸다. 이는 『북관유적도첩北關遺蹟圖帖』에 보이는 「등림영회도登臨詠懷圖」에서 "그리고 돌아오면서 백두산에 올라 시詩를 지었는데… 而還登白頭山作詩曰 白頭山石磨刀盡 豆滿江波飮馬無 男兒二十不平國 後世誰稱大丈夫…"라는 구절을 통해서도 확인된다. 『북관유적도첩』은 고려 예종 때부터 조선 선조 때까지 북관인 함경도에서 활약한 인물들을 기리기 위해 18세기에 제작된 도첩圖牒이다.

회군할 때의 요마 퇴치 일화는 「시장」보다는 「남장군이전」이 훨씬 소상하다. 우선 「시장」에서는 길주에 도착했을 때 "돌 가운데 요마가 있어 사람들에게 화와 복을 줄 수 있어 백성들의 근심이 크다고 했다. 장군이 손 철퇴로 이것을 부셔버렸다"고 했다. 「남장군이전」에서는 "백성들의 풍속에 요마를 다투어 믿고 받들어 소와 술로 대접하지 않으면 사람들이 번번이 시달려 죽었으므로 백성들의 큰 우환이 되었다. 장군이 노하여, '요마가 감히!'라고 말하고는 양손으로 50근짜리 철퇴로 요마가 (숨어 있는) 바위를 때려 부쉈다"고 했다. 「남장군이전」에서는 조금 더 상세하게 "길주 어느 파보坡堡에 이르렀는데, 보堡 서쪽에 돌벼랑이 우뚝 솟아 있는데 수십 길이었다. (현지 군대에 소속된) 아전들이 말하기를, 돌 가운데 요마가 있어 사람들에게 화와 복을 줄 수 있어 백성들의 근심이 크다고 했다. 장군이 손 철퇴로 이것을 부셔버렸다. 마귀가 드디어 끊어졌기에 그 보를 장군파將軍坡라고 했다"고 한다.

장군파의 존재는 "[신증] 장군파보將軍坡堡: 주州의 북쪽 66리에 있다. 돌로 성

---

42) 『性齋先生文集』 권32, 南將軍諡狀. "行過白頭山 題詩絶頂曰白頭山石磨刀盡 豆滿江波飮馬無 男兒二十未平賊 後世誰稱大丈夫"

을 쌓았는데 둘레가 1천 4백 64척, 높이 8척이다. 안에 우물 둘이 있다. 금상今上(中宗) 16년에 이덕보梨德堡를 폐지하고 이곳으로 옮겼다. 병마만호兵馬萬戶 한 사람을 둔다"[43]고 했다. 장군파의 실체가 확인되었다.

남이가 길주 땅에서 백성을 해쳤던 요마를 박살낸 일화는, 길주를 본거지로 한 이시애의 망령을 송두리째 뽑았다는 상징성의 표상이었다. 동시에 요마의 해코지와 저주를 상정할 수 있게 한다. 소년 남이의 요마 퇴치는 권람 딸과의 혼인의 연으로 이어졌지만, 절정기의 요마 퇴치는 몰락과 비극의 암시였다.

남이는 전공이 높아 병조판서까지 승진했지만 시기 질투하는 이들이 많았다. 결국 겸사복장으로 좌천되었고, 숙직 중의 성변星變을 목도하고 읊조린 말은 『춘추좌씨전』에 나오는 투어套語임을 부각했다. 그러나 여진 정벌의 전우였던 어유소는 종군 때부터 질시했었고, 고관들까지 모두 시기한 상황이라 그 누구도 억울함을 풀어주려고 나서지 않았다. 남이는 심사가 뒤틀려 예종의 친국 때 임금 곁에 있던 재상이자 전우였던 강순을 공모자로 끌어 들였다. 남이는 결백을 내세우기 위해 자신이 모반하려고 했다면 바깥의 병력을 동원하면 될 터인데, 궁색하게 이러지는 않았다는 것이다. 그리고 자신의 용력이 출중한 면모를 친국 현장에서 보여주면서 얼마든지 탈출할 수 있었지만 도망가지 않았다는 점을 내세우며 억울함을 호소했다.

7. 국법 준수 사실 환기

억울하게 처형된 남이의 복권에는 야사에 힘입은 바 컸다. 남이에게 시호를 부여받게 할 목적의 「시장」에서는 다음에서 보듯이 모반자가 아니라 왕명과 국법을 준수한 당당한 모습을 보여주고자 했다.

d. 세상에 전하기로는 장군이 처음 체포되자, 유자광이 그 용력을 염려하여 여러 가

43) 『新增東國輿地勝覽』 권50, 吉城縣, 關防. "[新增] 將軍坡堡 在州北六十六里 石築城 周一千四百六十四尺 高八尺 內有二井 今上十六年 革梨德堡 移于此 置兵馬萬戶一人"

닥의 철사를 꼬아서 만든 줄鐵索로 당겼고, 목책으로 에워싸서 갔다. 이윽고 이르자, 장군은 몸을 빼어 일어나 쇠사슬을 짤막 짤막하게 여러 토막으로 끊어 버렸다. 그리고는 갑자기 빠르게 지붕 가운데 부분의 가장 높은 곳에 있는 수평마루屋脊에 뛰어 올라 부르짖었다. "내가 억울함을 당한 것은 하늘이 다 보고 있다. 내가 만약 죽음에 이르지 않는다면 누가 감히 뭐라고 하겠는가? 내가 이렇게 한 것은, 내 용력으로는 죽지 않을 수 있다는 것을 알려주는 것이다. 다만 임금의 명으로만 죽을 수 있다. 대장부의 한恨은 유자광 어린애에게 모함받아 죽는 것이다!" 그때 유자광이 자리에 앉아 있다가 머리를 움츠리고 손가락을 깨물며 떨다가 새파랗게 질렸다. 장군이 드디어 내려가 돌아가 국문을 받으면서 눈을 감고 입을 다물었다. 그에게 곤장을 치자 마치 흙이나 나무 인형 같았다. 고통스러워하는 소리가 나지 않았다.

「시장」에서는 세전世傳이라는 이름으로 남이의 영웅다운 당당한 최후를 묘사했다. 그리고는 다음에서 보듯이 남이의 후손 여부, 묘소 상황, 남이의 공명과 복권 과정을 수록하였다.

e. 장군에게는 아들이 없었다. 남양南陽 대전大田에 장군 무덤이 있는데, 지키는 사람은 없다. 6세 재종再從 방계 후손인 약천藥泉 상공相公 구만九萬이 그 무덤을 수리하였다. 제문祭文을 지어 이르기를, 장군은 지체 높은 집안에서 나왔고, 태어날 때부터 신용神勇하였고, 뜻은 쇠와 돌처럼 세찼고, 충성은 해와 달을 뚫었다. 성명한 임금을 만나 약관에 조정에 벼슬하며 이미 북로北路에서 반적反賊을 다 없앴고, 또 건주建州에서 반역한 오랑캐들을 베었다. 본조에서 공신에 책록되고 명 황제에게 격려를 받았다. 웅장한 지략과 뛰어난 명성은 중국과 오랑캐들에게도 진동하였는데, 뜻밖에 음험한 모함을 받아 죄 없이 죽음을 당하시니, 심히 원통하고, 지극한 고통을 실로 하늘에 부르짖어도 방법이 없었다.

순조 18년 장군의 방계 후손인 우의정 남공철이 연중筵中에서 의견을 말하자, 임금께서 특별히 원통함을 풀어주는 것을 허락하셔서 그 관작을 예전과 같이 회복해 주셨다. …

그리고 남이가 처형된 이후 조祖인 남휘南暉의 제사가 소홀해졌지만 남이의 제사도 방계 후손을 통해 잇게 했다는 것이다. 이 상황은 『일성록』에 다음과 같이 적혀 있다.

f. (예조가) 또 아뢰기를, "이러한 영산靈山의 유학 남익권南翊權 등의 상언을 보니 '저의 13대조인 의산위宜山尉 소간공昭簡公 남휘南暉는 바로 태종의 부마였습니다. 원래 불천위不遷位입니다. 그런데 장손인 판서 남이가 뜻밖에 무옥誣獄에 걸려드는 바람에 참화를 혹심하게 당하여 후사後嗣가 끊어지기에 이르렀습니다. 그리고 저희 11대조인 남초南㑌는 남이의 동생이라는 이유로 연좌되어 귀양 가게 되어 자손이 영산에서 떠돌며 살았습니다. 작년 봄에 남이의 죄명이 특별히 신설伸雪되었으므로 소간공의 묘廟를 세우고 추후에 사판祠版을 만들고자 합니다. 일이 중대하니 속히 예를 담당하는 신하에게 명하여 불천위로 하는 법을 거듭 밝히게 해 주소서'라고 하였습니다.

우리 조정에서는 왕의 딸을 불천위로 모시는 것은 고대古代에 별자別子(차남 이하의 아들)를 종宗으로 삼은 뜻을 본받은 것이며 지금까지 준행하고 있습니다. 그러니 지금 의산위의 집안에서 남이의 조부까지도 함께 제사가 끊긴 것은 이미 법을 둔 취지가 아닙니다. 특별히 다시 사판을 세우고 법대로 불천위로 모시도록 허락하는 것이 아마도 사리에 합당할 것입니다. 다만 장파長派의 후사가 끊겨 세울 길이 없습니다. 돌아가신 판서 남이의 동생 남초를, 형이 죽으면 동생이 잇는다는 뜻으로 차종次宗으로 삼아 남이의 후사를 잇도록 해야 합니다. 또 적자에서 적자로 계승되었는지 소목昭穆이 문란하지는 않은지를 아직 모르니 이 사안을 상세히 알아야 합니다. 그런 후에야 종宗을 세워 제사를 받들게 할 수 있습니다. 본도로 하여금 사실을 조사하게 한 뒤에 상에게 여쭈어 처리하는 것이 어떻겠습니까?"44)

위의 상황에 대한 결실이 다음에 인용한 「시장」의 기록이다. 「시장」은 번잡한 내용을 간명하게 서술하였다.

g. 21년 장군의 아우 초㑌의 12세손 익권翊權 등이 상서하여 간소한 예절로 부조不祧

---

44) 『日省錄』 純祖 21년 2월 26일(丁未). "又啓 言觀此靈山幼學南翊權等上言 則渠十三代祖宜山尉昭簡公暉 卽太宗朝駙馬也 自是不祧之廟 而長孫判書怡橫造誣獄酷被慘禍 至於絶嗣 而渠等十一代祖㑌 以怡之弟坐謫 子孫流落于靈山地去年春怡之罪名特蒙伸雪 欲立昭簡公廟而追造祠版 事係重大亟命掌禮之臣 修明不祧之典云 我朝王姬之不祧視 古別子爲宗之義 至今遵行 則今此宜山尉家 竝與其祖而殄祀已 非法意特許更立祠版如法不祧 恐合事宜 但其長派絶嗣無以立後 故判書怡之弟㑌當 以兄亡弟及之義爲次宗 而怡之後承 又未知嫡嫡相承昭穆不紊 此一款詳知然後可使立宗 而奉祀令本道査實後請稟處"

를 밝히겠다고 말했다. 그러나 남이가 재앙을 당한 이후 소간공昭簡公(南暉)의 제사는 급작스럽게 소홀하였다. 옛적 은殷에서 아우가 뒤를 잇는 예법을 본받기를 청하자 임금께서 이를 허락하셨다. 익권에게 명하여 소간묘昭簡廟를 세우게 하여 제사를 받들어 끊어지지 않게 했다.

끝으로 허전은 자신이 「시장」을 짓게 된 과정을 서술하였다ⓐ. 남이 방계 후손들은 고관을 역임했을 뿐 아니라, 성호 이익이나 허적許積과 같은 명망 높은 인물에 대한 시장을 지은 대기만성의 문장가 허전에게 집필을 요청한 것이다.

8. 기록상의 의미

「시장」에 적힌 남이의 신괴한 행적은 응당 신빙성 문제가 제기된다. 물론 과장된 신괴한 행적의 수록에는 그럴만한 배경과 의도가 담겼을 것이다. 이 점을 고찰하지 않을 수 없다. 주지하듯이 남이는 세조에서 예종으로 왕위 계승이 이루어진 뒤 발생했던 국왕권의 변동 과정에서 비극적 운명을 맞이한 인물이었다. 그의 '옥사獄事'와 관련해 실록에 비교적 풍부한 사실들이 남아 있다. 그러나 이와는 달리 남이에 대한 동정 여론과 무고誣告로 처형되었다는 인식이 야사를 중심으로 배태되었다.[45] 가령 허균은 남이에 대한 생평을 "남이는 의령인이다. 무과에 급제하여 병조판서를 지냈다. 의산위 남휘의 손자이고 익평 권람의 사위로 유자광의 무고에 의해 살해되었다"[46]고 했다. 허균은 남이의 시를 높게 평가하였고, 또 무고에 의해 살해되었다고 단언하였다.

조선 후기에 이르러 의령 남씨계 인사들을 중심으로 남이에 대한 기록들을 새롭게 해석하려는 움직임이 생성되었다. 가령 남하정이 지은 「남장군이전」에서도 "선조先朝 실록에 장군의 일이 적혀 있는데, 지금 세상에 전해지는 것과는 사

---

45) 이도학, 「野史와 正史의 경계 : 南怡 獄事」, 『溫知論叢』 80, 2024, 146~150쪽, 159~162쪽.

46) 『惺所覆瓿藁』 권26, 鶴山樵談40.

뭇 다르다"[47]고 했다. 남하정이 실록을 읽고 사실 관계를 확인한 것이다.[48] 남하정은 남이의 신괴한 능력을 부각시켜 '역적 남이'의 이미지를 억울하게 희생된 남이의 이미지로 전환시키고자 했다. 따라서 「시장」은 이러한 시대 분위기와 정서에 부응한 것으로 보였다.

「시장」에 문학적 성격이 농후한 이유는 일단 그 저본이 되는 남하정이나 정범조가 지은 「남장군이전」에서 찾을 수 있다. 이들 전기에는 허구가 섞여있지만, 정사正史에 대한 불신과 더불어 다양한 담론이 개진되는 시대 분위기에 편승해 작성된 것이다. 허전은 이러한 허구적 기록들에 기반해 「시장」을 작성했다. 시호를 청하는 문건인 시장諡狀을 작성하려면 당사자의 훌륭한 업적과 뛰어난 인품을 기재해야 한다. 그러기 위해서는 역적으로 남이를 기록한 실록 등의 정사와는 대척되는 야사에 의존할 수밖에 없었다. 실제 순조에게 남이의 신원을 상신한 남공철도 야사에서 근거를 찾았다.

「남장군이전」의 저술 동기는 일단 정치적 패자가 된 16세기 사림파들이 전傳에 집착했던 데서 시사받을 수 있다. 현실에서는 패했지만 후대의 역사에서는 정당성을 얻을 수 있다는 유일한 희망이었기에 절박한 입장에서 전을 작성했다는 것이다. 사림士林들은 자신들이 받은 막대한 피해를 전이 가지는 '역사적 기대성'을 극대화시켜 후대의 역사가 자신들의 억울함과 정당성을 제대로 평가해 줄 것을 간구했다고 한다.[49] 「남장군이전」 역시 이러한 맥락에서 받아들일 소지가 없지 않았다.

문제는 「남장군이전」의 소설적 성격이다. 주지하듯이 '전'은 인물의 생애에 대한 실제 '사실'을 기록하고 그 행적을 포폄하는 역사 서술의 한 양식이다. 반면, '소설'은 '허구'의 형식을 빌어 인간의 삶의 문제를 서술하는 문학 양식이다. 그런데 조선시대의 소설은 대다수의 작품들이 '△△전' 형식의 제명題名을 취했

47) 『桐巢先生遺稿』 권6, 雜著(上), 南將軍怡傳. "先朝實錄書將軍事 與今俗所傳 頗不同"

48) 실록의 열람에 대해서는 이도학, 「野史의 증거력과 正史」, 『동아시아고대학』 75, 2024, 203~206쪽을 참조하기 바란다.

49) 朴熙秉, 「朝鮮前期 人物傳研究」, 『釜山漢文學研究』 3, 1988, 218쪽, 224쪽.

다. '허구'의 서술인 '소설'들이 '사실'을 지향하는 '전傳'을 표방한 것이다. 이는 '객관적 사실'을 표방하는 '전'적 사실과 허구이면서도 '사실'을 표방하는 '소설'적 '허구'가 결합된 역설이었다.[50)]

17세기 이후 전의 소설화 경향이 두드러졌다고 한다.[51)] 「남장군이전」의 경우도 사회와 국가에 대한 남이의 기여도를 극대화하여 위인으로 추앙하려는 의도에서 허구를 결합시킨 것으로 보였다. 물론 '거사직서據事直書' 원칙을 견지해야 하는 공적功績 문건이 「시장」이었다. 그럼에도 허전은 남이의 억울함과 정당성을 평가받으려는 절박한 목적 때문에 허구를 용인한 것으로 보였다.

이렇듯 허구를 담은 문학적 성격이 농후한 시장이 작성된 것은 순조~고종대 남공철을 중심으로 하는 의령 남씨의 위상과 연관된 측면이 있었다고 본다. 결국 순조대 남공철의 건의로 이루어진 남이에 대한 신원은 순종대 시호 하사로 마무리된 것이다. 이와 관련해 의령 남씨였던 참정 내부대신 남정철은 1897년(고종 34)에 사례국史禮局을 만들어 국가의 역사를 정비하자는 상소를 올렸다. 고종은 이를 윤허하였다.[52)] 이후 그의 정치적 행적은 1910년 8월 남이에 대한 시호 추증에도 영향을 미쳤을 것으로 보였다.

IV. 맺음말

「남장군시장」은 남이의 시호 추증 목적에서 작성한 글이었다. 「시장」을 지은 허전(1797~1886)의 생존 연대를 놓고 볼 때 시호 추증에 대한 움직임은 최소한

---

50) 朴逸勇, 「조선후기 傳과 小說을 통해서 본 事實과 虛構, 그리고 소설적 眞實」, 『中國小說論叢』 13, 2001, 194쪽.

51) 朴熙秉, 「韓國文學에 있어 <傳>과 <小說>의 관계 양상」, 『韓國漢文研究』 12, 1989, 38쪽.
이에 대한 체계적인 논의는 홍진옥, 「역사에서 문학으로 -<한고관외사>와 <단량패사>」, 『조선 野史의 계보와 전승4』, 한양대학교 동아시아문화연구소, 2024.12.21, 29~37쪽에 잘 적시되어 있다.

52) 『高宗實錄』 高宗 34년 6월 3일.

1886년 휠씬 이전이었을 것이다. 우의정 남공철의 상서로 1818년(순조 18)에 남이는 신원 되었다. 최소한 1818~1886년 이전 어느 때 시호를 받기 위한 움직임이 있었다. 그러한 남이가 시호를 받은 것은 1910년 8월이었다. 대한제국이 망하기 직전에 그간 밀려 있던 시호를 일괄 추증한 때였다. 박지원(1737~1805)과 정약용(1762~1836)도 이때 시호를 함께 받았다.

허전이 지은 「시장」은 남하정(1678~1751)의 「남장군이전」을 저본으로 정범조의 「남장군이전」과 『의령남씨보첩』 등을 참조한 것이다. 이때 허전은 남하정의 「남장군이전」에 자주 언급된 당시 남이의 연령을 확정해서 표기했다. 그리고 시호 추증에 직접 관련없는 지극히 사적인 이야기를 배제하거나 생략하였다.

그런데 「시장」은 사실과 허구가 섞여 있다. 그렇기 때문에 소설류로 간주되기도 했다. 이 점은 여타 시장과는 다른 「남장군시장」만의 고유한 성격으로 보였다. 「시장」은 남이 가문의 내력부터 신괴한 용력 일화와 명마를 얻게 되는 과정을 통해 초인 명장의 등장을 예고했다. 그가 17세 때 무과에 급제한 이후부터의 공적인 생애 역시 도성의 호환 퇴치 등 그 누구도 이루지 못한 일을 우뚝하게 성취한 이야기로 이어졌다. 그런데 「시장」의 전반적인 이야기는 신괴한 부분이 많았다. 허전이 신이한 이야기를 굳이 살린 것은 남이를 초월적 영웅으로 묘사하고자 한 바였다. 물론 「시장」의 모태가 된 남하정의 「남장군이전」에 이미 이러한 서사 구조를 갖추고 있었다. 허전은 가문에서 내려오는 서사 구조를 존중한 것이다.

「시장」은 동일한 시호를 받은 무인 이순신의 시장과는 이 점에서 큰 차이가 났다. 무엇보다 국가적으로 시호를 부여할만한 인물임을 강조하기 위해서라도 그의 비운의 삶과 영웅적인 기개와 비범성을 최대한, 극적이면서 다양한 방식으로 전달하려고 했던 것 같다. 이렇듯 허구를 담은 문학적 성격이 농후한 시장이 작성된 것은 순조~고종대 남공철을 중심으로 하는 의령 남씨의 위상과 연관된 측면이 보였다. 그리고 영웅 서사 구조 형식의 「남장군시장」은 문화콘텐츠 차원에서 적극 활용 가능한 자산이었다.

<부록>

南將軍謚狀

a. 大司馬將軍南公諱怡 始祖諱敏本姓金 初諱忠 中朝鳳陽府人 唐天寶中 以按廉使使日本 漂到新羅禮州 州今寧海 願留居焉 景德王賜姓南 改名敏 封毅英公食邑英陽縣 八世祖諱君甫 高麗樞密直副使 封宜寧君 始以宜寧爲貫鄕 高祖諱謙 我太祖賜名在 官領議政 有開國勳 襲封宜寧君謚忠景 配享太祖廟庭 號龜亭 曾祖諱景文兵曹議郞 贈領議政 祖諱暉尙太宗第四女貞善公主 是曰宜山尉 當國家草刱之際 屢建奇功 封宜山君 駙馬封君 世所罕有 卒贈謚昭簡

b. 考諱份主簿 妣南陽洪氏 以世宗二十五年癸亥生將軍 六歲遊戲階庭 族家女奴來候母夫人 傍柱而坐 將軍擧柱揷裙幅 奴辭退欲起 疑其神怪 夫人笑曰兒戲耳 叱令擧柱釋之

c. 將軍少孤 產業剝落 無以爲家 有臧獲在湖南 豪悍不服役 將軍自往刷之 時年十三 奴輩易之 及覩其威儀 莫敢違令 收得綿布屢百匹 載而歸 日暮失路 四顧無人家 忽見一童子自林間出曰有村不遠 我爲先路 將軍從 行六七里 山回谷轉 有大屋如官府 堂上坐魁傑老夫 傍列美女 庭多徒御 延客欵接如舊識 數數流眄 頗有猜嫉之意 旣擧燭 令童子引而置之別舍 臨臥有少女以主人之言來侍 夜深女泫然呑聲 附耳語曰我乃良家子 爲強暴所掠到此 此主人卽大賊 聚徒屢百 據此洞 鉤入過客行商 盡殺之奪其財 脅其從者爲黨 今郞僕從 已被毒酒 囚在地牢 行橐盡入樓庫 禍且至矣 或俟客睡熟絞之 或饋酒酖之 或雜燒毒草砒礵穴壁熏入 每令小女伺候之 小女怯於強令 爲此者有年矣 而未得一遇好客 忍而至今矣 俄者窃聞老賊亟稱郞君英兒可惜 小女始認郞君爲人傑 是以告之 惟郞

君圖之 今夜當用火熏 曰第多將冷水來 卽裂衣苴其鞋 使不搖 耳塞絮口含水 屛息假寐 小女旣出 旋有煙熏冪室 令人氣悶 終亦無恙 天將曉 一賊謂已死 開戶而入 將軍以鞋尖蹴之 又入者又蹴之 連殺三賊 賊大駭發喊 老賊驚起 將軍直入堂中 拳毆老賊仆之 賊徒大噪 如墻而進 將軍手格殺數十人 衆賊慴伏 莫敢復起 於是將軍坐堂上 盡召其衆 究問行止 其尤無良不可令者 皆斬之 脅從者聽其自歸 良家女各令還家 閱其庫藏 錦帛錢穀牛馬軍器 一一錄籍 沒入縣官 只收所帶人馬行李以歸 由是名動一國 婦孺皆稱南將軍

d. 年十五猶總角出遊街上 見一小婢戴竹笥 有粉頭女鬼坐笥上 怪之施從其所之 入巷南巨室 少頃老青衣號哭而出曰主家第四娘子 先食某家所饋柹子而暴死 將軍曰我入見則可活 其家不信 久而可 將軍入見 粉頭鬼方据胷 見將軍走匿 已而娘子甦 將軍出 娘子復死 如是者三 主人卽翼平公權擥也 延入座問故 將軍具以所見對 遂用禁邪諸方治之 卒無事 翼平遂以其女妻之

e. 翼平有所乘駿馬 他人則蹄齧不受乘 將軍試乘之 直往朴淵 半日而還 馬流汗如漿 將軍告翼平曰此馬翁可乘之 恨其弱劣 不中戰陣之用 後於陽城路 逢販塩者赤馬瘦而瘡 以重直買之 每有患難 馬輒隨其緩急 一鳴再鳴三鳴以警之

f. 世祖五年 年十七登武科 拜宣傳官 時有虎翼而飛入城市 殺傷民物 無可奈何 上患之 問誰可捕者 僉曰南怡十許歲殺大賊驍勇善騎射 非此人莫可 上曰唯 於是命大張軍容 設帳殿於山巓 使衡鹿跡之 虎方隱於終南外麓 將軍騎赤馬馳入虎前 一箭射中後股 虎略不動 又以一箭射中腰脅 虎吼聲振陵谷 張牙露爪 直向將軍 將軍故盤馬却走 稍稍引至帳殿下 翻身背射 箭從虎口入 洞貫腹尾 虎愈怒作氣咆哮 將軍更以丈許之矛 刺而殪之 諸軍色奪 觀者辟易 上大奇之 特命不次超擢

g. 十三年丁亥 二十五歲 吉州賊李施愛殺北青節度使及巡察使申㴐 長驅南向 數日之間 北方郡縣 爭殺長吏以應之 中外騷動 京師戒嚴 上命龜城君浚爲元帥

魚有沼爲副將軍 領獅子衛顔行 蹈賊于北靑 追之居山之北大戰 斬獲無筭 擒施愛兄弟戮之 傳首京師 其先奪鍾介洞麻訖嶺山寨 傍海十五里連營者 將軍之功爲多 捷奏 上手書賜浚曰 汝旣成大功 汝不可獨鎭北方 聞南怡最現勇敢 特陞堂上 以勵諸將 使之領兵一千 留屯鍾城 而穩城·慶興·慶源諸邑咸屬焉

h. 是年八月 皇帝勅諭助征建州衛李滿注 上命康純·魚有沼領兵一萬前往 特令將軍自屯所率所部軍赴會 大軍齊渡鴨綠 將軍先驅直抵建州東北婆豬江兀彌府諸寨 擣其巢穴 斬滿注·古納哈父子 焚其屯落積聚 乃斫大樹 白而書曰某年月日 朝鮮大將康純·魚有沼·南怡等滅建州 天兵後至 見白書以聞 帝嘉之 明年春 上遣陪臣高台弼獻俘 帝飭大監姜玉·金輔玉寵賚之

i. 是役也 諸軍連營露宿 天無雲 星河皎皎 將軍令軍中伐荻作笆 多積薪柴 曰明將大雪 有沼不之信 及曉雪深牛目 軍中以有備免凍 副帥軍皆來附見活 有沼深加嘆服 然內實忌之 行過白頭山 題詩絶頂曰白頭山石磨刀盡 豆滿江波飮馬無 男兒二十未平賊 後世誰稱大丈夫

j. 次吉州某坡堡 堡西石崖矗立數十丈 吏云石中有妖魔能禍福人 大爲民患 將軍手鐵椎碎之 魔遂絶 因號其堡爲將軍坡

k. 凱旋 策勳第一 除承旨 封宜山君 未幾擢拜兵曹判書 年二十六將軍妙齡 負大功重名 一歲中超遷至上卿 人多惎之 知中樞韓繼禧啓曰怡麤悍 不宜典禁兵 遞付大護軍 戊子九月 世祖昇遐 睿宗新嗣位

l. 將軍直禁中 夜見彗星 與同僚論災異曰彗所以除舊布新 此在左氏傳 柳子光素忌嫉將軍之名位出己右 是日隔壁聽之 仍敷衍揑誣 密啓南怡謀反 又改白頭山詩數字以爲證平賊改以得國 卽日逮鞫 朝廷寃之者衆 然當路皆忌之 一無救解 或有下石者曰怡殺人多 又有叛狀 今不誅必有後患 或陰嗾刑官速殺之 及就訊 對曰臣少業弓馬 卒然邊境事急 以身殉國 是臣素蓄也 臣若懷二心 不以握兵

居外時而顧待今日耶 在囚凡五日 杖訊烙刑 軆無完膚 脛骨已折 猶匍匐拜跪 供招不亂 強問黨與 乃張目視康純曰純與知臣謀 純以首相方侍上 左右卽拿下栲掠 純顧謂曰吾與若無怨 胡乃誣引 將軍笑曰公爲首相 知吾無罪 而不能救罪固當死 純默然 純年八十不任杖 服曰當如怡言 遂與將軍同受戮 國人至今憐之

m. 世傳將軍之始逮捕也 子光慮其勇力 纏以鐵索 圍以木柵而行 旣至 將軍奮身起立 鐵鎖寸斷 而倏忽超升屋脊呼曰 吾之負枉 天實鑑臨 吾若不就刑 人敢誰何 吾所爲此 要使若屬知吾勇力足可不死 特死於君命爾 所恨大丈夫乃爲子光纖兒所搆殺 時子光在座 縮首嚼指 戰掉無人色 將軍遂還下就鞫 瞑目結舌 任其施杖 如土木偶 不發痛楚聲

n. 將軍無子 南陽大田 有將軍塚 無人守護 六世再從旁孫藥泉相公九萬修其墓爲文祭之曰 將軍出自綺紈 天賦神勇 志烈金石 忠貫日月 遭遇聖明 弱齡登朝旣勦反賊於北路 亦揃逆胡於建州 策勳本朝 受奬皇明 壯略英聲 振動華夷 不意見螫含沙 殞身非辜 深寃至痛 實有籲天而無從者

o. 純祖十八年 將軍之旁后孫右議政公轍建白於筵中 上特許伸雪 復其官爵如故 二十一年 將軍之弟愊之十二世孫翊權等 上書言昭簡禮當不祧 而怡之罹禍以後 昭簡之祀忽諸 請倣古殷及之禮 上許之 令翊權立昭簡廟 奉祀不絶也

p. 翊權之子昞元 與其族人憲模請余狀其行 辭非其人 去而復來者五反 曰不得子之文不休 不獲已謹述桐巢公夏正氏所爲傳 以俟節惠握管之君子採焉

참고문헌

1. 사료

『三國史記』『三國遺事』『東國李相國集』『高麗史』『高麗史節要』『世祖實錄』『睿宗實錄』『成宗實錄』『燕山君日記』『中宗實錄』『宣祖實錄』『光海君日記』『仁祖實錄』『純祖實錄』『高宗實錄』『純宗實錄』『新增東國輿地勝覽』『承政院日記』『孤雲集』『弘齋全書』『惺所覆瓿藁』『芝峯類說』『雅亭遺稿』『東史綱目』『燃藜室記述』『經世遺表』『耳溪集』『琴易堂集』『葛庵集續集附錄』『孤山遺稿』『記言別集』『寄齋雜記』『澤堂先生別集』『古芸堂筆記』『阮堂先生全集』『國朝寶鑑』『洪氏讀書錄』『備邊司謄錄』『青野謾集』『昭代紀年』『藥泉集』『梅泉集』『梅山集』『東國輿地備考』『海左先生文集』『桐巢先生遺稿』『性齋先生文集』『宜寧南氏族譜』「郡守公遺書」『史通』『南僑漫錄』『舊唐書』『新唐書』『日本書紀』『扶桑略記』

한국학중앙연구원,『太常諡狀錄』, 디지털장서각.

2. 단행본

국사편찬위원회,『中國正史朝鮮傳 譯註一』, 신서원, 2004.

권석창,『야사총서와『대동패림』의 문헌학적 고찰』, 민속원, 2024.

김정설,『조선력사일화집(2)』, 과학백과사전종합출판사, 1995.

丹齋申采浩先生紀念事業會,『改訂版 丹齋申采浩全集(上卷)』, 螢雪出版社, 1987.

朴乙洙,『韓國時調大事典』, 亞細亞文化社, 1992.

석오문화재단 한국역사연구원,『신정역주 이충무공전서 2』, 태학사, 2023.

______________________,『신정역주 이충무공전서 3』, 태학사, 2023.

沈載完,『校本 歷代時調全書(時調의 文獻的硏究)』, 世宗文化社, 1972.

申采浩,『朝鮮史硏究艸』, 乙酉文化社, 1974.

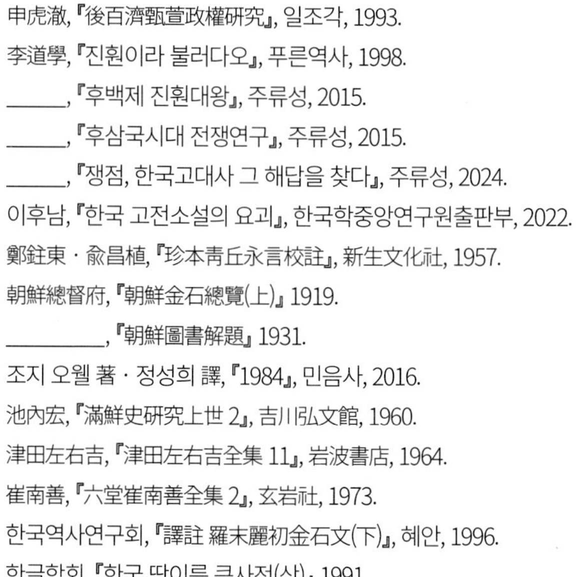

申虎澈, 『後百濟甄萱政權硏究』, 일조각, 1993.

李道學, 『진훤이라 불러다오』, 푸른역사, 1998.

______, 『후백제 진훤대왕』, 주류성, 2015.

______, 『후삼국시대 전쟁연구』, 주류성, 2015.

______, 『쟁점, 한국고대사 그 해답을 찾다』, 주류성, 2024.

이후남, 『한국 고전소설의 요괴』, 한국학중앙연구원출판부, 2022.

鄭銈東 · 兪昌植, 『珍本靑丘永言校註』, 新生文化社, 1957.

朝鮮總督府, 『朝鮮金石總覽(上)』 1919.

__________, 『朝鮮圖書解題』 1931.

조지 오웰 著 · 정성희 譯, 『1984』, 민음사, 2016.

池內宏, 『滿鮮史硏究上世 2』, 吉川弘文館, 1960.

津田左右吉, 『津田左右吉全集 11』, 岩波書店, 1964.

崔南善, 『六堂崔南善全集 2』, 玄岩社, 1973.

한국역사연구회, 『譯註 羅末麗初金石文(下)』, 혜안, 1996.

한글학회, 『한국 땅이름 큰사전(상)』 1991.

3. 논문

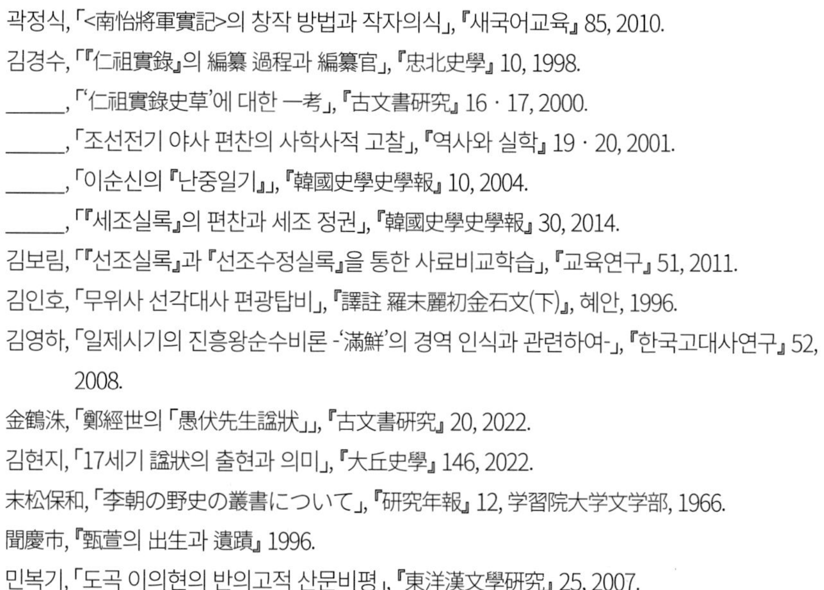

곽정식, 「<南怡將軍實記>의 창작 방법과 작자의식」, 『새국어교육』 85, 2010.

김경수, 「『仁祖實錄』의 編纂 過程과 編纂官」, 『忠北史學』 10, 1998.

______, 「'仁祖實錄史草'에 대한 一考」, 『古文書硏究』 16 · 17, 2000.

______, 「조선전기 야사 편찬의 사학사적 고찰」, 『역사와 실학』 19 · 20, 2001.

______, 「이순신의 『난중일기』」, 『韓國史學史學報』 10, 2004.

______, 「『세조실록』의 편찬과 세조 정권」, 『韓國史學史學報』 30, 2014.

김보림, 「『선조실록』과 『선조수정실록』을 통한 사료비교학습」, 『교육연구』 51, 2011.

김인호, 「무위사 선각대사 편광탑비」, 『譯註 羅末麗初金石文(下)』, 혜안, 1996.

김영하, 「일제시기의 진흥왕순수비론 -'滿鮮'의 경역 인식과 관련하여-」, 『한국고대사연구』 52, 2008.

金鶴洙, 「鄭經世의 「愚伏先生諡狀」」, 『古文書硏究』 20, 2022.

김현지, 「17세기 諡狀의 출현과 의미」, 『大丘史學』 146, 2022.

末松保和, 「李朝の野史の叢書について」, 『硏究年報』 12, 学習院大学文学部, 1966.

聞慶市, 『甄萱의 出生과 遺蹟』 1996.

민복기, 「도곡 이의현의 반의고적 산문비평」, 『東洋漢文學硏究』 25, 2007.

민장원, 「정조의 '충신' 현창사업과 이순신에 대한 기억의 재구성」, 『조선시대사학보』 89, 2019.
朴逸勇, 「조선후기 傳과 小說을 통해서 본 事實과 虛構, 그리고 소설적 眞實」, 『中國小說論叢』 13, 2001.
박진철, 「역사 기록의 충돌, 그 선택과 배제 -징비록(懲毖錄)과 난중일기(亂中日記)를 중심으로-」, 『인문사회21』 제9권 5호, 2018.
朴熙秉, 「朝鮮前期 人物傳硏究」, 『釜山漢文學硏究』 3, 1988.
______, 「韓國文學에 있어 <傳>과 <小說>의 관계 양상」, 『韓國漢文硏究』 12, 1989.
신상필, 「조선조 야사의 전개와 『한고관외사』의 위상」, 『대동한문학』 22, 2005.
안예선, 「송대(宋代) 문인의 야사(野史) 편찬 배경 고찰」, 『중국어문논총』 46, 2010.
앤터니 비버 著 · 김원중 譯, 『스페인 내전』, 교양인, 2009.
이경희, 「조선시대 야사에 대한 스에마쓰 야스카즈의 '전후'적 관심」, 『동아시아문화연구』 95, 2023.
이도학, 「漢城末 · 熊津時代 百濟 王系의 檢討」, 『韓國史硏究』 45, 1984.
______, 「羅唐同盟의 性格과 蘇定方被殺說」, 『新羅文化』 2, 1985.
______, 「後百濟 甄萱의 農民 施策에 관한 再檢討」, 『白山學報』 62, 2002.
______, 「後百濟의 全州 遷都와 彌勒寺 開塔」, 『한국사연구』 165, 2014.
______, 「三國統一期 新羅의 北界 確定 問題」, 『東國史學』 57, 2014.
______, 「권력과 기록」, 『東아시아古代學』 48, 2017.
______, 「野史와 正史의 경계 : 南怡 獄事」, 『溫知論叢』 80, 2024.
______, 「野史의 증거력과 正史」, 『東아시아古代學』 75, 2024.
이성규, 「역사 서술의 권력, 권력의 서술」, 『歷史學報』 224, 2014.
이태진, 「조선시대 야사(野史) 발달의 추이와 성격」, 『우인김용덕박사정년기념사학논총』 1988.
임미정, 「『해동야언별집(海東野言別集)』 현존본의 내용과 성격」, 『조선 야사(野史)의 계보와 전개 3』, 한양대학교 동아시아문화연구소 2024 여름학술대회, 2024.
鄭珉, 「고전문장 이론상의 篇章句法으로 본 텍스트 분석」, 『텍스트언어학』 9, 2000.
조일수, 「찬출(撰出)된 악한: 정명수와 인조실록의 개찬」, 『한국학연구』 66, 2022.
존 · 씨 · 재미슨, 「羅唐同盟의 瓦解」, 『歷史學報』 44, 1969.
G.Cameron Hurst III, "The Good, The Bad And The Ugly": Personalities in the Founding of the Koryo Dynasty Korean Studies Forum, No7. 1981.
최석기 外, 「강우 지역의 문풍을 일으키다」, 『19세기 경상우도 학자들 上』, 보고사, 2012.
최연식, 「康津 無爲寺 先覺大師碑를 통해 본 弓裔 행적의 재검토」, 『木簡과 文字 연구』 6, 주류성, 2011.
崔永浩, 「'南怡(1441~1468)의 獄' 再考」, 『歷史와 人間의 對應』, 한울, 1984.

홍덕, 「<숙종실록>에 대한 서지학적 연구」, 『력사과학론문집』 18, 1995.
홍진옥, 「역사에서 문학으로-<한고관외사>와 <단량패사>」, 『조선 野史의 계보와 전승4』, 한양대학교 동아시아문화연구소, 2024.12.21.
황운룡, 「한국사 연구에 있어 정사 · 야사의 위치」, 『석당논총』 15, 1989.

4. 기타

金東仁, 「甄萱」, 『金東仁全集 3』, 三中堂, 1976.
김윤덕, 「장샤오강과 다른 점? 더 젊고 '글로벌'하죠」, 『조선일보』 2017.9.9.
金鍾五, 「『기재잡기』 해제」, 『국역 대동야승 14』, 민족문화추진회, 1971.
南晚星, 「『부계기문』 해제」, 『국역 대동야승 18』, 민족문화추진회, 1975.
閔丙河, 「야사」, 『한국민족문화대백과사전 14』, 한국정신문화연구원, 1991.
이도학, 「궁예와 진훤 바로보기」, 『대동문화』 99, 2017.
一筆生, 「하나가 말성 부리어 큰일 저질은 이야기」, 『別乾坤』 59, 1932.
車相瓚, 「偉業은 青春에 잇다, 東西偉人의 青春時代, 二十六歲 陸軍大將으로 滿洲를 드리친, 南怡 將軍의 青春時代」, 『別乾坤』 21, 1929.

찾아보기

ㄱ

강구손姜龜孫 88
강순康純 55, 57, 71, 155, 157, 158, 161, 162, 163, 167, 168, 169, 172, 175, 180, 181, 182, 183, 185, 203
강필동姜必東 130
건주위 여진建州衛女眞 55, 57, 157, 170, 200, 201
겸사복장兼司僕將 162, 163, 175, 203
경복궁 48, 50, 178, 179, 183
경종수정실록 151
경주慶州 48, 118, 119, 122, 136
고구려 57, 58, 89, 92, 93, 94, 95, 96, 97, 98, 101, 104, 105, 106, 107, 108, 109, 121, 131, 135, 199
고려 18, 20, 64, 93, 94, 96, 101, 108, 109, 115, 116, 118, 119, 120, 121, 125, 129, 152, 160, 191, 202
고려사 115, 121, 174, 181
고타소랑 90
공조판서 15, 16, 166, 167, 174, 190
광개토왕릉비문 94, 135
광해군일기 124
구당서 103, 104, 105, 120
구삼국사 120
국조기사國朝記事 23, 72, 189
군수공유서郡守公遺書 190
궁예 108, 109, 110, 111, 112, 113, 114, 121
권람權擥 16, 35, 36, 37, 38, 39, 40, 41, 42, 44, 157, 158, 194, 195, 203, 206
권람 집터 37
권 익평공權翼平公(權擥) 37
귀신 35, 39, 194, 195
금병禁兵 70
기년편고紀年便攷 190
기벌포 전투 103
기재잡기寄齋雜記 169, 170, 172, 176
길주吉州 54, 67, 68, 69, 188, 194, 202, 203
김국광金國光 162, 163, 178, 179
김덕령金德齡 125, 144, 145, 146, 151
김보金輔 60
김시양金時讓 170, 171
김유신 101
김일손金馹孫 140
김정호 29
김정희金正喜 131, 132
김천일金千鎰 125, 144, 146, 147, 150, 151
김춘추 89, 90
김품석金品釋 90

ㄴ

나주 110, 112
난중일기 138, 139, 144, 151
남공철南公轍 74, 155, 156, 157, 158, 160, 161, 176, 185, 204, 207, 208, 209
남구만南九萬 53, 74, 186, 188, 191
남구만 영정 82
남구을금南求乙金 72
남미탑동南彌塔洞 30
남빈南份 23
남이南怡 32, 152
남이 고개 81
남이 묘소 81, 82
남이 바위 80
남이 사당 76
남이섬 30, 31, 32, 82
남이 영정 51, 53
남이 옥사獄事 72, 155, 156, 176, 177, 178
남이의 어미 165, 166, 176
남이장군사당제 86
남이 장군탑 63
남이 집터 27, 28, 30, 73
남이 친필 각자刻字 53
남이포 77, 78, 79
남이포 전설 77
남익권南翊權 205
남장군시장南將軍諡狀 17, 23, 156, 169, 170, 185, 186, 187, 188, 198, 208, 209
남장군이전南將軍怡傳 16, 17, 62, 142, 186, 188, 191, 192, 193, 194, 195, 197, 200, 201, 202, 206, 207, 208, 209
남재南在 21
남정철南廷哲 76, 208
남제서南齊書 96, 97
남하정南夏正 16, 17, 142, 186, 188, 191, 192, 193, 195, 197, 206, 207, 209
남휘南暉 18, 22, 158, 204, 205, 206
남희南嘻 165, 166, 167
노산군魯山君 140
녹천정鹿川亭 37, 38, 39

ㄷ

단종端宗 140, 141
답설인귀서 99
당唐 17, 92, 94, 121, 144, 191, 195
당교唐橋 101
당군 96, 99, 100, 101, 102, 103, 106, 107
당 태종 94, 96, 97, 98, 104, 105, 106, 108, 120
당태종전唐太宗傳 107, 108
대동강 96
대동여지도 60, 68
대야성 89, 90, 91
대한제국 74, 158, 176, 185, 187, 209
덕진포 112
도깝재 73
도적 소굴 32, 201
동각잡기東閣雜記 23, 72, 190
동국여도東國輿圖 24
동국여지비고東國輿地備考 37, 38
동국여지지東國輿地志 23, 190
동국이상국집 101
동궐도東闕圖 49
동물농장 87
동소선생유고桐巢先生遺稿 142
동여도東輿圖 19, 29, 69
등림영회도登臨詠懷圖 64, 202

ㅁ

마에마 교사쿠前間恭作 130

마운령 진흥왕순수비 125, 127, 134
매생성買省城(買肖城) 102
무고誣告 16, 70
미득국未得國 68
미륵사 개탑開塔 117
미평국未平國 68

ㅂ

박동량朴東亮 172
박수경朴守卿 117, 118
박영효朴泳孝 66
박제가 28
박지원 74, 158, 185, 209
반송盤松 27, 28, 30, 170
발성勃城 117, 118
발어참성勃禦塹城 117, 118
백강 전투 99, 100
백두산 15, 62, 65, 70, 188, 201, 202
백제 89, 90, 96, 97, 98, 99, 100, 101, 117, 119, 135, 136, 151, 196
백족산 24, 26
백촌강白村江 100
번화지국繁華之曲 137
법경대사비문 110, 111
병조판서 15, 70, 72, 74, 84, 155, 156, 157, 158, 162, 163, 169, 171, 172, 173, 174, 179, 185, 188, 190, 203, 206
봉양鳳陽 18
부계기문涪溪記聞 169, 170, 171, 176, 190
부여夫餘 98
북관유적도첩北關遺蹟圖帖 64, 202
북정시北征詩 62, 155, 176
북청北靑 54
북청군읍지北靑郡邑誌 67
북한산 진흥왕순수비 134
비표飛彪 48

ㅅ

사자위獅子衛 54
삼국사기 90, 94, 95, 102, 103, 106, 107, 112, 120, 121, 125, 127, 128, 129, 130, 131, 132, 134, 135, 136, 137, 150, 151, 152, 153, 199
삼국유사 48, 101, 124, 127, 128, 150, 152, 153
선각대사비문 110, 111, 112
선조수정실록宣祖修正實錄 120, 139, 140, 144, 151
성복成服 165, 181
성재선생문집性齋先生文集 186
세조世祖 37, 70
세조실록 140, 141, 159
세조 어진 46, 47
소간공昭簡公 205, 206
소대기년昭代紀年 159
소정방 101
송서宋書 96, 97
수隋 92, 94
수서隋書 95
수 양제 95, 97, 106
숙종실록 120, 139
숙종실록보궐정오肅宗實錄補闕正誤 120, 140, 151
순조純祖 30, 75, 161, 204, 207, 208, 209
스나카 하지메須永元 66
스탈린 시대 115
승정원일기 141
시호諡號 16, 72

시호諡號 추증追贈 16, 76, 208, 209
신·구당서新舊唐書 95, 104, 105
신당서 102, 103, 104, 105, 106, 120
신라 17, 89, 90, 92, 93, 95, 98, 99, 100, 101, 102, 103, 107, 119, 121, 125, 127, 128, 130, 131, 132, 133, 134, 144, 150, 152, 191, 195
신라고전新羅古傳 101
신숭겸 136
신원伸冤 72, 185
신채호 93, 94, 97
쑨쉰孫遜 88
쓰다소기치津田左右吉 129
쓰에마쓰 야스카스末松保和 126

ㅇ

안시성 104, 105
안시성주 105
안정복 119, 127, 128, 130, 131, 133, 136, 137, 153, 186
야사野史 123
약천집藥泉集 17
양성陽城 44, 196
양직공도梁職貢圖 97
어유소魚有沼 54, 57, 158, 170, 200, 201, 203
어의궁於義宮 29
어의동於義洞 28, 29
엄흥도嚴興道 141
여지도輿地圖 31
여지도서輿地圖書 68
연개소문 105
연려실기술燃藜室記述 23, 156, 189, 190
열성어필첩列聖御筆帖 49
영남경약소절목책嶺南京約所節目冊 76
영사사학影射史學 88
영조 28, 159, 160, 176
영화 '남이장군' 36
예종睿宗 70
예종실록 84, 161, 162, 163, 164, 170, 173, 174
오대사五代史 87, 88
오자치吳自治 55
오주연문장전산고五洲衍文長箋散稿 74
온달溫達 197, 198, 199
왕건王建 108, 109, 110, 112, 113, 114, 115, 116, 117, 118, 119, 121, 122
왕건 동상 114
왕건 영정 114
왕방연王邦衍 141
요계관방지도遼薊關防地圖 56, 59
요괴 35, 67, 68, 188, 194, 196
용재총화慵齋叢話 124
우복선생시장愚伏先生諡狀 185
유득공柳得恭 28, 93, 131, 132
유성룡 62, 146, 149, 151
유자광 23, 27, 70, 71, 72, 155, 156, 157, 158, 159, 162, 164, 168, 170, 172, 173, 174, 175, 188, 190, 201, 203, 204, 206
유지기劉知幾 92
윤관尹瓘 129, 130
윤충 89, 90
음성군 감곡면 26
의령남씨전가경완도宜寧南氏傳家敬翫圖 50
의령남씨족보宜寧南氏族譜 157
의령남씨족보서宜寧南氏族譜序 191
의산군宜山君 18, 70, 200
의산위宜山尉 18, 158, 205
이덕무李德懋 93
이만운李萬運 93, 94, 106, 109, 119
이만주李滿住 55, 57, 157, 158, 175, 188, 201

이수광李睟光 159
이순신 74, 138, 139, 151, 185, 187, 188, 189, 209
이순신 시장諡狀 145, 185
이시애의 난 16, 26, 54, 55, 175, 199, 200
이익李瀷 130, 140, 186, 206
이적李勣 92, 106, 107
이조초李朝初 장군묘 83
이충무공전서 138, 139, 151
이케우치 히로시池內宏 129
이흔암伊昕巖 114, 115
익대공신翊戴功臣 72, 173, 175, 176
일본서기 99, 120, 135
일성록日省錄 204
임하필기 38

ㅈ

자치통감 106
장군파將軍坡 67, 69, 202, 203
적마赤馬 44, 48, 197, 198
정명수 141
정범조丁範祖 16, 17, 186, 188, 191, 192, 193, 194, 207, 209
정사正史 123, 126
정선공주貞善公主 18
정약용 32, 74, 94, 154, 158, 185, 209
정여립鄭汝立 125, 144, 145, 151, 164, 165, 176
정조正祖 28, 126, 139, 159, 161, 176
제남장군휘이묘문祭南將軍諱怡墓文 186, 188
조명정趙明鼎 159
조선도서해제朝鮮圖書解題 124
조의제문弔義帝文 88
조지 오웰 87, 92
주류성 99
중묘조서연관사연도中廟朝書筵官賜宴圖 50
증보문헌비고 21
지네 26, 27
지네굴(굴바위) 24, 25
진서晋書 96, 97, 98, 121
진주성 146, 147, 151
진훤 92, 108, 109, 112, 115, 116, 117, 118, 119, 120, 121, 122, 196
진흥왕순수비 125, 127, 128, 129, 130, 132, 133, 134, 150
진흥왕순수비 모립설模立說 · 위작설 · 이치설移置說 130
징비록 144, 146, 147, 149, 150, 151

ㅊ

창경궁 49
창덕궁 49, 183
창왕명 사리감 135
1984 87
천우기행서穿牛紀行序 32
청구관해방총도靑丘關海防摠圖 65
청구영언靑丘永言 63, 160
최치원 144
축령산 80
축산도丑山島 19, 20
축산항 19, 20
충무공忠武公 74, 187
충무사忠武祠 16, 21, 22, 36, 45, 51, 56, 61, 66, 79, 80
친국親鞫 23, 72, 167, 175, 178, 190, 201, 203

ㅌ

탁문아 164, 165
태종 무열왕 90

ㅍ

파저강婆豬江 57, 58, 59, 60
패강 96, 119
편운화상부도 116
평양성 96, 106, 107
폐가입진廢假立眞 120
포석정鮑石亭 136, 137
프랑코 총통 115
필원잡기筆苑雜記 124

ㅎ

한경지략漢京識略 28, 29
한계희韓繼禧 70, 162, 172, 175, 179
한국통감관저 39
한명회韓明澮 155, 162, 163, 172, 173, 175, 180
한치윤韓致奫 93
해동야언별집 142
해동역사海東繹史 93
해좌선생문집海左先生文集 194
행장行狀 184
허균許筠 142, 158, 159, 176, 206
허목許穆 37, 145
허스트 3세 108, 109, 121
허전許傳 17, 185, 186, 187, 188, 191, 192, 206, 207, 208, 209
헌종憲宗 60
현종개수실록 151
혜성 70, 72, 174, 175, 178, 195
호랑이 47, 48, 49, 52, 84, 90, 188, 194, 197, 198, 199
호환虎患 16, 48, 84, 194, 198, 199, 209
홍양호洪良浩 132, 133, 150
홍재전서弘齋全書 126, 159, 161
환선길桓宣吉 112, 113, 114, 115
황성평皇城坪 57
황초령 진흥왕순수비 125, 127, 128, 129, 130, 132
후백제 93, 109, 115, 116, 117, 118, 121, 122
후백제군 118, 119, 136, 137
후삼국사後三國史 108, 118, 121
후조당後凋堂 37, 38, 39, 40
후조당기後凋堂記 37, 38, 42
훈강渾江 57, 58

• 이도학李道學

경북 문경시 가은읍 출생.
한국전통문화대학교 융합고고학과 명예교수.
국가유산청 한국전통문화대학교 문화유산대학 학장과 일반대학원 원장 역임. 고조선단군학회 회장, 동아시아고대학회 회장, 동국사학회 회장, 한국연구재단 전문위원, 문화재청 고도보존 중앙심의위원회 위원, 한국전통문화대학교 부설 역사문화연구소 소장, 한성백제문화제 추진위원회 위원장, 충청남도 문화재 위원, 부여군 지역혁신협의회 의장, 연세대와 한양대 강사 등 역임.
대통령 표창(제181011호).
현재 한국고대사학회와 동아시아고대학회 평의원, 고조선단군학회 고문 등.

저서 : 『쉽고도 어려운 한국 고대사』, 『나의 연구 회상–고투와 약진 45년』, 『백제사 신연구』, 『후백제사 연구』, 『한국고대사 최대 쟁점, 백제 요서경략』, 『고구려 도성과 왕릉』, 『새롭게 해석한 광개토왕릉비문』, 『무녕왕과 무령왕릉』, 『분석 고대 한국사』, 『쟁점, 한국 고대사 그 해답을 찾다』, 『백제의 마지막 왕은 누구인가?』 등 37권.

논문 : 「신라의 中原 지역 진출과 娘城 · 娘臂城의 考證」, 「백제의 마한 병합 과정과 영암 내동리 쌍무덤」, 「후백제의 건국 과정과 '始都 光州'」, 「풍석 이종학의 신라 해양사 연구 업적」, 「虎巖寺址 위치에 관한 논의」, 「野史와 正史의 경계 : 南怡 獄事」, 「野史의 증거력과 正史」 등 290편.

권력과 기록 속의 남이南怡

초판발행일 2025년 2월 28일
지 은 이 이도학
발 행 인 김선경
책 임 편 집 김소라
발 행 처 서경문화사
주소 : 서울시 종로구 이화장길 70-14(204호)
전화 : 743-8203, 8205 / 팩스 : 743-8210
메일 : sk7438203@naver.com
신 고 번 호 제1994-000041호
ISBN 978-89-6062-259-3 93990

정가 21,500원